U0140441

10

彩图
新知

THE GREAT WALL IN 50
STORYTELLING
OBJECTS

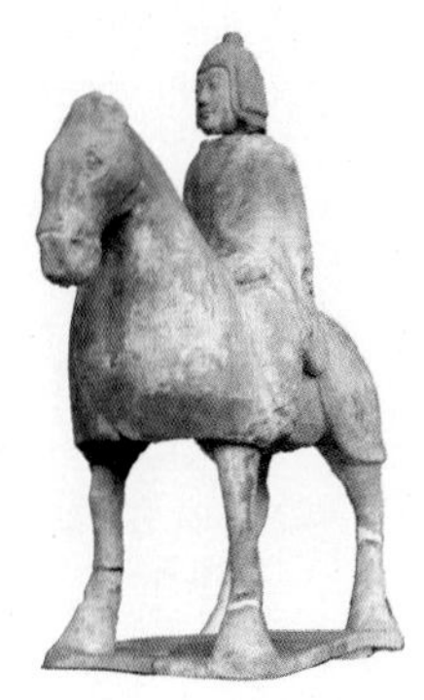

长城的故事

影响历史的 50 件文物

[英] 威廉·林赛 著 / 吴 琪 译
历史顾问 王雪农 张依萌

生活·讀書·新知 三联书店

图书在版编目（CIP）数据

长城的故事：影响历史的 50 件文物 / （英）威廉 · 林赛著；吴琪译. —北京：生活 · 读书 · 新知三联书店，2023.1
（彩图新知）
ISBN 978 – 7 – 108 – 07364 – 8

Ⅰ. ①长…　Ⅱ. ①威… ②吴…　Ⅲ. ①长城 – 介绍　Ⅳ. ① K928.77

中国版本图书馆 CIP 数据核字（2022）第 045408 号

特邀编辑　张艳华
责任编辑　徐国强
装帧设计　刘　洋
责任印制　卢　岳
出版发行　生活 · 讀書 · 新知 三联书店
（北京市东城区美术馆东街 22 号 100010）
网　　址　www.sdxjpc.com
图　　字　01-2018-4512
经　　销　新华书店
印　　刷　天津图文方嘉印刷有限公司
版　　次　2023 年 1 月北京第 1 版
2023 年 1 月北京第 1 次印刷
开　　本　720 毫米 × 1000 毫米　1/16　印张 20.5
字　　数　280 千字　图 77 幅
印　　数　0,001 – 7,000 册
定　　价　129.00 元
（印装查询：01064002715；邮购查询：01084010542）

出版缘起

近几十年来，各领域的新发现、新探索和新成果层出不穷，并以前所未有的深度和广度影响着人类的社会生活。介绍新知识，启发新思考，一直是三联书店的传统，也是三联店名的题中应有之义。

自 1986 年恢复独立建制起，我们便以“新知文库”的名义，出版过一批译介西方现代人文社科知识的图书，十余年间出版近百种，在当时的文化热潮中产生了较大影响。2006 年起，我们接续这一传统，推出了新版“新知文库”，译介内容更进一步涵盖了医学、生物、天文、物理、军事、艺术等众多领域，崭新的面貌受到了广大读者的欢迎，十余年间又已出版近百种。

这版“新知文库”既非传统的社科理论集萃，也不同于后起的科学类丛书，它更注重新知识、冷知识与跨学科的融合，更注重趣味性、可读性与视野的前瞻性。当然，我们也希望读者能通过知识的演进领悟其理性精神，通过问题的索解学习其治学门径。

今天我们筹划推出其子丛书“彩图新知”，内容拟秉承过去一贯的选材标准，但以图文并茂的形式奉献给读者。在理性探索之外，更突显美育功能，希望读者能在视觉盛宴中获取新知，开阔视野，启迪思维，激发好奇心和想象力。

“彩图新知”丛书将陆续刊行，诚望专家与读者继续支持。

生活·讀書·新知 三联书店

2017 年 9 月

目录

前　言

弗朗茨·卡夫卡从未到过中国，遑论登上长城，然而他却写过一篇名为《万里长城建造时》的短篇小说。在小说里，他用构筑卡夫卡城堡的方式，构筑了迷雾重重的万里长城——卡氏长城是以公里为单位分段修建的，每段城墙修完后，民夫就被派往远方继续修筑，这种施工方式自然会留下许多缺口有待填补。至于这些缺口什么时候补上，甚至是否真的补上了，恐怕没人知道。事实上，没有人知道长城是否最终形成了完整的防线。修墙的民夫不可能知道，守墙的将士和进犯的马背民族也不知道，就连有关部门也不知道。

卡夫卡的长城迷思，弥漫着浓郁的现代派文学气息，不过，即使脱离文学史背景，把这个故事放入今日世界，同样能激起现实的灵光——每年有超过两千万人前往参观这项前无古人后无来者的人造工程，但我们对长城的了解却少得可怜：长城到底是如何建成的（卡夫卡显然对此非常好奇）？作为防御工事的它，具体是如何运作的？在过去的 20 多个世纪里，它是如何发展演化的？中国的古代史官以巨细靡遗著称，其留下的历史文献之丰富举世无双，然而对于长城一事的记录却似乎惜墨如金。这也许是因为长城之遥远广大，前线之蛮荒艰险，对于帝国的学者而言，它实在是难以把握的存在。另外，很可能出于完全相同的原因，我们也很少看到当代学者对长城做出探索的努力。

蛮荒艰险的未知领域从来不乏充满好奇心的探险者，但对于长城这种规模的未知领域，闯入者没有同等级别的好奇心便难以胜任。本书作者威廉·林赛君就是符合条件的最佳人选——作为一名地理学者，他把自己一生最好的时光都用于探索长城（迄今三十载有奇）；更为难得的是，这位前马拉松选手（最好成绩2小时39分，他说自己并没使劲）体魄足够健壮，他曾经独自一人徒步走完明长城全线，也是屈指可数的完成如此壮举的“老外”。

在中国的长城爱好者和“驴友”中间，威廉·林赛的名声早已传开。所有人都熟悉他在各处长城徒步路线上竖立的标志牌：“除了照片什么都不要带走，除了脚印什么都不要留下。”许多人参加过他定期组织的在长城上捡垃圾的活动，这项活动至今已经持续了二十多年。他对长城的了解和热爱使他成为这些人心目中的英雄。我也是其中之一。

我第一次见到威廉是在2011年夏天，当时他带着一个选题计划来找《华夏地理》杂志，涉及蒙古国境内“被遗忘”的一段长城。第一次蒙古国的长城考察给我们带来了令人兴奋的发现，次年我们又资助了他进行第二次蒙古国长城考察。两次考察活动都是在中蒙边境无人地带展开的、严肃的野外调查，也是对这部分境外长城所做的、最早的研究活动之一。

在两次考察的间歇，威廉向我提出了一个新的想法：用那些与长城有关的“物件”来写一个关于长城的故事。过去几十年里，他收集和研究了各种类型、千奇百怪的长城文物——从绘有长城形象的西方地图到长城脚下散落的城砖和石雷，透过这些可以把握或把玩的实物来理解长城，无疑是一个别开生面的新角度。经过一番讨论，我们在杂志上把它呈现为一组“虚拟长城文物展”，用两年的时间连载完成。

威廉提出的这个角度，让我想起了本文开始时提到的卡氏长城——那座由城墙碎片组成的万里长城，一个无法知其全体、唯有把握局部的巨型构筑物。于我而言，威廉的“长城文物展”可以视作对卡夫卡长城迷思的某种回应：

每一个关于长城的故事都有助于我们理解这道巨墙，而重要的并不是它的整体，而是每一次你看到的局部组合讲出了怎样的故事。

叶南

2014 年夏于北京

（2009—2013 年担任《华夏地理》杂志主编）

自　序

中国的万里长城，蜿蜒万里，巧夺天工。然而，人们很难找到一篇文章或一本书能够完整地讲述她的沧桑过往。讲述长城的故事，我有自己的方法，即亲临现场，开启一段段旅程，采集一个个小文物，一点一滴、一段一段地讲述长城这个大故事。

经过了若干世纪的“腥风血雨和地动山摇”之后，幸存下来的这座“伟大的墙”，实际上并不是连续不断的、完整无缺的军事工事。长城的形态因她的历代建制不同、建造的材质等级各异，甚至所在地段不同而形成。1987年我从西到东，穿越沙漠、跋涉草原、翻越山岭，独自徒步踏勘明代长城的部分遗迹。时至今日，长城始终是我的主要研究目标和生活方式。

2012 年，我从长城上“下来了”。我利用更多的时间从长城的下面、里面、外面，有时甚至从非常遥远的地方观察她。这种观察方式把我带进了农民的院落、博物馆、图书馆、美术馆、大学、工作室，甚至收藏家的住宅里。我要找的东西或多或少与长城故事有着千丝万缕的关联，有的曾经是长城的一部分，有的从来就不属于她。

这本书记录了我在寻找、收集、挖掘以及对这些文物之间的关联进行拼接时做出的努力。虽然我收集的文物数量不多，但是它们都能用来从一个侧面讲述一个比较完整的长城故事，解除对长城的某种误解。

近些年来，我觉得我需要减少在长城上度过的时光，去其他地方走一走，看一看，找一找。即使我只能找到一件文物、见到一个人、学到一个知识点，也是值得的。通过这些文物的“大聚会”，我就可以从修建长城的成因和最终被遗弃的归宿，把长城故事讲得生动活泼。

于是，我开始草拟一个“长城重要性见证者的访问清单”。在这个清单里，有参与长城兴建被记录在石碑上的长城建设者和监管者，有用传统工艺制作弓箭的巨匠，有用地图把长城首次公之于世的地图学家，以及用其专著把我引向长城尽头的作家。

这项工作从开始到结束历时 25 个月，平均两周解读一件文物。首要的事情是选择文物，与策展人和收藏家见面；第二步是我的反复造访、鉴定、掂量和拍照；最后回到家里，还要讨论和研究、写作和翻译。

用两年的时间完成一本书的写作，似乎比较神速，但是写作之前的酝酿是一个较长的过程。

最初，用文物讲长城故事的想法，开始于 1987 年。那时，我正在独步考察长城。我感觉到，万里长城雄伟壮丽，在它被弃之不用之后，留下很多“如何”让我思考，比如长城的长度是如何测量的？狼烟所用的狼粪是如何采集的？各种武器是如何在长城上使用的？敌方是如何入侵的？长城的“构件”是如何被“敲掉”的？随着我的长城历史知识有所长进，摆在我面前这些问题的“缺口”，便逐渐地被“答案”填补起来。

另外，在各个长城博物馆里，与之有关的文物被陈列在玻璃橱柜里，我觉得它们似乎被剥夺了个性。大多数文物都标注着名称、年代、发掘地点和大致用途，但是故事性不强。一些很重要的文物甚至远离大众，尘封在库房里。你想见到它们，还需要提前预约。我深感有责任将这些与世隔绝的过去讲述给现在的人们听。同样，现在的人们也有权利知道过去所发生的事情。

我的第三个发现是在蒙古国。我意识到，研究长城应当从长城两边而不只是长城内侧着手。大漠、草原的景色，干旱、极度寒冷的天气，猎人和猎物，马匹和骑士，弓箭和马镫，所有这些开阔了我的视野。然而，人们并没有把这些当成长城故事的一部分。我觉得，来自游牧民族文化的文物，也应当“发出声音”来。

第四方面，是一个意外收获。我意识到：长城的故事“遍天下”。在伦敦西部的一个艺术馆里，我第一次亲自触摸并翻开了史上第一部在世界各地广泛出版的地图集，里面有一幅标注了中国万里长城的中国地图。在大英图书馆里，我查阅了奥雷尔·斯坦因于 1907 年考察的建于两千一百年前的汉长城的全部记录。在美国宾夕法尼亚绿树成荫的多伊尔斯敦城里，我漫步在一个早已作古的美国探险家故居老宅的甬道上，这位探险家撰写了第一部关于中国长城的著作。现在，我明白了这座矗立在中国和蒙古国之间的长城，她有着世界性的意义。因此，我总结出四组文物：其一，被人们忽视的文物；其二，要从库房里“拯救”出来的文物；其三，讲述长城南北两边故事的文物；其四，讲述世界性故事的文物。

这些文物，如同四根经纬线，我想，若能把它们编织起来，举办一个展览，那该多好啊！但是，在当时用传统的办法来举办展览，这种可能性几乎为零。然而后来，办展览的机会却来得比我预期的要早。2012 年夏天，我应邀举办了一个“虚拟长城展览”。

2011 年，我组织了蒙古国的第一个探险考察，目标是探索长城的新天地。我考察了一段“长城”，蒙古人在他们的地图上将其标注为“成吉思汗边墙”。我用文字和图片将我所考察的结果刊登在《华夏地理》杂志上。在中国，我提出了“中国境外长城”，引起了众人的兴趣，加上诸多的线上和线下的报道，时任《华夏地理》杂志主编的叶南先生资助我进一步进行境外长城探险和撰写相关的文章。

这个“虚拟长城展览”就是一个将上述四根线编织到一起、连续不断地给中国读者讲述独特的长城故事的大好时机，对我来说，这既是激励，也是挑战。

然而，我选出多少文物合适呢？长城的历史长河，从公元前 3 世纪到公元 17 世纪，流淌了两千余年。在如此漫长的时间里，各个朝代修建的长城至少有 16 座。目前我们看到的，保存最完整的长城是明代长城，兴建于距今五百年前。仅仅这一时期，长城的文物就足够多矣，那么之前的文物是如何处理的呢?

如果选出100件文物，这个栏目的连载时间便会拉得太长，对读者来说也不容易消化。我的期望是，选择具有代表性的、有故事的，并且和我自己有着千丝万缕联系的那些文物。因为这不是学术论文，不需要全面展开，深入挖掘，也不是文物库房，不需要囊括所有文物，面面俱到。在思考这个问题的过程中，我想到了我曾参观过的第一个，也是最精彩的一个展览。那是在1972年，为了纪念霍华德·卡特发掘图坦卡蒙墓五十周年，大英博物馆从上千件文物中仅仅选出了50件来展示。当时，就是这50件文物，激起了我这一辈子对古埃及历史的兴趣。

因此，我决定在这两千三百年长城修建的历史长河中选出50件文物，再把这些文物以真实的历史背景和一系列政治、经济和文化的亮点，以及长城“转折点”的故事加以排列。同时，还选出几个特别时期的文物，如不修长城时期和游牧民侵扰最频繁时期的文物。这样，便使长城的故事种类更多，在长城“舞台”上演的就是穿越长城南北宽阔边界的战争与和平的剧目。

我最初的清单上只列出了35件文物，这也是我的有意安排。在寻找文物的过程中，我期待着遇见“陌生的人和物”，因此，我专门为此留下空位。

幸运的是，主编叶南赞同我的研究和写作方法，确定以“虚拟长城展：50件长城文物”为栏目的主题，每月刊出两个故事，一共登载25期。

在这个栏目开始前几个月，我和妻子吴琪在山间徒步时经常讨论与栏目相关的问题，比如，这50件应当称之为“物件”还是“文物”？英文用的是“物件”，但吴琪认为如果中文翻译也用“物件”，不如“文物”听起来专业。实际上，大多数“物件”可以作为文物来描述，但个别的无法归于此类，比如狼烟，它是瞬间即逝、看得见但摸不着的东西。

从2012年仲夏开始，我们的整个生活都是围绕着这50件文物展开的。吴琪的翻译工作也并不是那么简单。她不但要和我一起讨论内容，要核对各种史实的准确性，还要按照中国读者的阅读习惯，重新安排文字的顺序，甚至某些地方需要改写。

每个月我们得准备两篇与长城文物有联系的文章和图片。为了严谨起见，我们邀请了原山海关长城博物馆馆长王雪农先生作为我们的历史顾问，对文章的历史史实和文字描述把关。之后我们再把文章发给《华夏地理》这个栏目的执行编辑饶默浓，她再根据版面进行编辑和删减。开头几个故事的内容，叙述的是关于中国人和外国人是如何知道万里长城的。接下来的文章则是按照年代顺序由古至今安排文物，根据这一方法，把全书分成了五个部分。

三十多年来，在我所有的长城旅行中，寻找 50 件长城文物的旅途是最长的，而且是最不同寻常的。这些文物贯穿整个长城历史，从中揭示了——长城是怎样被修建的；是如何戍守的；它是如何受到侵扰的；又是如何被遗弃的；在历史上，它曾受到怎样的关注；它为何被神化、被误解；人们曾对长城有过怎样的探索；它是怎样被绘制、拍摄的；作为精神图腾的长城，它又是怎样被政治化的。总而言之，它是如何变成一个世界性的课题的。尽管在写作期间，我并没有意识到这些，但实际上，我不仅仅在写个性化的长城历史故事，同时也在写长城的传记。

本书就是我“踏破铁鞋”寻找的文物和在寻找的过程中遇见到的人的故事——《长城的故事：影响历史的 50 件文物》

威廉·林赛

2015 年 5 月

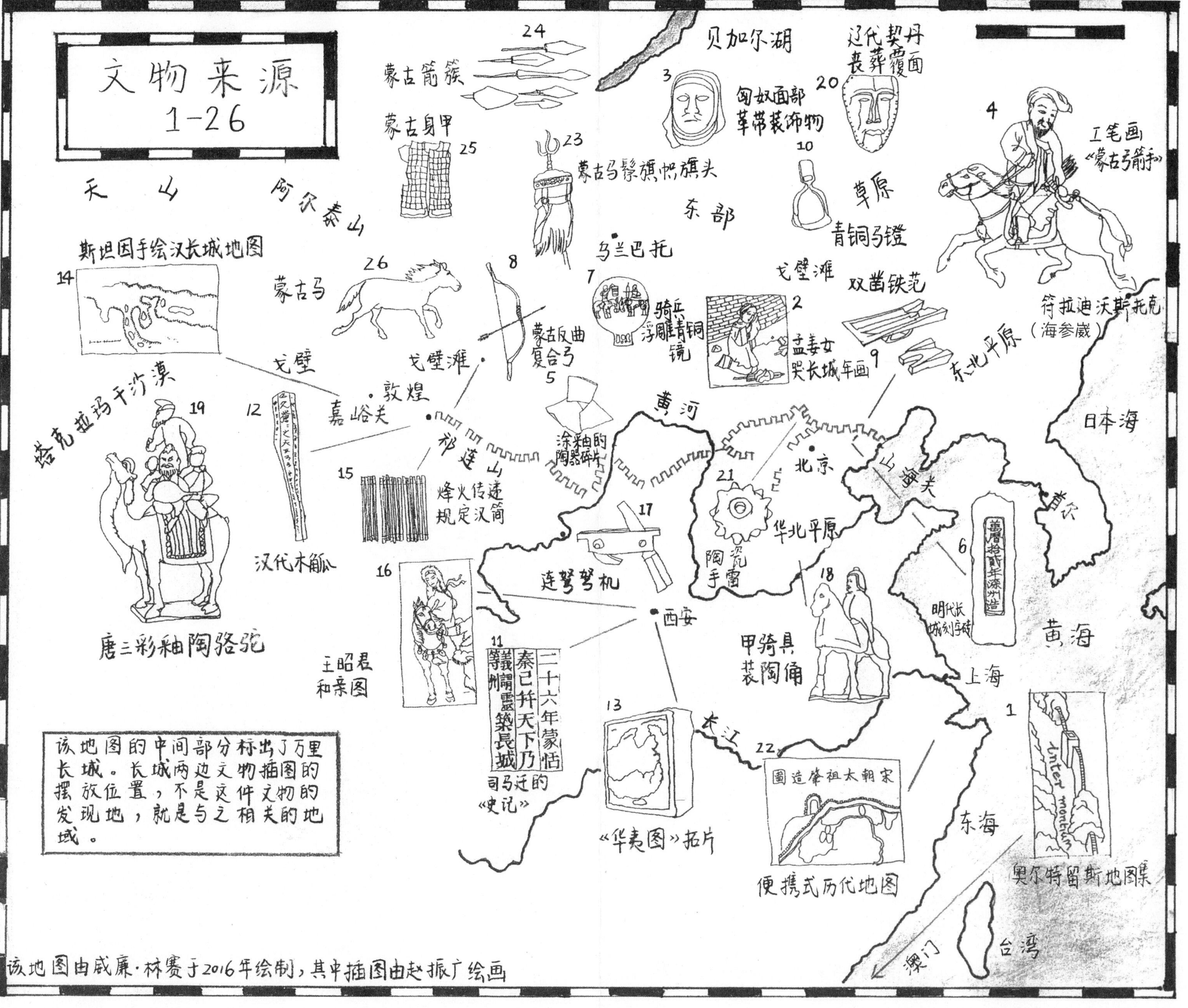

文物来源
1-26
24 蒙古箭簇
25 蒙古身甲
23 蒙古马鬃旗帜旗头
贝加尔湖
3 匈奴面部革带装饰物
20 辽代契丹丧葬覆面
4 工笔画《蒙古弓箭手》
10 青铜马镫
草原
东部
天山
阿尔泰山
乌兰巴托
14 斯坦因手绘汉长城地图
26 蒙古马
8 蒙古反曲复合弓
7 骑兵浮雕青铜镜
戈壁滩
2 孟姜女哭长城年画
9 双齿铁范
符拉迪沃斯托克（海参崴）
东北平原
日本海
戈壁
戈壁滩
敦煌
嘉峪关
塔克拉玛干沙漠
19 唐三彩釉陶骆驼
12 汉代木觚
15 烽火传递规定汉简
祁连山
5 涂釉的陶瓷碎片
黄河
北京
21 陶瓷手雷
山海关
华北平原
17 连弩弩机
6 明代长城刻字砖
16 王昭君和亲图
西安
18 甲骑具装陶俑
黄海
上海
11 司马迁的《史记》
二十六年蒙恬
秦已幷天下乃
13 《华夷图》拓片
长江
22 便携式历代地图
宋朝太祖肇造圖
1 奥尔特留斯地图集
东海
台湾
澳门
该地图的中间部分标出了万里长城。长城两边文物插图的摆放位置，不是这件文物的发现地，就是与之相关的地域。
该地图由威廉·林赛于2016年绘制，其中插图由赵振广绘画

文物来源
27-51
伊尔库茨克
贝加尔湖
28
狼烟
50
时隔近80年的
两张长城照片
39
《世界新图》
彩绘绢本巨型地图
《九边图》37
35
城工碑
拓片
乌兰巴托
古北口
47
长城抗
战老照
片
安特卫普
51《波吉亚长城古卷》
43
帕里什上尉绘制
的敌楼剖
视图
北京—巴黎汽车拉力赛
老照片
石雷
33
怀柔
38
44
29关城铁锁
辽阳
《蓟镇图》
八达岭
黄河
呼和浩特
嘉峪关
酒泉
张掖
32
大同
北京
日本海
山海关
银川
涞源
45
34
渤海湾
40
平壤
武威
房屋脊兽
48
定边
首尔
盖洛博士的《中国长城》
42
41兵部奏疏
《友谊长城万里长》
长城工碑
兰州
康熙朝《皇舆全览图》
捷胜飞空、灭虏安边发熕神炮
31
沂州
黄海
36
韩幹《呈马图》
西安
开封
30
27
46
49
上海
东海
卡夫卡的《万里长城建造时》
水彩画《东方风来满眼春》
卷轴绢画《紫禁城》
南京
手铳
戚氏军刀
杭州
重庆
长江
Kms.
0 140 280 420
为了避免该地图中间部分过于拥挤，一些文物插图用直线相连，并且直接摆放在文物的来源地，或者与该文物相关的地域。
该地图由威廉·林赛于2016年绘制，其中插图由赵振广绘画

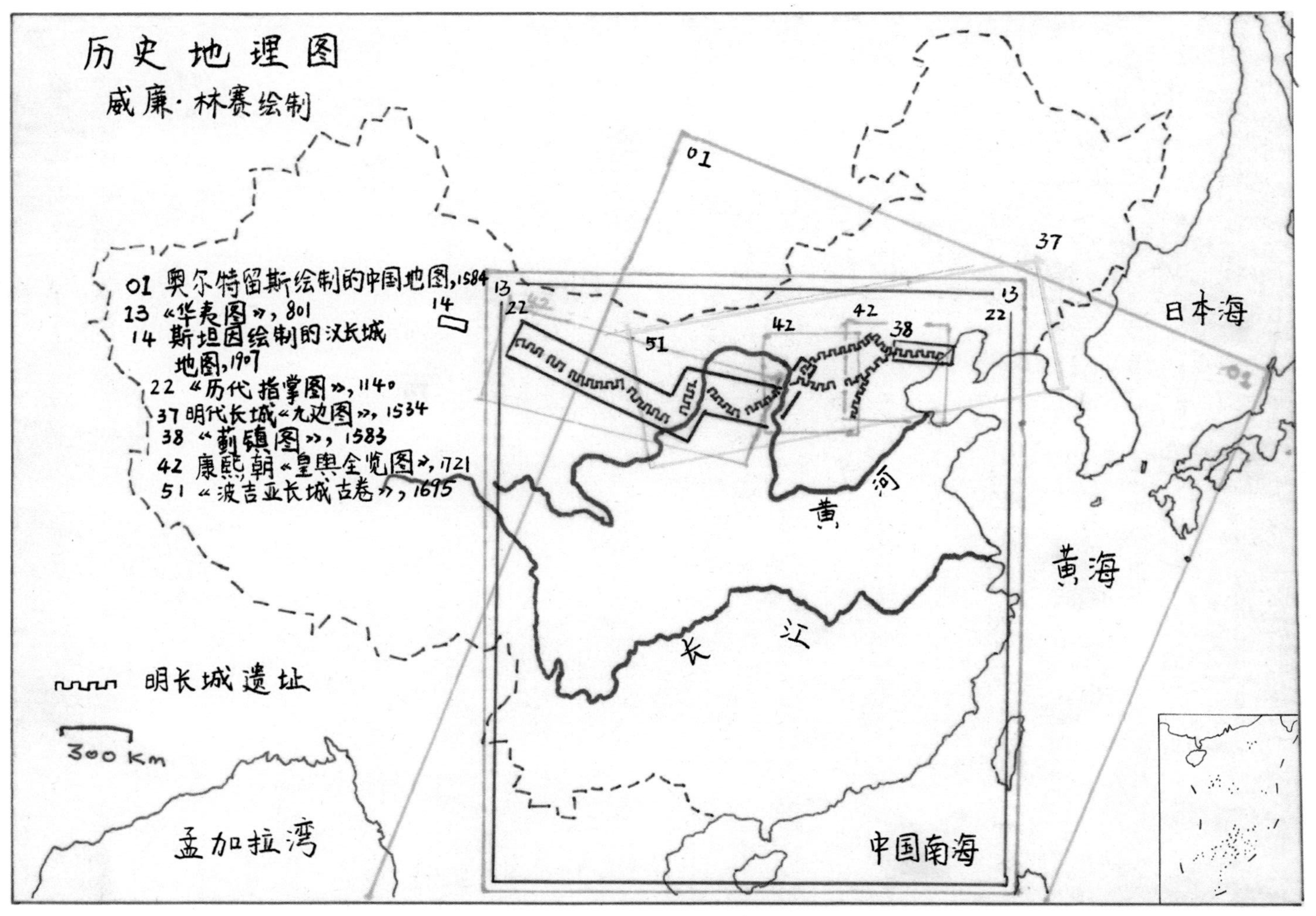
历史地理图
威廉·林赛绘制
01 奥尔特留斯绘制的中国地图，1584
13 《华夷图》，801
14 斯坦因绘制的汉长城地图，1907
22 《历代指掌图》，1140
37 明代长城《九边图》，1534
38 《蓟镇图》，1583
42 康熙朝《皇舆全览图》，1721
51 《波吉亚长城古卷》，1695
明长城遗址
300 km
日本海
黄海
黄河
长江
中国南海
孟加拉湾

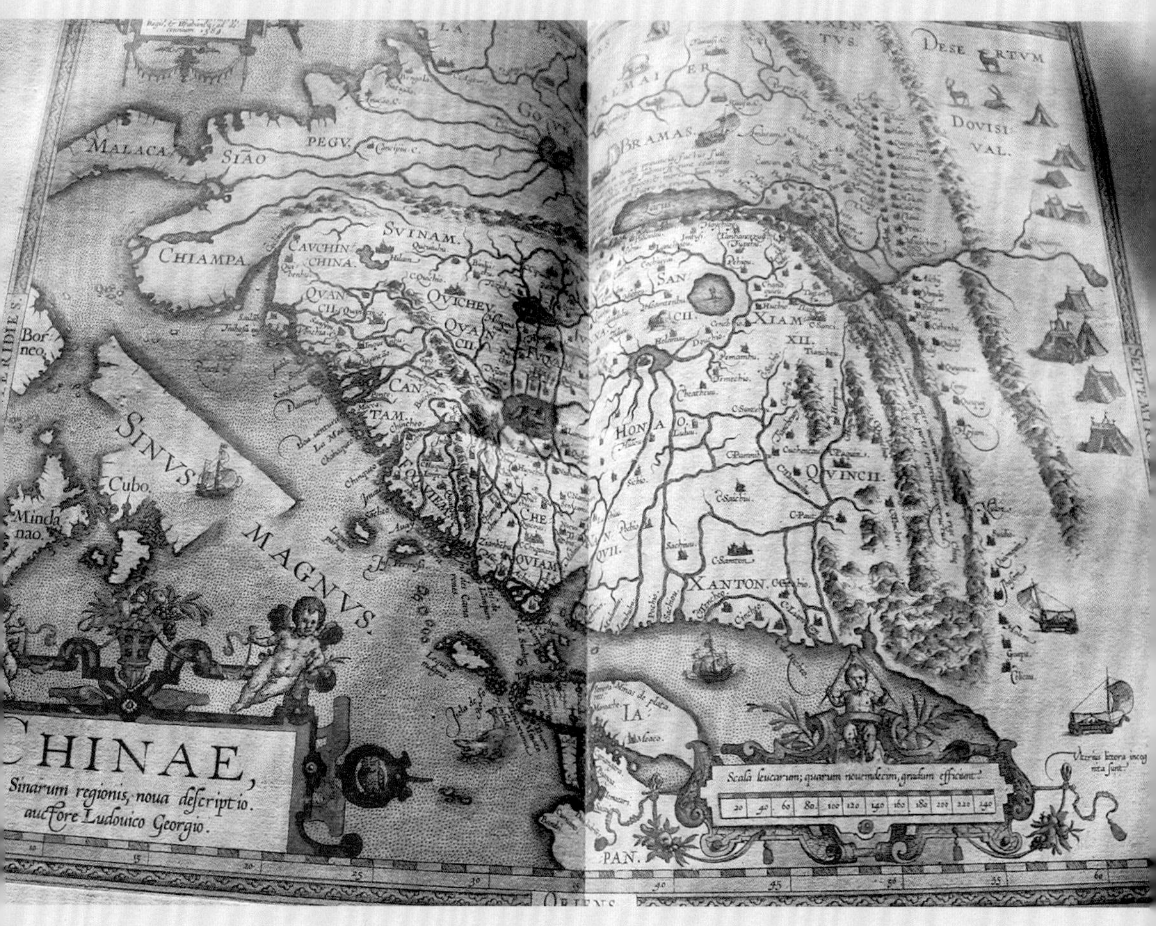

第一章

长城概述：

不同时期的八件重要文物

当我和朋友在“野长城”上徒步的时候，看着周围的荒芜，踏着残破的路面，他们总是问我：“在这样的长城上，没有路，怎样走啊？”的确，面对这样一个庞然大物，随便攀爬万万不可，你需要知道哪里有因坍塌而出现的豁口，你可以攀爬而上；你还要了解哪里有登墙的脚窝，使你不至于跌落下来。

同样，当我们开启这个长城文物旅程的时候，我们也要知晓：从哪儿开始，如何找路，才能找到进入万里长城故事的入口，以确保我们成功前行而不至于迷失方向。

鉴于这个原因，我没有按照时间顺序，墨守成规地从最古老的文物开启我长城故事的讲述。我选择了八件能回答以下诸类问题的文物：人们是从何时开始知道长城的？长城是为谁而建的？修长城用的是什么样的建筑材料？等等。

因为我知道，当我们了解了这几件文物之后，我们就做好了上路的准备。接下来的事就相对容易了，我会按照大致的时间顺序，将长达两千多年的长城建造和使用的历史故事娓娓道来。

因此，在这一章里，所有文物的排列没有按照年代的先后排序。

文物一
西学东渐：世界地图集
《寰宇全图》中的《中国地图》

试想在四百年前，一位探险家要进行一次长途旅行，他会随身携带什么东西，既帮助他与人沟通，又可以用来做自我介绍和判定所处的位置呢？英国航海家弗兰西斯·德雷克爵士（Sir Francis Drake）在 1577—1580 年三年时间里，进行了环球探险旅行。在他的船舱里我们能够找到一本历史上首部世界地图集《寰宇全图》。

1570 年，《寰宇全图》首次公开出版。出版商是亚伯拉罕·奥尔特留斯（Abraham Ortelius，1527—1598），他的工作室位于今天的比利时安特卫普市。几个世纪过去之后，人们仍然可以从这部世界地图集里辨别出各个国家版图的构成和海陆大势。这部地图集不仅帮助德雷克寻找环球之路，而且还为他的同行者了解世界其他地域提供了素材。它使各地的人们意识到，他们生活在同一个世界。

在德雷克环球探险二十年之后的 1601 年，意大利耶稣会传教士利玛窦（Matteo Ricci，1552—1610）来到北京。为了对明朝万历皇帝（1572—1620 年在位）表示敬意，同时展示当时欧洲人对世界的认知水平，他向万历皇帝敬献了几件礼物，其中就有这部《寰宇全图》。他想说服皇帝，开眼看世界，乃是上帝的旨意。

为什么这本大部头的地图集吸引了如此众多的社会精英呢？原因之一是，在此之前从来也没有人想到过，散页的地图可以用两个硬纸板装订成册，这样使得国家与国家就能在纸上并排摆放。这种方式开启了一个认识世界的新时代：在地图册里人们可以发现一个新的世界，意识到其他国家的存在，看到因无法亲临实地而用双眼看不到的东西，从而打破了人们的知识局限。《寰宇全图》不仅展示了当时人们对世界的认知，同时还指出了通向未来的道路。

奥尔特留斯的成功之道，在于他善于收集世界最新信息，并建立收集这些信息的“网络”。16 世纪是一个“探索发现的世纪”。出于对未知世界的好奇、对新的原材料的需求以及罗马教廷对 “教化万方”的渴望，探险家的探索、商人的交易和传教士的布道轮番上演。当这些人远洋归来时，带回来了当地的见闻和知识，而奥尔特留斯也就不失时机地收集了各种信息。

1580 年，西班牙本笃会教士亚里阿斯·蒙塔努斯（Arius Montanus）拜访奥尔特留斯工作室。这个“东方通”随身携带了一个羊皮纸卷，把它展开后有 A3 纸大小。这是一张手绘的中国地图。由于经历了不知多少岁月，多少高温和潮湿的环境，地图已经有些褪色。最终把这张图交到他手里的人，是耶稣会教士、葡萄牙著名地理学家路易兹·约奇·戴·巴布达（Luiz Jorge de Barbuda, 约 1564—1613）。1557 年以来，他一直居住在澳门，并通过传教士了解到大明王朝的信息。奥尔特留斯根据这张草图，用他所掌握的来自中国的其他信息和一些有趣的花边新闻，以及从一本有关中国的西班牙文读物中节选的内容，绘制出第一张用拉丁文标注的中国地图。这张地图于 1584 年收入《寰宇全图》。

四百二十五年之后的今天，我非常幸运地与这部《寰宇全图》亲密接触。它和我的手臂一样长，有我的两个手掌（指尖对手掌）摆起来那么宽，我拳头的高度就是地图册的厚度。打开《寰宇全图》，它几乎占据了我的整个写字台。至于重量嘛，它一点也不轻。各页地图牢牢地装订在两个用棕色的牛皮包裹着的硬纸板之间。

在翻阅这部地图册时，我感觉自己仿佛在地理大发现时期旅行。我十分好奇，这部地图册的第一位主人，在看到这部地图册时的第一反应是怎样的，他是否和我现在一样，想知道这部地图册里，每一幅地图的真实性有多大，比如在冰岛地图页上，火山喷射出岩浆的同时还喷出了魔鬼；大海边不仅环绕着冰川，还围坐着各式各样的妖怪。

在《中国地图》页上，一道长墙拱卫着中华帝国北方广袤的地域。大墙之下有用拉丁文标注的文字：“一道长 400 里格（1800 公里）的长墙在山

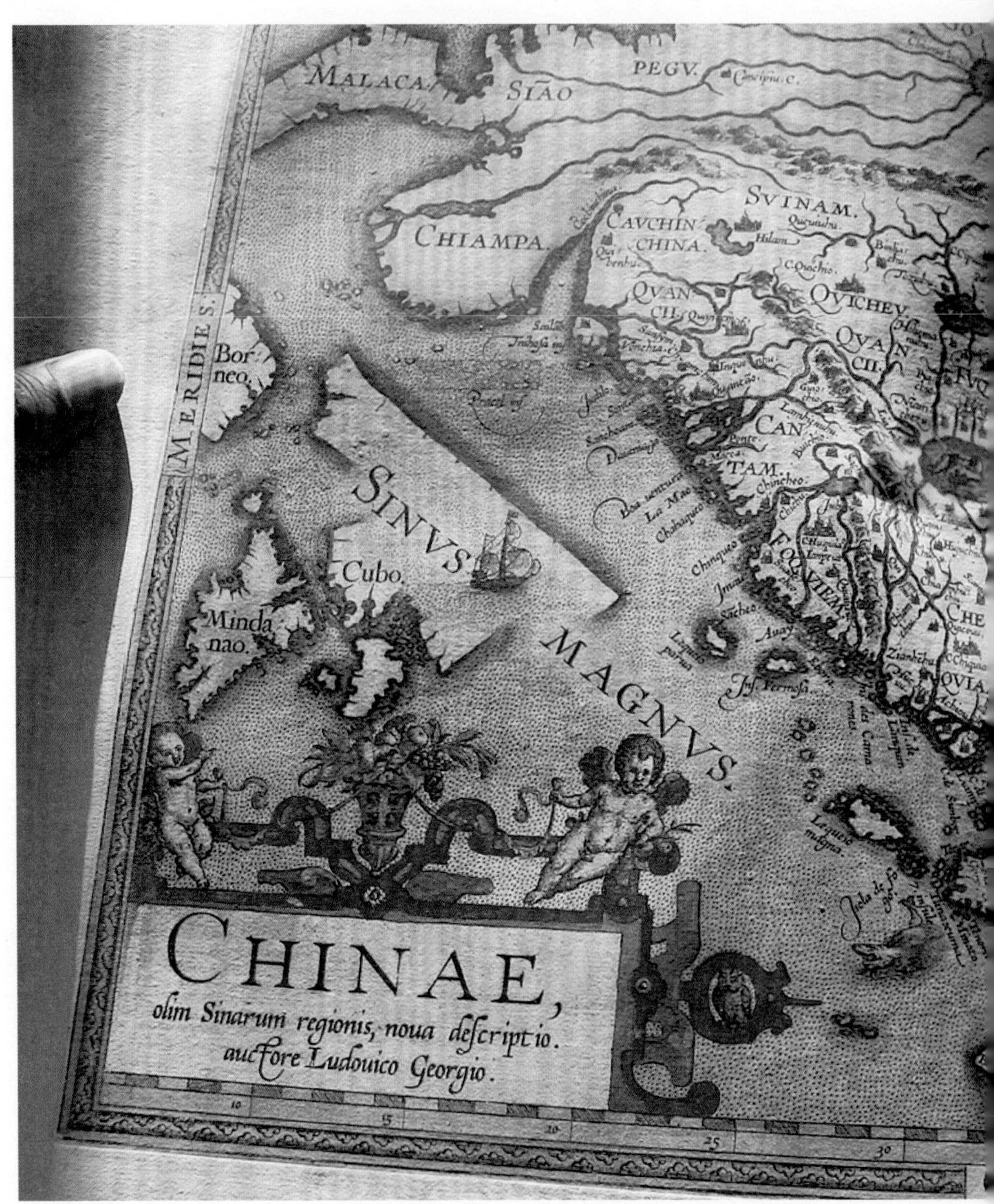

说明： 由亚伯拉罕·奥尔特留斯工作室绘制的《寰宇全图》地图集中的《中国地图》页（注意：地图右方为北）

意义： 世界历史上第一部世界地图集，其中包括一张首次出现长城标识的中国地图

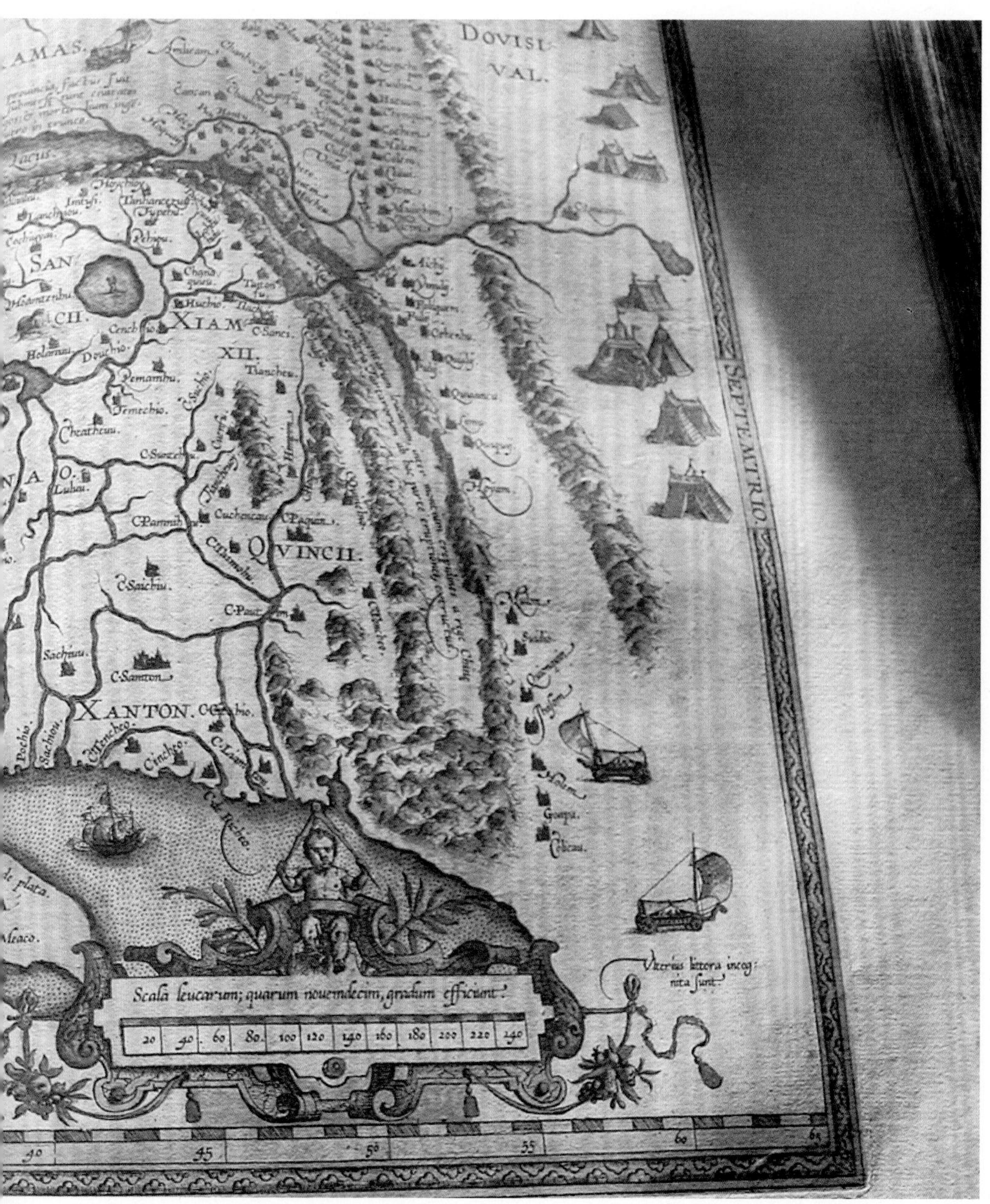

来源：比利时安特卫普市，1584 年

现状：现由居住在新加坡的商人马丁·布特拉（Maarten Buitelaar）私人收藏

间穿行，由中国皇帝修建，用于抵御游牧民族的入侵。”地图集的第一位主人真的相信平日修建在城市周围的城墙，会以如此的姿态盘踞在山间旷野之中吗？

地图上面的说明文字解释了这道大墙的作用和它的结构。它不仅有墙体，还有供卫兵驻守的敌楼和烽火台，而且墙与山之间，间隔有序。看得出这些“战略家们”将“借山为墙”在他们的防御计划之中运用自如。

无论地图上的图与字准确与否，在地图集主人面前的这幅中国地图，的确是一座里程碑。它是西方世界第一次出版，并且在世界范围内广泛传播的中国地图。尽管在12世纪的中国南宋时期，木刻印刷地图已经出现，但是数量和发行范围极其有限（参见文物二十二）。相对于此，奥尔特留斯的地图集则在二十八年间以拉丁文、法文、西班牙文、德文、荷兰文、意大利文和英文七种文字出版（每一本里都包括这张中国地图），销量多达5425部。

2002年，在我日益感受到北京周边长城景观面临着经济开发威胁的时候，我对这张中国地图上标注长城的意义也有了更深刻的领悟。长城周边土地的租赁使长城景观的灵魂和魅力染上了金钱的铜臭，旅游开发者们无不打着长城的主意，伴随着管理不善，对长城本体和环境造成了无可挽救的破坏。为了提醒人们对这种现象的关注，我在北京市文物局的支持下，将长城（北京段）自然景观列入由世界文化遗产基金会（World Monuments Fund）每两年评选一次的100项濒危世界文化遗产名录之中，以此警示人们万里长城亟待保护。

长城不仅有悠久的历史，更具有地理层面的价值，是一处独一无二的地理景观。到18世纪早期，在欧洲出版的中国地图上，长城已经成为精确测绘的地标。奥尔特留斯的《寰宇全图》是一部不朽的巨著，它让过去的人第一次从地图上感受到中国这座“伟大的墙”的视觉和内涵的冲击力，同时让现代人感受到保护它的责任重大。

文物二
不归绝境：老戏曲版画《孟姜女万里寻夫全部》

我曾经问过上百个中国人，最初他们是从哪里听说长城的，大部分人告诉我，是孟姜女哭长城的传说。

故事讲的是孟姜女的丈夫遭遇当政者征发徭役，前往修长城，却一去不归。这个心碎的女人，用哭泣的泪水使长城崩塌。孟姜女的故事在过去的一千二百年间广为流传，并衍生出了无数个版本。若干个世纪以来，中国的老百姓就是通过乡村茶舍里的大鼓评书、城市坊间的诗歌朗诵和舞台上的剧目等形式，来了解这个故事情节的。如今，人们还可以通过手机视频观看有关孟姜女的电视剧和戏曲片段。

美国哈佛大学汉学家伊维德教授（Professor Wilt Idema）曾经出版过一部关于孟姜女各种传说变迁的著作《孟姜女哭长城：十个版本的民间传说》。他在书中总结道："孟姜女的故事出自于西汉末年刘向的《烈女传》，其原型为杞梁将军的这位有德之妻。根据《左传》记载，杞梁为春秋时期齐桓公手下的一个将军，在一次战斗中阵亡，齐桓公在郊外祭奠他，他的妻子认为郊外祭奠不符合礼仪之规，便要求齐桓公到家中祭拜。尽管这个故事把时间设定在秦始皇时代，但实际上杞梁妻直到唐代才有了自己的'孟'姓。"也即到了唐代，孟姜女这个传说才与暴君秦始皇联系在一起。

伊维德教授指出，孟姜女传说的所有版本都有一个共性，即"这是一个关于愚蠢的独裁者的传说，所有版本都是对秦始皇道德败坏细节的不同演绎"。

在这里本人只讲两个版本，一个是大英图书馆馆藏的《孟姜女万里寻夫全部》这件文物，它就属于伊维德教授书中提到的"江南"版；另一个版本则是我最近在北京郊区才听说的版本，估计伊维德教授也没听说过，它对今天保护长城不受现代化的攻击或许有些益处。

这组《孟姜女万里寻夫全部》是一组年画，是用木刻彩印的版画，它以

说明： 老戏曲版画《孟姜女万里寻夫全部》（第一页，彩色套版）

意义： 孟姜女哭长城的传说是最为悲凄的长城传说故事，也是中国人最早认识长城的载体

来源：孙文雅版，清末（大约 1890），上海

现状：大英图书馆馆藏，英国伦敦

连环画的形式将戏曲再现于画面上，共分两个部分（也就是一共有两页），这里展示的是前半部分（第一页）。这组年画的制作者是清末上海人孙文雅，画作刊印于 1890 年前后。“全部”有二十回，前半部分共十回。画面分作十个格子。欣赏时从上到下，自右向左。

第一回：差官奉旨苏州去，拿万喜良来京。秦始皇派人去苏州捉拿万喜良，并送到首都咸阳（今陕西境内）。城门上贴着“皇榜”，上面写有“捉拿万喜良前去造长城赏银一千两”。据说秦始皇非常荒唐，竟然认为万姓人会比一般人力气更大，一人可以替代一万个人修长城。正像他听了算命先生的预言，为防备胡人推翻秦政，将所有姓名中凡带有“胡”字的人都杀绝一样愚蠢。

第二回：喜良别父母到松江，逃难太平无事。万喜良拜别父母后，躲到松江一带，暂时逃避了修长城的征召。

第三回：喜良看见孟姜，花园露体捞扇。盛夏时节，孟姜女在自家花园中宽衣解带，露体乘凉，无意中被喜良看见。

第四回：孟姜、喜良成亲。中国古代妇女的身体如果被男人看到，出路只有两条，要么自杀，要么嫁给这个男人。这里好在万喜良和孟姜女都互相喜欢。

第五回：可怜喜良被差捉，锁拿到长城。不幸的是，结婚没几天，万喜良就被举报捉拿，送去修长城。

第六回：孟姜别夫送寒衣，来到长城千万苦。孟姜女递给喜良冬季的衣衫，并与之告别；万喜良修长城千辛万苦。

在此之后分别是第七回：梦中相会，说尸身在长城。第八回：七七到来好悲伤，我为喜良哭于心。第九回：孟姜拜别二双亲，一路寻夫到长城。第十回：孟姜在路细访丈夫下落。

大英图书馆仅收藏了前半部中的一页，但我们可以通过现在流行的口述版本来复原这个故事：万喜良修长城累死后，尸骨随石头一起被垒于长城。当孟姜女得知丈夫已逝去，痛不欲生，其眼泪如洪水将长城冲垮几十里。秦始皇闻知大怒，将孟姜女捉拿到宫中。孟姜女美如仙女的面容，动了秦始皇娶她为妃的心。孟姜女借此提出厚葬万喜良的要求，秦始皇答应并照办。孟姜女目的达到之后投海自尽。最后的结局非常圆满，第二十回：喜良、孟姜夫妻相会，同升仙界。

从古到今，大多数中国人就是从这个传说中知道长城的，他们并没有记住帝王的英名，而是记住了一个心碎女子的心声。孟姜女的故事如此流行，以至于中国人由此形成了一个信念：那些被征召去修长城的人，再也不会回来。而“修建万里长城”也成了死刑宣判的代名词。这可能解释了为什么在明朝，长城被称为“边墙”，也许正是为了避讳“长城”的负面内涵。

2002 年，我在八达岭西边的长城上徒步之后，乘坐一辆出租车回京城。上了车，我和司机很自然地谈到长城。他突然冒出一句：“你知道孟姜女的传说吗？”我正想反驳：“谁不知道呢？！”但我还是很绅士、有礼貌地回答：“你能告诉我你的版本吗？”他开始滔滔不绝地讲了起来……没什么新鲜的，他的声音慢慢地成了我沉思的背景音乐。我想着早点回家，吃妻子包的饺子。这时司机的一句话，使我的耳朵立马竖了起来。

“孟姜女查看了刻在长城砖上因修长城而死的役夫名单，不幸的是其中也有她丈夫的名字。……”

这时车子刚好经过八达岭长城，我带着冷嘲热讽的口吻说，现在旅游区域的长城几乎每块砖上都刻有游客的名字。

“这样做太不明智了。”司机师傅似乎有点兴奋地大声说道，“这些傻瓜不懂长城历史。在长城砖上刻名字，是很不吉利的，等于给自己敲响丧钟。”

现在中国变得富裕了，越来越多的人有条件亲临长城，但有不少不自觉的人在长城砖上乱刻乱画。八达岭长城一年接待游客近千万人，没有刻字的老城砖已经很鲜见了。孟姜女的传说不论是什么版本，作为一个保护长城的提倡者，我倒觉得出租车司机的这个版本，对于保护长城、消除涂鸦和刻画，具有一种震慑作用，应当大力传扬。

文物三
初识强敌：匈奴武士面部青铜革带装饰物

一件文物的历史价值在于，能让不同时代的人们通过它进行交流与对话。这件匈奴武士的面部青铜革带装饰物，无疑体现了它的价值。在距离蒙古国乌兰巴托市以东50公里处的成吉思汗塑像博物馆里，这具青铜革带装饰物与几百件青铜器展品一同展出，引起了我的注意。这是额德内楚伦先生于1996—2011年间在全蒙古范围内收集的个人藏品之一。

刚一进博物馆展厅，一幅具有极大视觉冲击力的巨幅地图首先映入我的眼帘。这幅地图标出了所有文物的出土地方和收藏的来源分布。额德内楚伦先生藏品种类繁多，其中不乏匈奴和成吉思汗时期的各式箭头、图腾装饰、长矛、佩剑、匕首、刀具、带扣和其他动物牌饰等。一个匈奴人炯炯有神的双眼正凝视着前来参观的人。当我看到他的眼睛时，便不禁自问：我所看到的是一个民族的代表性面孔还是某个具体的个体呢？正像我们与秦兵马俑对视的时候，看到的是一个个曾经生活在那个年代的鲜活生命，同样当我注视这个匈奴人的双眼时，这种跨越历史时代的神交也正在上演。

这件看似不起眼的文物，可能是50件文物中体积最小的一件，其制造时间在公元前2世纪，距今已有两千一百年的历史。如果我们假设二十一年为一代人，那么这件文物相传了整整一百代人了。它是在蒙古国中戈壁省温都尔希勒被发现的，并且有可能也是制作于此地。这个地区属于从肥沃草原到荒芜戈壁的过渡地带，匈奴和汉朝这两个强大的政权曾经在此发生过冲突和摩擦。

几乎与这件文物同一个时期，公元前145年，《史记》（参见文物十一）的作者、历史学家司马迁在夏阳才刚刚出世。（夏阳为现今陕西韩城，古时先秦称之为龙门，汉代属左冯翊夏阳，太史公自序中所称“迁生龙门”，是一种文学性表述。）我们对匈奴的传统认识全部来自汉人的文献（匈奴没

说明：匈奴武士面部青铜革带装饰物，3.0 厘米 ×3.0 厘米

意义：北方游牧民族匈奴人的面孔首次展示

来源：蒙古国中戈壁省温都尔希勒，公元前 2 世纪

现状：蒙古国乌兰巴托成吉思汗塑像博物馆匈奴馆馆藏

有自己的文字），即便是撰写在《史记》时代之后五百年的《后汉书》，也只是援引司马迁对匈奴的描述。在司马迁的笔下，匈奴是最早与中原汉人为敌的游牧民族，也是修筑“万里长城”的最初原因。这件面部的小青铜器革带装饰物，是非常稀有的匈奴人的自我描述。匈奴人自称“Hunnu”，崇拜太阳的他们，认为自己是“上天之子”。

按照中国人“普天之下莫非王土”的宇宙观，中国占据“天下”之中，周围的其他民族和国家都应向它臣服，匈奴人只是占据了中国以北的边缘地带。但敢于挑战的匈奴人对此并不买账，最终重创西汉王朝，迫使早期的几位皇帝对匈奴采取屈辱的绥靖策略（参见文物十六）。

据说刚成年的匈奴男孩，要用刀在他的脸上划出“×”，以便在战斗中用这种狰狞的面孔震慑他的敌人。Hun在汉语中写作“匈奴”，这个“匈”字表示的就是在头盔下的一张划有“×”的狰狞面孔。匈奴人常被汉朝人描述成掠夺者，他们除了平时吃的肉类和奶制品，什么也不生产，而他们所拥有的其他一切东西，都是从比邻的中原人那里掠夺来的。

可是，近年来蒙古国的考古新发现动摇了这一观念。包括这件匈奴武士面部青铜革带装饰物在内，私人收藏家额德内楚伦先生的诸多藏品，讲述了中国长城的另一个侧面的故事：匈奴人自己能够制造出数量可观的精美手工制品。从他们的出土文物里可见，除了一些实用器具，其他均为装饰品和礼器。器物上的主要图案，如鹿、羚羊、山羊、大角羊、骆驼和马等，都与他们的衣、食、住、行息息相关。由此足见，这个游牧民族与生存环境的紧密关系以及对它的依赖。

与一般图像中非个性化的表现不同，这件独特的青铜装饰物的人面，有着圆圆的脸庞、大大的眼睛、宽阔的鼻子和厚实的嘴唇，头上包裹着围巾。

匈奴是公元前209年由单于统领的第一个游牧民族的联盟，它的疆域曾经囊括东至朝鲜，西至天山，南临鄂尔多斯沙漠，北接贝加尔湖的广大地域。由于欧亚草原上的游牧民族的这个集合体严重威胁了汉人的政权，因而汉朝以修筑长城作为基本国策来抵御入侵，从而保护政权。一些研究者则认为，秦始皇统一中国，促成了北方游牧民族的联合。

这件青铜器的铸造原因，以至于其一百代人的传承，都有待于进一步考证。它的形制表明，其功能很可能是革带的饰件。对于游牧民族来说，革带是非常重要的，除了用来佩带诸如刀具等随身物品之外，也是显示穿戴者的地位、荣耀和英勇气概的标志。根据记述草原生活的第一部历史文献，成书于 13 世纪的《蒙古秘史》的记载，当男子互相结拜为“安达”时，通常互换革带以示忠诚。

这件小小的匈奴武士面部青铜革带装饰物，向我们展示了一个真实的胡人面孔。他们能够自己制作精美的饰品，他们的脸上并没有凶巴巴的“×”，但这个自称“Hunnu”的民族，的确是万里长城修建的首要原因。

文物四
烽火暂熄：工笔画《蒙古弓箭手》

我第一次见到这幅马背上蒙古弓箭手的画像，是在 2003 年。当时我正漫步在伦敦维多利亚及阿尔伯特博物馆的中国艺术展厅里，在射灯一束昏暗的光线下，我不经意间发现了这个远离家乡的骑士，当时就被他迷住了。这幅画既非展示于长城沿线的嘉峪关或者山海关，也并非展示于具有悠久历史和众多文物收藏的首都北京；它如此清晰地描绘了 13—17 世纪中原的主要敌人——蒙古人，并且它竟然出自一位中原画家之手。画家使用工笔（写实）画法，描绘出统治过整个中原王朝，以至于在他们撤回草原之后，明朝不得不大规模地修筑长城，来防范北方的游牧民族的情景。这是我有生以来头一回从绘画上见到的蒙古人的形象。

当我仔细端详这幅画时，看到了不少熟悉的东西。这几年我多次去蒙古国旅行，所见所闻依然历历在目。这个弓箭手的坐骑健硕、耐劳，如今大草原上的蒙古马依然如故（参见文物二十六）。而弓箭手身穿一件蒙古袍，他的弓（参见文物八）向后弯曲，和我在乌兰巴托的博物馆见到的那张一模一样；他那有金属夹层的靴子，也同这座博物馆里的复制品如出一辙。他穿着的飘逸长袍，与当代蒙古牧民身上穿的并无二致。

在博物馆里，这幅画的说明卡片上写着：中国明代中晚期绘画。我由此产生了一个疑问，为什么中原画家要描绘他们的劲敌呢？是为了熟悉和了解对方吗？

这个蒙古弓箭手，并没有披戴盔甲，而是一袭日常装束——蓝色的传统蒙古袍。蓝色是蒙古人喜爱的颜色，它代表着长生天。他们常在节日庆典时穿着蓝色长袍。这位弓箭手斜挎着弓箭，箭囊里装满了箭，但神态从容而平和。显然画家并没有出于政治宣传的目的，把他描绘成面目狰狞的杀手。

这件作品是中国古代绘画艺术中非常罕见的一种类型。绝大多数艺术作

说明：工笔画《蒙古弓箭手》

意义：游牧民族弓箭手绘画，非常稀有

来源：佚名画家，中国明代中晚期

现状：现存于伦敦维多利亚及阿尔伯特博物馆

品都是为欣赏而生。传统的中国绘画艺术形式所表现的大多为鱼、虫、花、鸟，青山绿水，并用书法撰文加以赞美式的说明，外加作者印章。但上述元素在这幅画中一无所见，没有画家的落款和书法文字，我想这幅画可能不是用来欣赏的，至少不是为了给他人欣赏的。

那么，专家是怎样看这个问题的呢？我询问了研究中国绘画、艺术三十年的美国人姜斐德女士的意见。当时刚巧在伦敦的她，也来到维多利亚及阿尔伯特博物馆，中国绘画馆馆长张弘星先生给她看了这幅装裱过的画轴。

“这幅画画质低劣，作者不明，是不是原作都值得怀疑。其笔法粗糙平庸，不好说归属于哪一类作品。”姜斐德女士这样评价道。同时她还指出，这上面有好几个收藏家的印章。根据鉴定，其中乾隆的印章被确定是为使作品增值而伪造的。

曾任英国苏富比拍卖行中国艺术品专家的王宁先生，向我介绍了一幅元代画家赵孟頫的蒙古人和蒙古马的画作。当我看到他优美的绘画时，透过画家传神的笔触，牧马人内心平和的情绪，令我感受到仿佛时间都静止了。真是一种艺术享受！赵孟頫的作品显然是为了欣赏而创作的。但是，当我回头看这幅《蒙古弓箭手》绘画时，隐约生出不同的感觉。那么，这幅作品究竟为何而作呢？

就这个问题，我还询问了几位研究明史和欧亚草原史的学者，但没有得到一个明确的答案。看来这个问题不同寻常，它不属于任何领域的研究范围。那我就大胆地、不拘一格地设想一下吧。

既然这幅画不是为了让人了解或欣赏之用，那么，在明代历史中，它恐怕是一幅起着“调节”作用的绘画。它反映了当时汉人在丧失了政权五个世纪，失而复得中原地带之后，明代皇帝使用各种方式，防止蒙古人再次入侵及被外族统治的历史重演的这一现实。

明朝廷除了制定“塞防”这个基本国策之外，还采取了“以夷制夷”的方针，在贸易政策上也从允许偶发的边境交易，发展过渡到允许“茶马互市”的常态交易市集。从此可见，汉商已然可以与游牧民自由往来。这是否可以推测该画就是这一时期“调节机制”下的产物呢？在画中，蒙古人不再被描绘成敌人，不再是披戴盔甲的武士，而是着装普通的游牧民。

抛开这幅画的质量不谈，它对我们来说，是一个颇为独到的历史记录。它为我们留下了一个鲜为人知的瞬间——在旷日持久的腥风血雨中短暂的偃旗息鼓——一位弓骑手在乘风驱驰、拼杀疆场之余，短暂的从容时光。

文物五
方饮甘露：涂釉的陶器碎片

我小的时候每每参观博物馆，总是对那些土头土脑、残缺不全的陶器提不起兴趣，往往会无视这些色泽晦暗的瓶瓶罐罐，直接向那些让人心跳、闪闪发光的金银器物奔去。然而大多数博物馆馆长总自以为是地用这些远古陶器来欢迎参观者。

如今，无论你走进哪个国家的博物馆，“迎候”你的永远都是这些破碎的陶罐。其实，我们现今使用的很多陶器，与我们的远房堂兄弟在几百年，甚至上千年以前使用过的相差无几。这些陶器似乎使大多数人丧失了想象力。然而，所有考古学家都会告诉你，从我们祖先制作的、使用的、打碎的，最后丢掉的这些陶器中，我们所能学到的远比从他们创作的工艺品那里学到的要多得多。工艺品就像社会名流一样，为了刻意给人留下好印象而装腔作势；而沉稳谦逊的陶器，则随着时间的流逝，慢慢地显现出它的品质来。

我可以告诉你，如果这些破瓦罐是你亲自发现的，那种热烈的情感是绝对不同的。我就有这样的亲身体验。当我捡起一个陶器的残片仔细观察时，一种兴奋感从内心油然而生。不仅仅是因为这个残片历经了多少沧桑，更是因为它在我的脑海中留下的一系列疑团：这件陶器盛过什么，谁曾用过它，什么年代使用的，为什么要用它等，诸如此类的问题都一一掠过。

好，让我们一起来探索发现吧。

现在，我正沿着一段夯土长城行走。这段长城的年代、地理位置和形态都无关紧要，但重要的是，这是我见过的保存最完整的夯土长城。它高6—8米，坐落在宁夏回族自治区境内的戈壁滩上。它沿着贺兰山山麓的边缘先向西，再逐渐向上攀爬进山。这里只生长抗干旱植物，看不见人类活动的迹象。然而，长城遗迹的存在证明了人类曾经闯入过这个自然环境严酷的地区。

人类的杰作就耸立在我的面前：够不着顶的城墙、望不到边的防御工事

说明： 涂釉的陶瓷碎片

意义： 显示在修筑长城时，有大量用水的迹象

来源： 中国宁夏回族自治区境内的长城边

现状： 本书作者藏品

蜿蜒前行。显而易见，当初修城和守城的人们要面临多大的生存挑战！此外，长城修建的设计者们和军事家们对于以军户屯田的形式解决后勤保障问题煞费苦心。

漫步在长城的斜影下，我时常被散落在沙地上的陶瓷碎片所吸引。它们星星点点地散落在地上，反射着太阳光，每走十几步就能见到。

于是我将这些陶片收集起来。最大的一片比我的手掌小一圈，小的与名片的尺寸相仿；它们不是平平板板的，每片都略有弧度。大多数陶片上面不均匀地涂了釉，而且色彩不一，有的地方呈深棕色，有的地方是浅棕色；这些陶片非常粗糙，从破损的边缘上可以看到沙粒；还有些地方布满了深棕色、浅棕色、蓝紫色和灰绿色的斑点。当碎片积少成多时，我对着这些陶片组成的“马赛克”按下了相机的快门。

这件破碎的陶瓷器皿原先是干什么用的？为什么遗留下来的数量还不少？我把这张照片寄给了在陶瓷器鉴赏方面颇有建树的专家王宁先生。

“这些陶瓷碎片很有意思，虽然判断它们的年代有困难，但也不是不可能。这样的陶瓷器皿是实用器具，可能是用来盛水的，上面涂了釉，可防止水从砂眼里渗出。从器皿的口沿来看，其年代早至明代，晚及20世纪均有可能。因为这种存水的器皿从明代至今基本上没有太大的变化。”王宁回信时写道。

现在，我们知道这件陶瓷器皿用于装水。由于是在长城边找到的，或许它在明代修筑和戍守这段长城时曾为人所使用。但我的疑惑是：为什么这类陶瓷器皿如此之大？从碎片的弧度判断，它的水平直径有我的手臂那么长，纵深高度至少齐腰。

一小时之后，我发现，这个题目的答案就在这段长城附近。我找到了一块石头，上面有很明显的人工刻凿痕迹：中心位置有个半拃多深、眼镜片大小的洞。我知道这是当年修筑夯土长城时使用过的夯土工具——夯锤的石质端头部分，上面的洞是用来嵌入做手柄的木棒的。修筑夯土墙时，得先将土湿润，放进木质夹板之间，再用夯锤层层夯实；如此反复，八米高的墙就这样夯实了。

还有一件记忆犹新的事儿，也可以说明这个陶器的用途。作为一个地理学者，我了解均变说理论，而且意识到这个理论至今仍然具有现实意义——有时今天人们的做法可以帮助我们去理解过去。在中国，我常有这样的亲身体验。我就曾偶然遇见过一群居住在贺兰山脚下的农民，他们正在修夯土院墙。他们所使用的夯土工具也与我捡到的一模一样！更令人啧啧称奇的是，他们边干活，边哼唱着孟姜女哭长城的小曲儿（参见文物二），为他们夯土举锤打着节拍。可令人讶异的是，他们要顶着夏日的电闪雷鸣，冒雨作业。我便询问其中的缘由，他们告诉我："下雨是干活的好时光，省去了从大老远的地方运水的麻烦。"

我敢肯定，这就是我要找的答案。这个硕大的陶瓷器皿就是蓄水缸，它是在修筑这段夯土长城时用来湿润黄土的储水器皿。这水是从几百米至几公里远的水井，还是从 30 公里开外的黄河运来的，我们不得而知，但我们可以肯定的是，在整个长城修筑工程竣工之后，这些水缸还要为那些戍守长城的兵士的生活需要而继续着它们的使命。我在一些夯土筑成的敌台顶部也发现了陶瓷碎片，证明它们在长城工程竣工后继续为戍守的军兵所使用。

从那时起，它们就被放在那儿，任凭自然侵蚀或人为破坏，直至今天。因为无论是陈列在博物馆，还是散落在戈壁滩上，它们都不过是一堆无人问津的破陶片而已。

文物六
物勒工名：明代长城文字砖

人们在修筑长城时倾注了巨大的努力，为了以最生动的方式对他们的成就加以展示，我试图找到一件文物——一件切割岩石的工具。当我站在一面垂直的长城墙体面前，首先看到的是，由巨型条石砌筑的基础。每块条石上都有成百条刻凿的遗痕。我用手指顺着这些条纹慢慢地滑动，一种特殊的感觉立刻拉近了我与当年那位凿石匠人的距离。这会儿，我几乎能听到不绝于耳的铁锤敲击铁凿的叮当声音，以及铁凿碰撞花岗岩时，颗粒剥落的咯吱响动声。

1570 年前后是明朝修筑长城的极盛时期，成千上万个石匠会同时劳作。如今，尽管他们的血肉之躯早已消失殆尽，但他们的“作品”却永远留存。这些密密麻麻的凿痕如同成千上万个“作家”的签名，永远镌刻在这些岩石上。然而，这些“作家”所使用的那些用具——铁凿子都散落在何处呢？它们可能又继续承担了成百上千种新的使命吧。

经过多处寻觅，我只在山海关长城博物馆找到了一件例证。但是长城专家、曾任山海关长城博物馆馆长的王雪农先生，解释了这件铁凿的来源和年代。他说这件铁凿是专门为博物馆陈列搜集来的。这种凿石工具的使用在中国有悠久的历史，直到二十年前还在使用。其原因是这种铁质凿子随着磨损要不断地锻接，锻接—磨损，磨损—锻接……不断地修补和使用下去，永不“退休”。铁凿子是普通的劳动工具，当它修长城的使命结束之后，不是像艺术品那样被收藏或保存传承。它的命运往往是被后人继承之后不断地使用下去。今天，想找到一件当时的铁凿是十分不容易的。这件藏品可能已经使用了几十年，甚至可能用于数百年前长城的修建，但都已不可考证。幸运的是，它在使用结束后，没有被弃置，而是被保存下来，作为文物进行展示。正因为中国古代生产工具在馆藏中明显缺乏，它的研究价值才更加凸显。

说明：明代长城文字砖

意义：明代广泛使用的“预制”的建筑材料

来源：中国河北省境内的长城上

现状：陈列于山海关长城博物馆

那么，我还能用什么物件来描述筑造长城劳动之艰辛呢？我找到了一种可以和铁凿一样，能够生动地说明问题的材料，那就是长城砖。我这里说的不是那些数以万计、千篇一律的城砖，而是一些罕见的刻字砖。如同铁凿那样，从生产到使用，再到传承，经过了多道工序和诸多人手；这块刻字砖也同样布满了无数个手印。首先要将泥土压模成砖坯，用事先刻好文字的条状木质印章，盖在土坯的侧面；再放进砖窑烧制；最后运送到数千米甚至更远的筑城工地。在那里，它又与白灰黏结起来，垒砌在城墙上特别是垛口墙处，并在原地一待就是几百年。后来随着墙体倒塌，它又被人们捡拾回来，送到博物馆中保存至今。

在长城修建的历史上,砖作为一种建筑材料只能算作晚辈。它始用于明代，之前没有使用的先例（这里说的是砖窑烧制出的砖，不包括用阳光烤干的土坯）。砖的运用，使得建筑设计师能够自如地将防御工事设计得更加人性化，便于兵士们戍守；在长城修建过程中，砖作为建筑材料在大小和重量上的标准化，使得修城者操作起来更加得心应手，工作变得简单重复并有章可循。长城垛口可以整齐划一地将望孔和射孔依次排开。

在1570年前后，砖的使用量大大增加了。由于制砖的成本很高，确保砖的质量是非常必要的，这与制砖的原材料和工艺息息相关。如今，许多依旧保存良好的长城，都是后期加宽增高改造过了的，而这些“改造工程”所使用的主要材料就是砖头。

在长城上可以找到的刻字砖有好几种。我面前的这一款砖的标准重量为12.5公斤，若受到自然风化厉害一些，就短上半斤八两；若表面沾满了灰浆，就略重一些。这款砖上有八个汉字，从上到下深深地嵌进砖的侧面：万历十二年滦州造。文字四周有方框。这是在万历皇帝在位期间的1584年，由来自河北滦州的筑城单位烧造的。我所见到的长城刻字砖铭文还有一些记录了修建某一段长城的部队的番号，还有的砖就简单地印着“查收讫”几个字，仅仅表明这块与同期烧制出的砖，都经过了质量验收。

《天工开物》是中国明代科学家宋应星在17世纪编辑出版的科技百科全

书，里面讲到了制砖的最佳泥土是那种从耕地下层挖掘出的黏性土。制砖时，首先将这种泥土累积成堆，通过数日的常温加工，包括通过日晒雨淋来分解泥土内部的结构；再经过人工翻晒、加水，再翻晒，反复“折腾”上两三周；最后还得经受牲畜的万蹄踩踏。工人们将这种经过“千锤百炼”的泥土用模具制成砖坯，还要经过一到两个月的阴干之后，才能进窑烧制。

我们今天所见到的明代最大规模的“长城砖制造厂”，是于1999年在河北省抚宁县板厂峪发现的。这里一共有66座砖窑，估计当年每月产量可达到30万块砖，真不愧为工业生产线规模。长城砖制作工序复杂而造价不菲，所以需要通过密切协作和严格监管来保证质量，避免奸商牟利和残次品产出。

烧制是制造长城砖最重要的一个环节。窑内温度要保持在800摄氏度—1000摄氏度之间。砖窑顶部要密封，从而减少进入炉膛的氧气量。还要经过浇水这样的化学作用，把红砖变成灰色。烧制一窑砖需要十几天至二十天。然后，这些长城砖开始了它们的长城之旅：爬上长城参加修筑，沿着长城参加戍守，最后还要经历岁月的沧桑。

砖作为建筑材料在明长城上的使用，标志着明代的防御工程进入了使用标准化材料的现代化时代。史无前例的生产规模，需要以集约化的生产线来保障。砖体加盖的质量检验章将制砖日期、制砖人和制砖单位、使用流转过程都记录“在案”，这是长城建筑过程中的责任制的体现，它确保了长城修建的速度和质量，使长城能够迅速建成，并且在几个世纪里能够有效地抵御北方的敌人。看着这块博物馆展柜里的刻字砖，再联想那些依然在山间草丛里的同伴们，可以肯定，它们无疑是经受住了岁月的严酷考验。

文物七
兵贵神速：骑兵浮雕青铜镜

如果你向世界各大洲的人们提问：“几百年甚至上千年以来，谁是你们民族在战争中的最佳盟友？”你会惊奇地发现，答案将是意想不到的相似：最佳盟友并非某一个民族，而是马匹。即使你问的是最深沉的思想家，他在经过了一番认真思考之后，也会给你留下同样的答案。

狗或许与人类最为亲近，然而，五千年来，在战争的冲突中，马却与人的关系更加密切，马在战场上起到了不可忽视的作用。远至公元前 1274 年古埃及法老拉美西斯二世率领他的战车部队及步兵与赫梯帝国的国王在卡迭石的会战，近到 1815 年威灵顿公爵以骑兵击败拿破仑的滑铁卢战役，例子不胜枚举。第一次世界大战期间，英国在战场上就使用了大约 600 万匹马。尽管包括坦克在内的现代化武器的发明使用，打破了堑壕战的僵局，也结束了马在战争中的主要作用，然而，骏马的形象在好莱坞大片里仍经久不衰。

同样，马在与长城相关的战事里也扮演了关键角色。简单地说，修长城就是为了阻挡马匹。我们甚至可以毫不夸张地说，没有马的存在，游牧民族就没有任何南下入侵农耕民族的手段，游牧民族和农耕民族的冲突也就不存在，这样看来，长城的修建也就没有必要。稍后我们将探索马作为交通工具的优点，然而在此我们先聚焦于一件文物，它所预示的是，在中国北方边境曾出现的一种全新的兵种：弓骑兵。正是他们迫使中原政权改变了作战模式，催生了关于长城的故事。

在已故蒙古收藏家额德内楚伦先生的青铜器藏品中，以马的形象作为装饰或图腾的工艺品比比皆是。我们要讲的这件文物是一面青铜镜。这是欧亚草原上表现人与马在战争中紧密结盟的最早实物之一。镜子的正面打磨得光可鉴人，背面浮雕上以潦草的线条刻画了两个相互冲突的骑士，一个挽弓搭箭，满弓待发，另一位用盾抵挡，忙于招架。这件表现两骑冲突的文物，不仅在

说明： 骑兵浮雕青铜镜。直径 8.5 厘米；手柄部分 3.5 厘米 × 2.0 厘米；厚度 0.2—0.3 厘米

意义： 早期描绘游牧民族骑兵的物件

来源： 大约公元前 9—前 8 世纪，蒙古国东戈壁省

现状： 已故额德内楚伦先生的私人收藏，现在蒙古国乌兰巴托成吉思汗塑像博物馆匈奴展厅展出

当地是最早的，在世界其他地方也是极为鲜见。

蒙古草原上人与马独特的关系始于公元前3000年左右。人们把捕获的野马驯养成了家畜，并且使它在牧放其他牲畜的过程中发挥重要的作用，成为马、绵羊、山羊、黄牛、牦牛和骆驼六畜之首。马为人提供了快速的、独行的交通工具。使得骑士能够利用马来追逐行动快速的猎物，应付生存的挑战。至于我们故事里所讲述的马参与人与人之间、游牧民族和定居民族之间的争战，还是几个世纪以后的事情。

2012年，我去蒙古东部草原探险。在一个蒙古包前，我看到了一个年仅五六岁的男孩儿正在练习骑马，他的脚还够不到马镫。游牧民的孩子，在学会走路后不久就开始与马为伴。在以后的人生中，马匹使他们那种居所不定、时常迁徙的游牧生活方式成为可能。按照草原上的传统，人的富裕程度是以拥有马的匹数来衡量的，徒步行动是贫困的象征。

放牧总是要寻找天边最好的牧场，这就要求牧民经常更换牧场，寻找狩猎的机会；狩猎还得依仗射箭技能。在马背上狩猎使得人在速度和耐力方面对猎物都占据了优势。游牧迁徙总会伴随着与比邻部落不断的冲突，人们经常为牧场、河流、湖泊和水井争得你死我活。马背上的行动、狩猎和厮杀司空见惯，成了草原民族的特长。

与北方能攻善射的游牧民族的快节奏生活状态相比，南部农耕民族的定居生活则大相径庭。农耕民族的定居生活第一次遭到这种“游击式”游牧生活方式的冲击。

直至公元3世纪，马镫才被发明（参见文物十），此前，骑手们要考虑如何在“前马镫时代”更高效地战斗。在马镫发明之前，他们骑马射箭的能力有多强，仍存在争议。大多数学者认为，由于双手未能“解放”，同时还得保持平衡，那时马匹更多地用于战时的运输，而不是充当“战马”。骑兵有时还不得不停住马，甚至下马射杀敌人。无论如何，早在公元前5世纪，世代务农的中原人就已经与充满敌意的北方游牧骑兵发生了接触。

据记载，这类马背上的冲突可以追溯到公元前300年。根据我们介绍的这件铜镜的年代粗略估算，那时草原上的游牧民族已经具有了至少数百年的骑马经验。在马背上挽弓搭箭不仅是军事传统，而且是与生俱来的技能。在长城沿线的战事中，这些快速灵活的马上弓箭手，对靠双腿或战车作战的敌对阵营来说，是极具杀伤力的。步兵的位置低，移动速度慢；战车则受到地势平展的限制。而骑兵带来的是全新的交战方式，他可以出奇制胜，进退自如，不受战场是否平坦或开阔与否的限制。

中原的农耕民族在无法抵御他们的劲敌的时候，便开始了模仿。大约在公元前 300 年，赵武灵王（约公元前 325—前 299 年在位）就试图训练步兵骑马射箭，提出“胡服骑射”的主张，甚至命令他的军队弃除长袍宽袖的汉服，改着短衣紧袖的胡服，以适应骑马射箭。经过数月甚至数年的练习，其步兵的战术虽然有些起色，但总是敌不过游牧民与生俱来的生存技能。他们在控制马匹的同时，还能准确无误地射中目标，这并不是十分容易掌握的技巧，因为这项技巧，既讲究协调平衡，还要求有足够的力量。

这面镜子上的两个彼此对峙的骑士，使我们有理由相信，草原牧民是最早，也是最好的骑兵。从其他地域的考古发掘中，比如与这件文物几乎同一时期（约公元前 9 世纪）的亚述人的浮雕上，我们可以看到，更加高大的阿拉伯马匹，由双人骑乘，一人驾驭马匹，一人挽弓射箭。而草原游牧民族出于生存需要掌握了这两种技能，并且运用自如。

战国时期的赵武灵王是最先与游牧民族为邻，最早运用筑城保护国土的中原君王之一。赵武灵王为防御林胡和楼烦的南下，派人修建了两道长城：一处长城在今天的内蒙古乌加河狼山一带；另一处在今内蒙古乌拉特前旗、包头、呼和浩特至河北张北一带。“赵长城”的建筑形制和选址，都经过了因地制宜的改进，无论长度还是高度，其规模都令人赞叹。千余年来，中原各地修筑防御工事已成为常态，只是各地城墙的形状、规模和选址有所不同。这样的“长城”或者“长墙”逐渐成为南方农耕民族防止北方游牧民族入侵而必备的战略工事。

文物八
草原神兵：蒙古反曲复合弓

当我还在蹒跚学步的时候，扔石头已经是自然而然、无师自通的技能，用树枝或木棍当矛或剑也是家常便饭。等我再长大一些，又学会了用枝条做弓箭。我经常在树丛中翻寻，想找到那些又长又直、粗细合适，而且有韧劲儿、有弹性的树枝来做弓臂；我家后院里也不乏做弓弦的绳子。我把绳子用双套结固定在树枝的两头，把树枝扳弯后，就开始调整弓弦，直到它紧绷到能发出“砰砰”的声响为止。至于箭就更不成问题了。院子里的各式茎条应有尽有，而且又直又轻。剩下我要做的就是，将茎条的一头用水果刀刻出槽痕，另一头削尖，一支箭就做好了。

对我来说，第一次摆弄弓箭是童年的一个里程碑。那感觉与开始其他运动项目如骑自行车或者游泳相仿：那就是心中有一个目标，再跨过一个门槛，就进入了一个新的世界。与扔石头和舞剑相比，射箭突破了臂力的限制。在射箭时，你会感到有一种看似简单却很有效的机械动力在助你一臂之力。虽然技术含量不高，设计也不很复杂，但的确能帮助你更有效地射击：箭头翻飞的力量更大，速度更快，而且距离也更远。尽管如此，任何事物总是有个限度。我做的弓好像总是用不了多久就坏了，仿佛有一个预先设置好的发射次数，或使用天数。一到这个“大限”，就立即折断。当弓弦被过度扯拽，或使用次数过多，弓臂就会发出痛心疾首的“咔嚓”声响，随后弓的命运就可想而知了。

孩提时代的经历，把我与兵器发展史和使用这些兵器的勇士联系在了一起。作为一个英国人，我从小就知道罗宾汉的故事。他劫富济贫、行侠仗义时使用的是英式长弓。还有1415年，英王亨利五世在法国北部阿金库尔村用英式长弓发射的“箭雨”重创兵力数倍于己的法军。然而，众所周知，蒙古人才是世界上最擅长射击的。13世纪成吉思汗率领蒙古骑兵杀出草原，用马

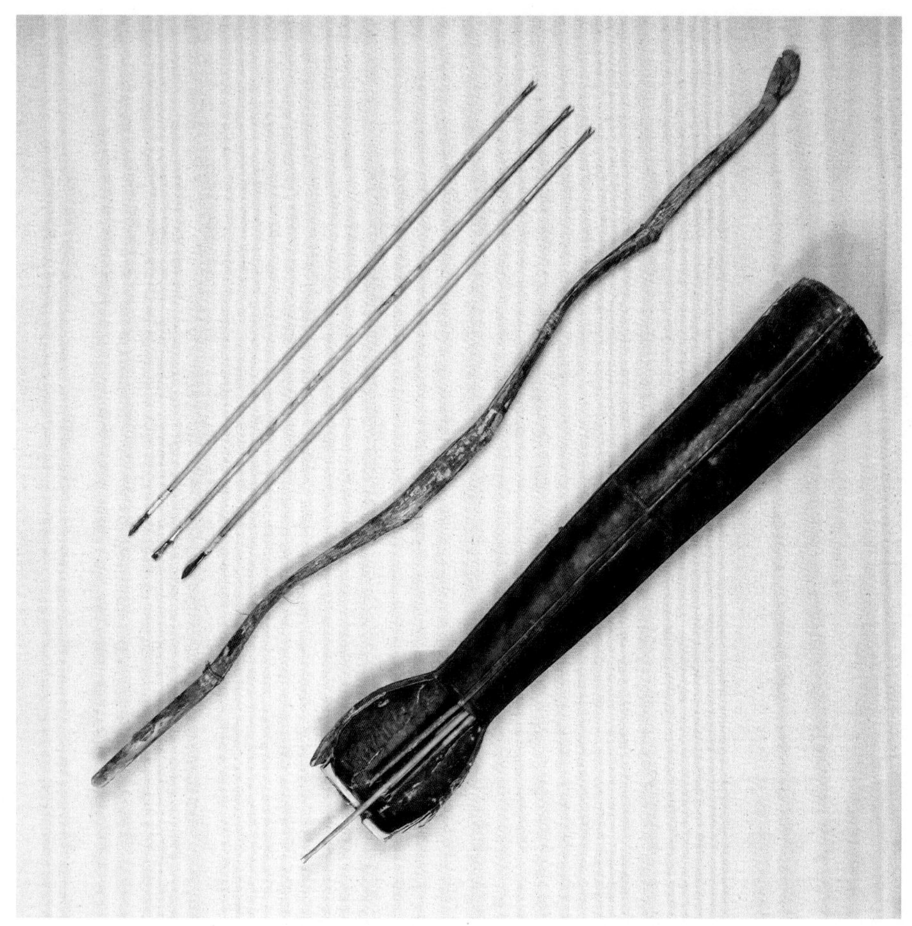

说明：蒙古反曲复合弓

意义：在长城战事中最有效、最令人恐惧的武器，而且持续使用了两千多年

来源：成吉思汗时期，大约在1200年前后

现状：已故的额德内楚伦先生私人藏品，目前在蒙古国乌兰巴托成吉思汗塑像博物馆匈奴展厅展出

背上的弓箭征服了半个世界。

中世纪蒙古骑兵用过的弓箭，在成吉思汗塑像博物馆匈奴展厅中就有展示。可是，如同凿刻岩石的铁凿子一样（参见文物六），弓箭也曾俯拾皆是，但在连续不断的使用中逐渐损毁，随后消失殆尽，加之弓是用四种动植物材料混合而成，只能在长期稳定的社会和自然环境条件下才能得以保存，而真正古老的由薄片合成的蒙古弓迟早会解体。

那么，我又是如何来体验令人胆寒的蒙古弓箭，体会使用者传奇经历的呢？乌兰巴托蒙古国家历史博物馆里有一块 1.5 米高的“成吉思汗碑”复制品（原碑保存在俄罗斯圣彼得堡埃尔米塔日国家博物馆里）。从上到下仅仅刻了五行维吾尔－蒙文铭文，简洁地描述了中世纪顶级弓箭手的能耐。文字的大意是：在成吉思汗征服了花剌子模王国（在今天的乌兹别克斯坦）之后，举行了“那达慕”盛会，蒙古权贵们聚集一堂。成吉思汗的侄子伊香哥为大伙儿表演射箭时，他身不晃、手不抖，一箭就射中了 536 米开外的靶心。此次“那达慕”举行于公元 1225 年，其间可能开展了三项技能比武，其中一项就是射箭。伊香哥的超远距离射艺，永载史册。

历史学家们总是梦想着追根溯源，看看过去的事情究竟是如何发生发展的。我就是这样，苦苦地寻找着“活的历史”——经世不变、持续至今的制作过程或人类活动。比如“那达慕”，至今仍是蒙古人展示骑射技艺和尚武精神的重要文化活动。射箭比赛是最高级的运动项目。弓箭手们不屑使用奥运会中那种现代钢化玻璃弓箭。那些传统的蒙古反曲复合弓和插着秃鹰羽毛的铁头箭，仍然是他们的最爱。我猜想，肯定有某个人在某个地方，仍然在制作这种传统弓箭，我决定要找到他。

经过一番调查，我便在乌兰巴托郊区一个廉租公寓的地下室里，“挖掘出”了这样一个制作传统弓箭的手工作坊。一进地下室，我就被里面的景象惊呆了：墙上挂满了弓臂的框架，野山羊角在墙角堆成小山，一串串鹿筋高高地晾挂在铁丝上，一扇秃鹰的翅膀放置在工作台上等待工人去“拔毛”。这时，一个年轻小伙子正在酒精灯忽闪忽闪的紫色火苗上对铁箭头做最后的加工。这就是巴特满克父子弓箭作坊，是我在蒙古找到的与中世纪弓箭制作工艺最为接近的作坊。

巴特满克先生递给我他刚做好的一张弓。弓臂大约 1.5 米长，弯成“弓脊”的一面包裹着乳白色的桦树皮，上面还装饰着一些吉祥图案。“弓腹”上每隔十几公分就有十来根一把的纤维缠绕并黏合在弓臂上，共分为十组。整个弓形成两个弯曲部分，两头是呈平直状的弓㢰。

弓在闲置不用时，弦是松弛的。弓上弦的过程能使人感到弓的内置力量。我坐在矮凳上，两膝分开，手掌向上抓住弓臂的弯直交合处，两手相距一臂之长。弓腹面紧贴我的双膝，弓的望把在我分开的两膝空档之间。巴特满克指点我如何“反曲弯弓”。

我开始用劲儿。弓似乎毫无反应，但我的膝盖已被压得生疼。我用劲儿，再用劲儿……我真担心多层黏合的弓臂经不住这般拉力。

“嗨——再使点劲儿！”周围的人助威似的喊着。

我的两膝和腹部猛地用力一收，用尽全身的力气，终于将弓弯出了足够的弧度。巴特满克趁势将弓弦绷在弓臂两端的羊角槽缝里。弓的形状完全改变，它现在被“反向弯曲”了。我左手握住弓的望把，弓的两头平直的部分冲外翘着。我轻轻地弹拨一下弓弦。“砰砰”的声音悦耳动听，好像这把弓充满了生机，满弓待发。

我带上几支箭，在屋外找到了一个宽敞一点的地方。我试着用食指、中指和无名指拉动弓弦。巴特满克告诉我，这个弓的拉力是 27 公斤。也就是说，我要用三根手指拉起相当于乘坐飞机时允许带上飞机的行李和托运行李重量总和的重量。翻转后的弓臂伸展开来，原先的几个黏结在一起的部分，汇成了一个天衣无缝的整体；加上弓㢰延长部分独特的构件，使得其机械优势发挥到了极致。弓臂的两股力量——外侧的张力和内侧的压力在发射的瞬间传递到了弓弦。

我的箭就这样，以每小时 300 公里的速度，向 60 米开外的靶子飞去。呵呵！真是又快、又高、又远！比我小的时候自己制作的弓箭不知要好多少倍！

然而让我不解的是，蒙古反曲复合弓是以多种材料层层黏合而成的武器。它非但不因这种不同材料的组合而减弱能量，相反它大大地增强了克敌制胜的性能。据蒙古国家自然教育学院副院长贡格·拉格瓦苏仁博士（Dr. Gongor Lhagvasuren）解释，“成吉思汗碑上有关射箭的文字，其实部分是为了赞扬蒙古在 13 世纪强大的军事力量和征服世界的成因”。

然而，如何准确地描述蒙古反曲复合弓的精髓呢？在我看来，它是人们适应环境及其生存需求的共同产物，是原材料和手工艺交融的杰作。需求是发明的原动力。最初严酷的草原生活，人们依赖狩猎为生，他们不得不与奔跑速度极快的动物一比高下。然而人们聪明地利用技术的优势，来弥补其奔跑速度上的不足。这个重要的技术优势，就是一种以层层叠压工艺制成的反曲复合弓的发明。他们设法使制作这种复合弓的原材料经得住拉力，使之可以储存能量，还能迅速将能量传输到弓弦上。

这种复合弓的奥秘是什么呢？我已经领略过它的威力，但并不完全了解它的构造过程。当我“操练”完毕，返回作坊时，巴特满克又把我带回到了复合弓生产的初级阶段（每张弓从原料加工到制作为成品，在作坊里要历时一年）。现在，我的面前摆满了所有制弓的原材料：长而略带弯度的野山羊角、竹子、几张桦树皮，还有两种我不熟悉的东西；一种是一把一把的 10—12 厘米长的纤维，另一种是棕黑色、略微透明、仿佛经过融化的块状物质。

巴特满克拿起一把纤维，指着自己的小腿说：“这些纤维是从动物的筋腱上抽出来的，我们通常用的是鹿筋。”又指向那些黑块儿说：“这些是用牛皮熬成的胶。就是用它将这些纤维缠绑并粘连在弓臂上。”筋腱、肌肉与骨骼互相连接，它们所含有的胶原蛋白极富弹性，张力可以达到木材的四倍。接着他又递给我一个小铁罐。有趣的是，他的手并没有拿着铁罐，而是握着铁罐里的刷子柄。铁罐里的胶已经变得硬如顽石，刷子牢牢地粘在铁罐里了。正是这些黏合在弓脊上面的纤维，为弓脊提供了巨大的抻拉力。这使我回想起自己小时候做的弓，总是在这些地方折断，现在方才领悟了这些动物跟腱的作用。

在弓背牵拉产生张力的同时，弓腹的压力达到峰值。巴特满克递给我一把切割成条并通过沸水加热变软后展平的羊角，它们在压力下能够发生 4% 的形变，而木材只有 1%。

一把全部完工的反曲复合弓的“脊背”部分总是包裹着桦树皮，这是为了防潮，因此弓脊和弓腹之间的纤维和胶就被遮盖住了。但在“弓腹”外面你还是可以看到每隔一小段，就缠绑并黏合了一些这样的纤维。这些看上去与玻璃纤维并无两样的结构异常地结实。它们不仅增强了弓的稳定性，还增加了弓的力度。

草原先民在屠宰和烹煮动物时，熟悉了它们的各种解剖学结构所蕴含的力量、韧性和黏性，但他们何时掌握这些知识，并将其运用于狩猎与战争，至今仍是不解之谜。

反曲复合弓是蒙古人忠诚的伙伴。他们凭借无与伦比的强健身躯和高超的射击技术，将这种远射程武器的杀伤力发挥到了极致，从他们最早的抵抗者——金和西夏政权的长城守军——到蒙古帝国扩张之路上那些城墙环绕的大城小镇，都无法抵挡。

Colem.
Ceaui.
Yom.
Muixhim.
Xicim
Tamso.
Oma
Cheto.
Quentin
Hochcu.
Chancezuu.
Fupehu.
Taihan coza
Loheu hidu.
Chana quieu.
Taiton fu.
Huchio.
Tiachco.
XIAM
C.Sanci.
XII.
Tiancheu.
Suchio.
Cuenfu.
Himpim
Tiancheuoy
Cuchencau.
C.Hoquiau
C.Paquin.
QVINCII.
Tasmohu.
C.Paut
C.Tom
Chulifu.
C.Quincho.
Murus quadringentarum leucarum, inter montium crepidines a r
contra Tartarorum ab hac parte eruptiones extru
Tuchij.
Aichij.
Ymulij.
Faliquem.
Fulij.
Cohenhu.
Pulij.
Quialij.
Quiaanc
Limu.
Quiqu
Hoyam.
Mulon

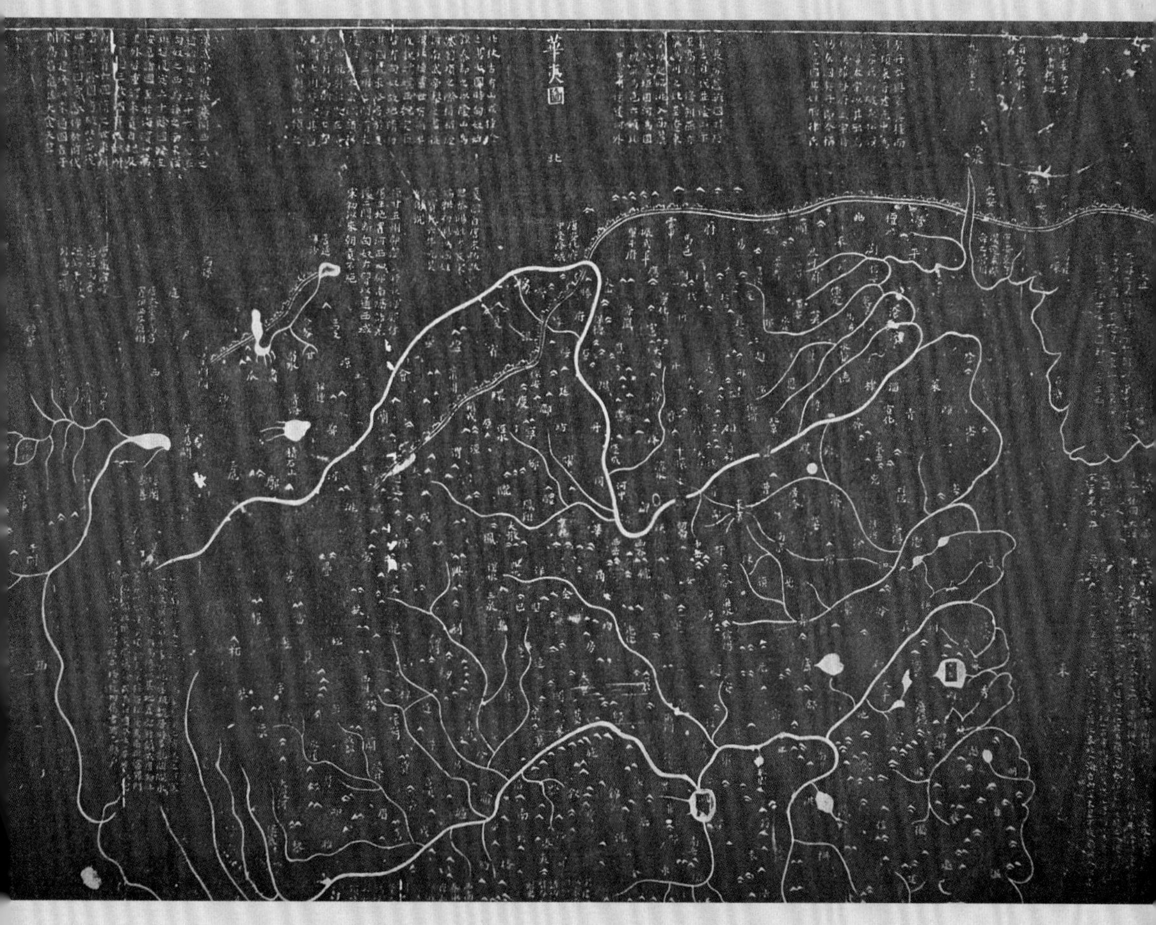

第二章
长城的基石：
公元前 3 世纪—公元 3 世纪间的文物

大约在公元前 700 年，中原各诸侯国为扩展疆域而开始相互争斗。随着兼并战争的持续开展，诸侯国的数量越来越少，而每个国家的疆域越来越大，控制的人口却越来越多。到了公元前 221 年，秦始皇先后灭韩、赵、魏、楚、燕、齐六国，在中华大地上建立起的第一个统一的中央集权的强大国家——秦朝，奠定了中国本土的疆域。

秦始皇认为自己的功劳超越了三皇五帝，于是第一次使用“皇帝”称谓，自称“始皇帝”。他在中央实行三公九卿制，管理国家大事；在地方上废除分封制，代以郡县制，实行书同文、车同轨，统一度量衡；对外北击匈奴，将战国时期燕、赵、秦三国北方的长城连接起来，修筑了“万里长城”。

然而，秦始皇的王朝却是个短命朝代。公元前 202 年，在经过短暂的分裂之后，汉朝继之而起。“汉承秦制”，治国安邦。随着经济的增长，人口数量的增加，法律制度的建立，社会城镇生活开始成熟，前朝历史用纪传体记录下来。随着丝绸之路的贯通，汉帝国的版图扩展到西域，横跨欧亚大陆的商贸兴起，又进一步促进了经济的发展。真正的“中国”和“中华文化”就此建立。

历朝历代在秦长城的基础上不断地改建、扩建和修建长城，使它成了统一中华帝国的立国之基、长期的国策和永恒的主题之一。

文物九
筑塞铁证：双凿铁范

我与长城结缘已经三十多年了，可是在我的记忆里，目睹铁匠“铸铁”的场面却是屈指可数的。第一次我看到的是一个老汉在做一件铁制农具。当时的情景，对我来说简直是一种震撼，尽管我并没有意识到它的意义有多么深远。

位于山西北部“内长城”内侧的一个叫广武的小镇，是一个被城墙和明长城边墙围住的“城中之城”，它简直就是一块“古董飞地”。1995年夏季的一天，我踉踉跄跄，深一脚、浅一脚地走进了这个古镇。这个曾经作为古代贸易集散地的小镇，虽然历经了两千多年时光的剥蚀，却仍然没有多少变化。说实在的，就是把1995年的最后一位数抠掉，改成公元199年，我也会相信。

铁匠在浇铸农具之前，需要熔化铁水。与古代的炼铁炉相比，这位老汉的“炉子”实在是太过敷衍，它只不过是一个里面糊着泥巴的大汽油桶。但读到这里，也许会唤起一些中老年读者对“大跃进”砸锅卖铁的“疯狂”之记忆。那时家家户户为了国家增加钢铁产量而在“自家后院”里大炼钢铁。

铁的冶炼离不开空气、燃料、水等要素。风箱里的空气呼哧呼哧地被压进油桶里，透过呼啸着的橘红色火苗，可以看见一个似锅非锅的、用来熔化铁水的容器。我还看到了一个十分简单的物理过程。一个老汉用火点燃木头、煤炭来熔化铁水，并把废铁重新塑形为一件有用的工具。他将空气持续地泵入炉膛，确保火苗能够保持橘红色。炉内是一个用于盛放铁水的坩埚。经过一阵忙活之后，老汉将热浪扑面、通红耀眼的铁水倒进了一个事先准备好的模子里，等到铁水冷却凝固，再用小铁榔头对一些有毛刺的地方稍加“修饰”，一件农具就做好了！

嘿，等等，铸铁的过程和制作的工具就这么简单吗？就如同老汉所使用的钳子、锤子和铁模具一样，都是一些再简单不过的工具。我想，两千五百

说明： 双凿铁范。1953 年出土于河北省兴隆县

意义： 众多坚硬和尖利的铁器工具的生产，使得大规模的长城建筑工程成为可能

来源： 大约公元前 280 年，在距今北京市东北方向 100 公里的燕国铸造和使用

现状： 中国国家博物馆古代中国展厅

年前的情况，恐怕不是这样的吧？

对我们来说，诸如钳子、锤子之类的工具，可能是再平常不过的东西，但老汉的工作使我意识到，我们制造工具的能力是何等了不起的成就。当人们发现了那些无比坚硬的石头——铁矿石，机缘巧合下掌握了生铁加热、熔化和提纯的方法，并通过范铸法，便将它们制成了趁手的工具，众所周知的"铁器时代"就这样到来了。

我们要介绍的这件铁器是一件双凿铁范（同时铸造两根金属凿子的模具）。在这类器物中，如果它不算是最古老的，也是其中之一。它不是在我第一次看见铁匠铸铁的山西发现的，而是出自邻省河北。虽然它作为永久展品展示在修整一新的中国国家博物馆的古代中国展厅，但是大多数参观者对这件铁器均熟视无睹，而总是被那些外观夺目的青铜器所吸引。虽然青铜器和铁器都是金属，但由铜、锡、铅按比例混合浇铸的青铜器，大都制成豪华精致的礼器，即使在青铜时代也是稀有产品。而这件双凿铁范既无光泽，也不起眼，它是一件实用之物。尽管铁元素的蕴含量相对丰富，但高熔点使铁的软化十分困难，熔铸则更加困难。这也就是为什么这件铁范比青铜器的技术含量更高。它是我们已知最早的用来铸造工具的工具。

这件双凿铁范是1953年在河北省兴隆县被发掘出来的，与它一同出土的还有其他86个"同伴"。大约在公元前280年出土。显然这里原是一个铁器铸造作坊，是大量铸造铁制工具的地方。中国的考古学家已经发现了数量众多的战国时期的铁制品生产地点，它们分布在南到广东，北到内蒙古的广大地区，覆盖了战国时期（公元前476—前221）最强大的七个诸侯国的领地，年代均可以追溯到公元前300年甚至更早。

铁器的出现，是世界范围的一场技术革命，尽管时间或早或晚，它在全球很多地点独立发生，几乎所有国家的历史都有对它的记载。然而，各地铁制品的质量却大相径庭。今天大约有三百万家住北美、英伦三岛和澳大利亚说英语的人，都一直保留着"史密斯"这个姓氏。这些人的祖上从事的都是铁匠这个职业。smith（史密斯）源于smite（史玛特），是用力敲击、击打的意思。因为“史密斯”的时代冶铁水平十分落后，铁矿粉的熔点达不到浇铸的温度。这些“史密斯”（铁匠）只能是把铁矿粉熔化成“海绵铁”，再将它“史玛特”（敲击）成粗糙的工具。

那么，要获得能够浇铸的铁水需要哪些条件呢？首先，提高炉内的温度：通过风箱将空气不断地压入炼铁的炉内，使火势增强，温度增高。其次，减少炉内热量向外发散：在炼铁炉内壁，使用一种耐火材料的保温层进行保温。最后，降低铁矿石的熔点：在铁矿石和碳的混合物之中加入一种“黑土”，把炼铁的熔点从1200摄氏度降低到1000摄氏度左右。然而在公元前几百年，当西方“史密斯”们只能“史玛特”“海绵铁”的时候，东方的中国人就已经通过技术革新掌握了更先进的制铁技术，能够像熔化铜那样熔化铁矿石，并通过范铸法在模子里浇筑铁水，制造出各种更加精致的工具和其他用具。新铸成的铁器还要经过二次打磨加工，直至能够胜任精细的工作，这一过程又催生了大规模标准化生产。而这一成就比西方早了一千多年！

然而，铁水是否会使铁制模具开裂，以至于熔化？英国剑桥大学李约瑟研究所的古代科学专家古克礼教授解释说：“大块金属耐热性比较好。一般来说，模具的体型大于铸造的器具，不会因为少量铁水倒入这样的模具之中，而导致模具的熔化。”

双凿铁范等铁制工具的使用，加快了生产效率，是一次里程碑式的技术革新，对长城的修筑产生了巨大的影响。虽然早先大部分长城是由夯土建造而成，但一些在地表能够找到石头的地方，也是用石材作为建筑材料的。由于石头的坚硬和锋利，所以要使用青铜制的敲击工具和钻凿工具，将裸露出地表的矿脉切割成大小合适的石材，这是十分困难的。这一状况在战国时期，由于铁的使用得到了改变。这些铁范日日月月、年年岁岁地浇筑出了成千上万个铁凿子，而这些铁凿子又在长城修建的凿岩切石中被广泛使用。我们甚至可以这样说，铁制工具的使用，开启了长城建筑技术的新时代。

需求是发明之母。当相邻的国家互相争霸时，战事是司空见惯的。新材料、新技术的使用，使得工具和武器性能得以提高。双凿铁范这种新工具，为使防御工事更加优良、坚固提供了条件。从公元前4世纪末到3世纪初，许多诸侯国修建起了“长墙”——城墙，大多是用于防御的工事。虽然这些建筑大部分是用夯土和砾石建造的，但至少有一部分采用了新的方法——采石修筑。由燕国领地兴隆制铁场生产出来的凿子和其他工具，燕国人在修筑“长墙”时，很可能已经在使用它们了。

然而在铁器真正发挥它的作用之前，还有一个大问题需要解决，正像古克礼教授所指出的那样，“用‘简单冷浇筑’加工出来的铁器，由于含碳量高，固然坚硬，但很脆，易于折断。如果想要做出耐用的铁制工具，就得在加热过程中改变其内部的微结构，才能得到既坚硬又有韧性的铁制品”。中国人在公元前4世纪时，就已经掌握了这种铸铁方法。

据估算，燕国总共修筑了800公里长的防御工事。秦始皇在北方修建“万里长城”时，连接了现存的三段“百里长城”——秦长城、赵长城（参见文物七）和燕长城，赵长城是其中非常重要的一段。我们现在仍然可以在许多地方见到这道“万里长城”（参见文物一）的遗迹。在内蒙古包头以北的乌拉特前旗枯草丛生的小山丘上，由赵武灵王建造的石砌长城依稀可见。虽然岁月在砌石的表面留下了痕迹，但它有棱有角，就好像是昨天刚被开采出来的。当我抚摸着一块边缘尖利的石头时，我觉得自己触摸到了历史的脉搏，听到了两千三百年前的那个石匠用铁制工具开采石头的声音。

文物十
脚下生根：青铜马镫

开上私家轿车在平坦的高速路上奔驰，对于当代中国人来说已不算什么新鲜事物，但是仍有不少读者依然记得，那些骑着只有铃儿不响、哪儿都嘎吱乱响的自行车，在满目疮痍的道路上颠簸的日子。

你能回想起这样的场面吗？当你正在一条坑坑洼洼的道路上蹬车，冷不丁瞅见前面有一个坑，你已经来不及刹车了，或者你手上的“刹车”根本就不灵光，那该怎么办呢？你肯定会高抬屁股，双脚站在自行车的踏板上，使整个车子向前滑行；你宁愿让腿上的肌肉受点苦，也不愿意在这一刹那颠疼了你的脊梁骨。

人类在发明自行车之前，“自行”的工作大部分都托付给了马匹（参见文物七）。如今，恐怕只有为数不多的人以马代步。所以在讲到骑马的同时你还得有一点儿想象力。人跑步时的动作，实际上是一系列离开地面，又回到地面的“跳跃”过程的组合。马的奔驰与此相仿，只是跑得更快、跳得更高。所以策马飞驰的骑手如何才能减轻在起伏不平的地面上飞奔的马带来的连续震动呢？如同骑自行车时站在脚踏上一样，骑马的人也会站在马镫子上，用身体的协调性和直觉来防备颠簸带来的冲击。

然而，在历史进程中的很长一段时间里，骑马者无论是狩猎还是打仗，都与马镫无缘。古巴比伦人、古埃及人、亚述人、古希腊人、波斯人、马其顿人以及古罗马人的骑兵都没有配装马镫。中原帝国狼烟四起的战国时期和秦汉帝国时期，也都处于“前马镫时代”。

研究认为：马镫子是在公元3世纪才被“发明”出来。那么，在马镫使用之前人们是如何骑马的呢？骑手不但要爬上马背，坐在上面的时候还要双脚悬空，完全靠大腿和膝盖的力量来夹紧马匹，那真是令人不可思议！这里要介绍的一件制作于约公元350年的青铜马镫，应该就是此类物件的早期样

说明： 青铜马镫

意义： 马镫的发明，提高了马上弓箭手弯弓射箭的稳定性

来源： 约公元350年，北鲜卑时期

现状： 藏于蒙古国乌兰巴托成吉思汗塑像博物馆

本之一。这件 1660 岁高龄的马镫，收藏于蒙古乌兰巴托成吉思汗塑像博物馆。几天之后，我又近距离地了解了今天蒙古国马镫的使用情况。

那时候，我正在蒙古东部草原探险。这是世界上面积最大的温带草原，在这里一天的车程都不一定能见到一户人家。为了寻水和找路，我不得不睁大眼睛。终于在无边无际的大草原上找到一顶白色的蒙古包，并有幸结识了一对牧民夫妇和他们的三个孩子。他们热情地把我迎进门，还请我喝奶茶。两个女孩儿骄傲地为我展示她们的骑马技艺。年仅五六岁的小弟弟也不甘示弱，姐姐们只好给他一个逞能的机会。大姐把双手如同两把小梳子交叉在一起，为他搭起上马的台阶。脚离马镫子还差一大截的男孩子坐在马上很是神气。

可以想象，再过一两年，他会经常与马为伍，等个头再蹿高一些，到了脚能够着马镫子的时候，他就能独自驾驭骏马，游猎四方。他会像一千六百多年前的祖先一样，用马镫这种简易的减震装置，开启他骑手生涯的新篇章。

然而，真正意义上的马镫子则凝结了中国人的智慧。到目前为止，第一个被载入史册的使用马镫的朝代是西晋（265—316）。1958 年在湖南长沙附近的金盆岭发现的西晋墓穴（302）中，挖掘出土了七个骑马俑，其中有的马匹就配有马镫。这是我们今天能见到的最早的马镫。我特地去了一趟中国国家博物馆，在中国古代展厅里对这几个骑马俑做了仔细的观察。我发现了几个问题：第一，马镫的安置不是成双成对，而是单只独影；第二，马镫的配置不是“人脚一个”，七个骑俑只有两三个有马镫；第三，那些配有马镫的骑俑也没有把脚放进马镫里！

单个马镫的使用最初的目的可能很简单：仅仅是为了上马方便。从金盆岭出土的骑俑来看，有的骑手并不用马镫上马，可能是由于马镫制作的原材料缺乏和技术条件的限制等原因，不能人人有份；也可能是新装备、新技术的推行，要有一个较长的采用过程；少数使用这种新装备的或许就是今天所谓的一些“时尚派”。或许也只有高级官员才有资格使用马镫。虽然马镫在公元 302 年以前就已经开始使用，但它潜在的用途和作用还没有被人充分认识。看来马镫不是一次性的发明，而是不断地进化和演变的成果。西晋陵墓骑俑马镫使用的情形，属于马镫发展史中的一个发展阶段。

然而，大多数历史学家将马镫使用的最初形态归属于草原游牧民族。他们认为，游牧民可能用一根皮绳，外加一根兽骨，辅助上马下马；后来由中原西晋人改进生产出金属马镫；再后来，马镫得到成批生产，使骑手双侧使用马镫成为可能。马镫的其他作用也被发掘出来，除了上下马便利之外，双腿可以在马镫里休息的同时，还能稳定身体、解放双手，从而提高骑射的命中率。

中原人或许在马镫的改进中得到了实惠，在短期内他们与自己的对手——游牧民族、与生俱来的骑士——相比占据了优势，但是这种优势是非常短暂的。中国骑兵仍然得靠长城等防御工事来对付那些使用了这件"青铜马镫"的北方不速之客。

金属马镫出产自亚洲，被广泛使用于长城沿线，最终传到了欧洲。但传播的速度并不十分迅速，因为马镫的生产不仅要依赖对马镫的需求，还有待于金属冶炼技术的提高。马镫的使用加快了骑兵的速度，也使战事更加残酷。冲撞的速度越快，命中率越高，对盔甲（参见文物十八）的数量和质量的要求也就越高。笨重的战车和缓慢的步兵在历史上的作用也随之大大削弱，前者逐渐退出了历史舞台。

《成吉思汗与今日世界之形成》的作者杰克·威泽弗德（Jack Weatherford）先生说："游牧民在使用马镫之前，也能够骑马穿越草原和戈壁。但问题是，在他们骑行的同时，双腿要夹紧马肚子，双手得抓紧马缰，才不至于摔下来。所以，如果要有效地作战，有时不得不下马射杀。"他还说："马镫使骑手保持平衡，使得骑马长途跋涉变得更加容易，骑手甚至可以吃、睡在马背上。然而，最大的改变是，马镫使游牧民第一次用解放了的双手在马背上弯弓射箭。换句话说，马镫的使用使普通骑手变成了战地骑兵。"

文物十一
亲历者说：《史记》

我们衡量一部著作成功与否的一般标准是什么呢？那要看“我们”指的是谁。出版商的标准是销售量大、印刷次数多、翻译版本多；图书代理商的眼光则是寻求图书的孵化潜力，它是否要出续集？两部还是更多？评论家关注的则是这本书有没有得到赞誉，是否荣获过某个奖项。而作者却希望拥有以上的全部内容！对于读者，他们是图书购买者，被购买是一本书的终极归宿，也是一本书实现价值的起点。

我曾随机询问一些爱读书的朋友，想知道他们是如何评价一本书的，我所得到的答案几乎相同：一本书的好坏，要看它是否值得一读，是否能从这一页页的文字中找到他们所需的东西，诸如灵感、信息或者满足他们的其他需求。对于他们的看法，我举双手赞成！

最近我查阅了中国古代官修的“二十四史”，想在这座巨大的中华文化宝库里挖掘出我在实地考察时找不到的精粹，从而对长城有更深刻的理解。“二十四史”被誉为“正史”，即官方和标准的历史。这一系列史书中，包含了大量关于长城建造者的虚构和演绎的描述，也有积累了几个世纪的辨伪考证文献和其他一些零星的记载，在这里，我们只介绍其中的一部。按照前面的各项标准来审视，它在每一项都可以得到高分。这就是“二十四史”之首——司马迁（公元前 145—前 86）的《史记》。

公元前 1 世纪它被用毛笔书写在竹简上，后来又被印刷成六十多个纸质版本。在公元 600 年还东渡扶桑，被译成了日文，它甚至变成了中国后世历代王朝编撰前朝历史的“模板”。这部《史记》，也有着自己的历史。在我的书架的最上层，与《史记》并肩排列的还有荷马史诗《伊利亚特》和《奥德赛》（公元前 8 世纪）、希罗多德的《历史》（公元前 5 世纪）和修昔底德的《伯罗奔尼撒战争史》（公元前 5 世纪）。

说明：《史记》，作者司马迁，公元前 2 世纪

意义：第一部长城见识录，第一次对匈奴人“敌情通报”的记录

来源：最初书写在竹简上，经过世代传承，留下了六十多种不同的纸质版本。最早的版本可以追溯到公元 6 世纪

现状：图中这部《史记》刊印于清代光绪四年，现存于北京大学图书馆古籍部

作为一个读者和学者，我在这部洋洋洒洒130篇50多万字的史海中，找到了撰史第一人司马迁记载的有关长城的片段，它们均“藏匿”于字里行间。公元前110年，司马迁继承其父司马谈的“修史”工作，成为新一任太史令。他从华夏起源一直写到“当下”（公元前2世纪末的西汉）。虽然我不指望从中找到更多关于长城的记载，然而，我所能找到的几百个字的直接描写和几千字的关于北方强敌的记载，就自觉弥足珍贵。它们为我讲述了长城修建的原因。

在北京大学图书馆古籍部，我轻轻地打开了清代光绪四年（1878）的版本，我的妻子兼翻译吴琪在《史记》第八十八篇《蒙恬列传》里找到了这样一段话：

> 吾适北边，自直道归，行观蒙恬所为秦筑长城亭障，堑山堙谷，通直道……[①]

司马迁以第一人称“我”的视角娓娓道来，让我了解是谁、在何时、为什么修筑了长城等这些问题，这使我感觉到自己正聆听“我”——长城的见证人的讲述，与他同行，踏着那个“我”的脚印实地考察长城，并记录下切身感受。公元前110年前后，司马迁的确作为太史令，陪同汉武帝在西北的广袤地域考察，与此同时，他很可能也亲临长城。

在《史记》中，司马迁第一次详细地描写了中原汉人的对手——过着游牧生活的匈奴人（参见文物三）。他通过对相关人士“采访”的方式，一点点地收集他所需要的信息，这些人包括抗击匈奴的名将李广、苏建和卫青。司马迁向我们展现了一幅记录匈奴人的生活方式、作战特点、社会等级、礼仪和信仰等的完整画面：

---

① 其大意为：我到过北方的边防前线，经由九原至甘泉的直道返回，沿路看见蒙恬为秦所修的长城工事，挖山填谷，开通直道。

……隨畜牧而轉移。其畜之所多則馬、牛、羊，其奇畜則橐駝、驢騾、駃騠、騊駼、驒騱。逐水草遷徙，毋城郭常處耕田之業，然亦各有分地。毋文書，以言語爲約束。①

兒能騎羊，引弓射鳥鼠；少長則射狐兔：用爲食。士力能毌弓，盡爲甲騎。其俗，寬則隨畜，因射獵禽獸爲生業，急則人習戰攻以侵伐，其天性也……②

在《史记》问世之前的诸类书籍中，中原以外的人通常被描绘成魔兽，如同现代人描绘外星人一样狰狞怪诞。最为夸张的莫过于公元前4世纪的《山海经》。而司马迁则是把中原帝国之外的人从想象中神秘的王国带到了真实而直白的世界。在这一方面，司马迁对匈奴详尽的描绘，无疑给汉朝提供了第一份知己知彼的“军事情报”。

然而，对研究长城的学者而言，最具有意义的是，司马迁在《史记·蒙恬列传》的以下文字中，在同一个句子里分别提到了“万里”和“长城”，这恐怕就是广为人知的“万里长城”提法的渊源吧。

秦已并天下，乃使蒙恬将三十万众北逐戎狄，收河南。筑长城，因地形，用制险塞，起临洮，至辽东，延袤万余里。于是渡河，据阳山，逶蛇而北。暴师于外十余年，居上郡。是时蒙恬威振匈奴。③

① 大意为：他们随着饲养的畜牧而迁徙，其牲畜以马、牛、羊为主，而特产有橐驼、驴骡、駃騠、騊駼、驒騱等。水草茂盛之处便是迁移之地，他们无城郭也无固定居所，无田耕种，而家家都分有自己的草地。无文字书写的法律条文，只用语言来约束人们的行为。

② 大意为：幼儿能骑羊，拉弓射鸟鼠；年龄稍大，拉弓射狐兔，以此当作食物。壮年男子能弯弓射雕，皆为部族的骑兵。他们的习俗是：平时随家人放牧，以狩猎飞禽走兽为生；遇战事危急，人就习武打仗，以抵御侵略攻击，天性如此。

③ 大意为：秦国统一了天下之后，便派蒙恬率兵30万赶走了北方的戎狄，收复了黄河以南的土地。接着就修筑长城，西起临洮，东至辽东，依着地形山势，绵延一万余里，以此控制险要之地。蒙恬又率军渡过黄河，据守阳山，逶迤北行征讨匈奴。风霜雪雨十多年，最后驻守于上郡。当时蒙恬的声威震撼了匈奴。

蒙恬传中这两段有关长城的文字尽管简略，但它们不仅提供了长城修筑的历史证据，还指出了长城的地理位置，使我们了解到司马迁看到的“长城”是在秦朝时修建，由蒙恬负责，耗费30万人工，同时还铺筑了通往长城的军事高速公路——直道。这道长城大致的地理位置是从临洮（今甘肃境内）到辽东，长度用“万里”来描述，可以理解为长无尽头。因此，“万里长城”或许翻译成“无尽长城”更加准确。同时，我们还可以知道这个防御工事在很多地域依靠天险，因此她不仅是人类的杰作，也是大自然的恩赐。

随着时间的推移，“万里”成为一个既准确又不准确的描述。万里长城曾经在人们的印象中有两种含义：一去不归和无边无际。孟姜女哭长城的传说用悲伤与死亡警示着后继的长城建造者和他们心爱的人（参见文物二）。然而伴随着王朝更迭，长城在接连不断地修筑，长度也在不断地增加。有的对原来的长城进行改造、再利用，有的兴建了全新的长城，并改称“边墙”。近代以来，虽然长城被废弃不用，但“万里长城”四个字却最终变成了中国最大的“品牌”。

如今，每年来自世界各地的长城“朝圣者”数以千万计，他们用微信、Whatsup、Instagram或其他社交媒体来传递信息，表达对长城的第一印象。但是，很少有人知道，早在两千一百二十五年前，就有一个名叫司马迁的人已经在木简上写下了关于长城的“第一帖”。

文物十二
文以载武：木觚

请告诉我，你是如何阅读本书的？是在纸质书本上还是通过某种电子屏幕？你最后一次用钢笔写信、写报告或者论文是在什么时候？如果你的回答是“屏幕”或“我记不得了”，那么我猜想，你已经像很多人一样步入了一个“新的时代”，在那里，纸张的使用几乎成了过去式。

这件文物叫作木觚，看着它，你会有一种时间倒流的感觉。那时精致的纸张还未出现，竹子和木头是书写的主要用具，被称为“竹简”和“木牍”。这个样子颇为奇特的“木棍”属于条形木牍的一种。由于汉代烽燧简牍的大量出土，人们又简称其为“汉简”。汉简上生动、清晰地记录了汉代长城的作用、边关的政事、边关与当地的关系等信息。而这件样子古怪、内容编排令人迷惑不解的木觚，却为你讲述了一个“另类”的故事。

从商代到南北朝的大约1900年间，细长的木条是最普遍的书写用具。无论是留便条还是誊抄历史典籍，都是如此。受过良好教育的人，应当“学富五车”（读过能装满五辆马车的简牍）。司马迁（参见文物十一）在《史记·秦始皇本纪》里讲到，秦始皇统一中原之后，国家大小事均由他一个人说了算，等待他批阅的文书多得要用秤来称。皇帝每晚批阅的文件“以衡石量书”，也就是要达到一石（大约27公斤），否则不去睡觉。这种“书”就是写在简牍上的文书。

这件木觚是于1977年8月在甘肃嘉峪关以西约100公里处的玉门花海汉长城烽燧里出土的。但是大多数在博物馆里有幸与它邂逅的人都不知道它是什么东西，对它所记录的完整内容也知之甚少，更谈不上理解它自身的意义。时任嘉峪关长城博物馆馆长俞春荣先生介绍说：“木觚的内容是一份西汉武帝时期朝廷发往边关的急诏，涉及边关政事，具有很高的史料价值。属于国家一级文物。”

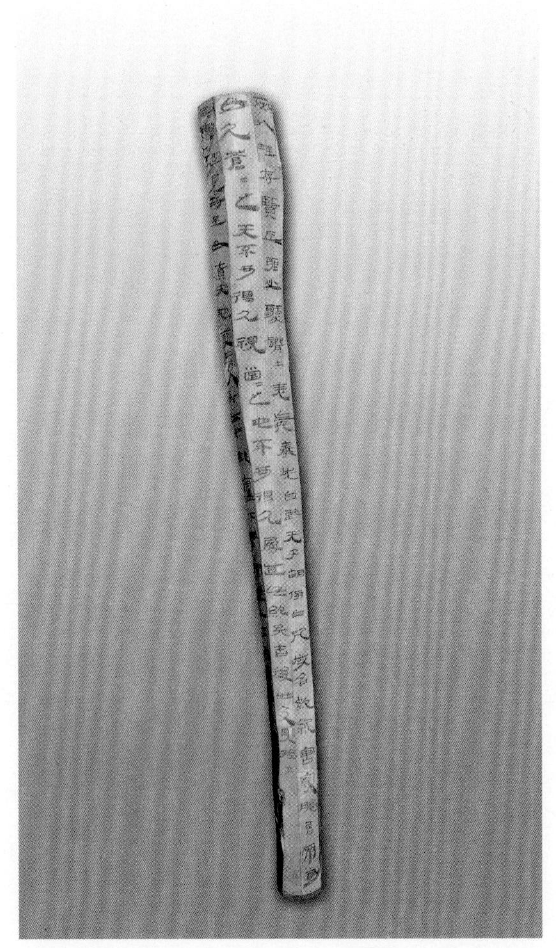

说明： 木觚（读音gū），七棱六面木质简牍，共212个汉字

意义： 汉代长城守军读写能力的记录

来源： 在甘肃省嘉峪关市以西约100公里处玉门花海汉代烽燧中发现，大致年代为汉武帝末期（公元前90）

现状： 陈列于嘉峪关长城博物馆

与一般汉简不同，这个木觚不止有一个书写面，而是有六个面可供书写之用。它长37厘米，一头粗一头细。总之，它看上去像一根超级筷子。它的六面用黑墨写有212个“隶书”汉字。这些文字把我们带回到约公元前90年的一座汉代长城烽燧里。木觚文字的抄写者可能是掌管一座烽燧的“燧长”。

第一个令人迷惑的地方是，这个木觚上面的文字，书写的是两个毫不相干的内容，而且是连续不断地书写下来的。第一部分共133个汉字，是汉武帝的遗诏。汉武帝（前140—前87年在位）是中国大一统封建王朝时期统治时间第三长的帝王。诏书原件是写给他的皇位继承人幼子刘弗陵的，也就是后来的汉昭帝（公元前94—前74）。诏书部分的文字如下：

> 制诏皇太子，朕体不安，今将绝矣！与地合同，众（终）不复起。谨视皇大之笥（嗣），加曾（增）朕在，善禺（遇）百姓，赋敛以理；存贤近圣，必聚谞士；表教奉先，自致天子。胡亥（亥）自汜（圯），灭名绝纪。审察朕言，众（终）身毋久。苍苍之天不可得久视，堂堂之地不可得久履，道此绝矣！告后世及其孙子，忽锡忽锡，恐见故里，毋负天地，更亡更在，立如口庐，下敦闾里。人固当死，慎毋敢佞……[①]

在此之后，紧接着有79个字。与上半部分相比，其重要性略低一等，但内容更加有趣。这可能是一个长城烽燧的“长官”与邻燧同僚的通信，如下：

> 弟时谨伏地再拜请，翁系足下善毋恙？甚苦候望事，方春不和，时伏愿翁系将待近衣，幸酒食，明察蓬火，事边急，小人毋行，所□时幸

① 大意为：为皇太子写此诏书：近来我的身体不适，不久会离开人世，与大地合为一体，多半不能再恢复健康。皇太子应谨慎关注衣食问题，在我未走之前，就要开始善待百姓，减少税收；保护有才人士，靠近圣贤之人，一定要利用有计谋的人；作表率崇奉祖先，自身也要达到天子的标准。这样匈奴人自然不敢轻举妄动。名誉比具体管理重要。我即将辞世，允许我再多说几句，我再也不能久视苍天，再也不能长久地行走在庄严的大道上，生命之路行将结束。告诫后人和子孙，如果不重视赐予，恐怕再见故里乡亲，请不要辜负苍天大地之恩。人，生生死死无穷无尽。人总要死，没有人能逃脱这个命运。你千万不要违背我……

甚幸甚，伏地再拜请，时伏愿翁系有往来者，幸赐记令，时奉闻系□□严教。[①]

我们可以清楚地看出，两部分内容都不完整。第一部分似乎是朝廷发出的内部军事通告，或者说是传檄更为恰当，它可能曾经在长城沿线被接力传递。这份独特的遗诏是一个孤品，从未见于其他形式的记录。而另一封语气谦恭的书信是由一位下级军吏写给上级的。

这两段文字内容的重要性毋庸置疑，但在这里我想更多地考虑这件木觚的制作原因。关键要回答的是，这件文物的书写目的及其在长城的宏大叙事中的地位是什么，这位“书法家”在做什么，这件木觚诞生的背景是怎样的。在我看来，为了提高阅读和书写能力是一个很好的动因。处理公文是燧长的职责之一，而普通燧卒则不需要具备这样的技能。

从甘肃和内蒙古汉长城遗址发现的木简可以看出，汉武帝中期（公元前 120）的戍边军官除了需要具备勇气、力量、纪律、职责、理论、实地战术、射箭术和格斗术等传统的军事技能之外，读写能力也是一项基本的素质要求。因为汉长城不仅仅是阻挡入侵的军事防线，还是烽火传递的信息系统和通信路线。这些烽燧的“燧长”需要具有一定水准的读写能力，但是这种能力的提高并非一日之功，需要反复练习。

试想，这位“书法家”为了提高他的隶书水平，用刀砍下一根红柳树枝，然后去皮后切削成七棱六面的“木觚”来增加书写面积。就像当今的小学生练习写大字要临摹一样，他顺手拿起一卷手头现成的木简去临摹。恰好先写的是汉武帝的遗诏，由于内容比较重要，已经传遍了全军：遗诏中包含了册立太子的信息，但是遗诏的内容肯定更加丰富，完整的诏书肯定不止几只简。“书法家”临摹完了这部分，木觚上还有空地儿，就随手拿起另一个文书接着练。

---

① 大意为：这是你的老弟时写信给你。你还好吗？身体无恙？戍守边防的工作很辛苦，而且正值春寒时节，望贵系兄弟们注意保暖和饮食，做好明察烽火的工作。由于我的戍边事情很多，没空亲自拜访，请谅解。如果贵系有人来我们这里，请多多指导，到时我们会倾听你等的高见。

恰巧是同僚哥儿们的来信，内容虽然相对不那么重要，但这又有什么关系呢，只要他能临摹练字就行了。于是我们的“书法家”就在这件木觚上留下了两段内容不同的文字。这件木觚就这样偶然地被保存了下来。

汉长城不仅仅是一座军事建筑，它的运行还需要戍边将士的管理行为来支撑。这些兵卒不仅仅是能征善战的“硬汉”，还必须具备诸如书写、收寄、阅读、理解军中指令和破译情报等技能。这件出于流沙的木觚，无异于被揉搓成一团扔在地上的废纸，然而就是这根造型怪异的木棍，为我们勾勒出了一个汉代士兵的生动形象：在一座烽燧的日影下，他利用闲暇时光苦练军事技能，这项技能并非格斗术、剑术或射艺，而是毛笔书法。

文物十三
旧日荣耀：《华夷图》拓片长城部分

我手头有一幅才出版不久的中国地图，上面已经“铺上”了刚刚修建五年的高铁“铁轨”，同时还标识着历经了五百年沧桑的明代长城。这两种毫不相干的庞然大物并存于一张地图上，并非一个时代的错误，因为这道长城既不是虚构的，也不是装饰的线条。这座绵延不断的明长城，现今仍然矗立在原处，我可以按图索骥。废弃了几百年的万里长城依然在中国现代的地图上穿山越岭，没有什么比这更能说明她的魅力了。

然而，我真的来到长城脚下时却发现，无论我站立在哪里，无论我攀爬到何处，无论我的视力有多好，无论当时的能见度有多远，我最多只能看清前后 30 公里的长城！即使我找到了最佳角度，我眼前的长城还是望不到头，我身后的长城仍是看不到尾。她是一个穷极视野尚无法尽收眼底的文化景观。

再从时间上讲，在这座明代长城修建之前，也还有其他各朝各代的长城遗存。所以我既不能将一道长城看遍，也无法把历代长城望穿。然而，面前展开的这张地图却拓展了我的视野，它不但能使我看到连绵不断而完整的长城，而且还提供了长城历史的地理信息。其上的“比例尺”更让地图成了一种能够一览长城全貌的神奇工具。

现在我想寻找一幅更加古老的、标绘着长城的地图，同时也想知道，如果要找到那一幅地图，我需要在时空隧道中穿越多久。还好，经过近九百年历史的漫步，我的追寻止步于公元 1130 年前后。《华夷图》可能是现存最古老的标绘长城的地图。它被镌刻在石碑上，114 厘米见方。

我在中国国家图书馆第一次看到的是它的拓片。这幅图既令人印象深刻，又显得神秘莫测。它以“华”和“夷”即中原人和周边民族之间的关系为标题，在我看来，它实际上就是长城两侧“冲突”关系的同义语；长城在整个地图上占了一个非常明显和突出的位置，它就是一幅长城地图。唐代诗人曹

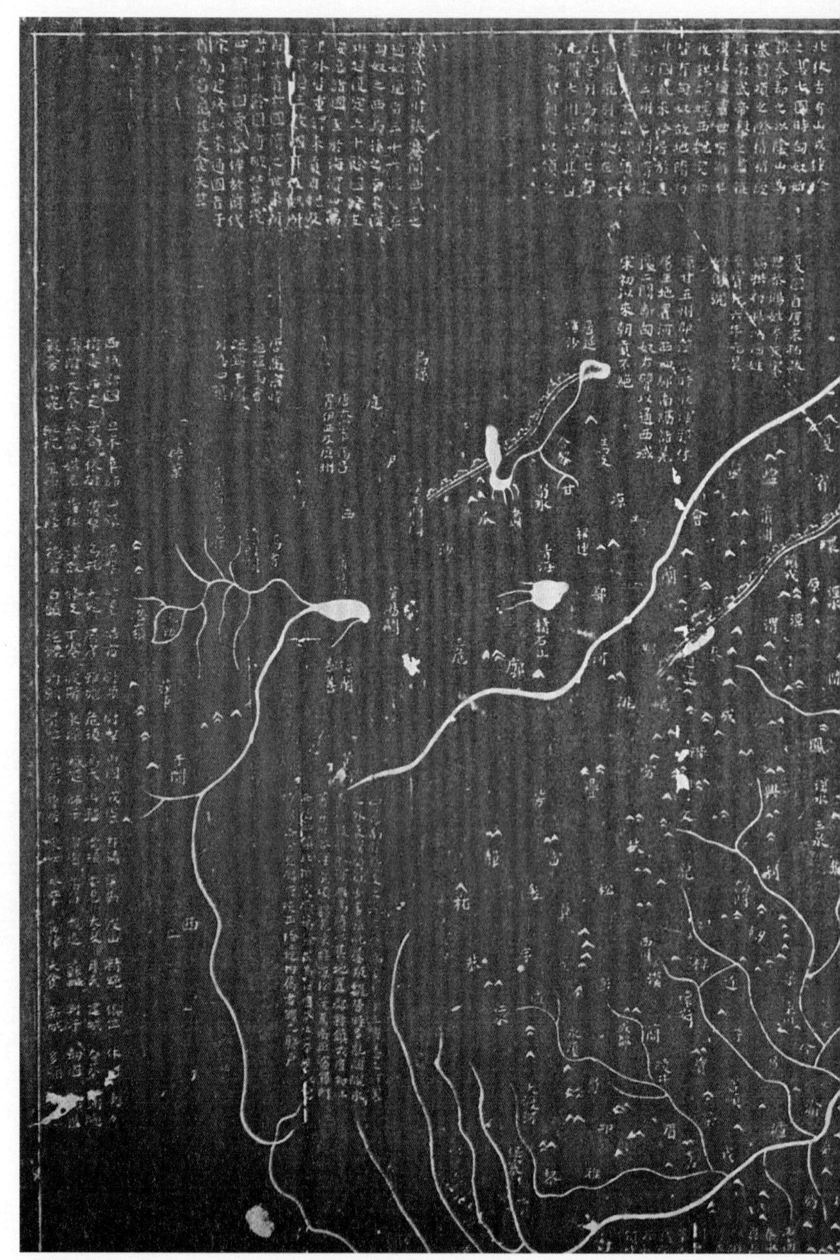

说明：《华夷图》是中原人和周边民族的地域分界图

意义：中国标绘万里长城最早的地图

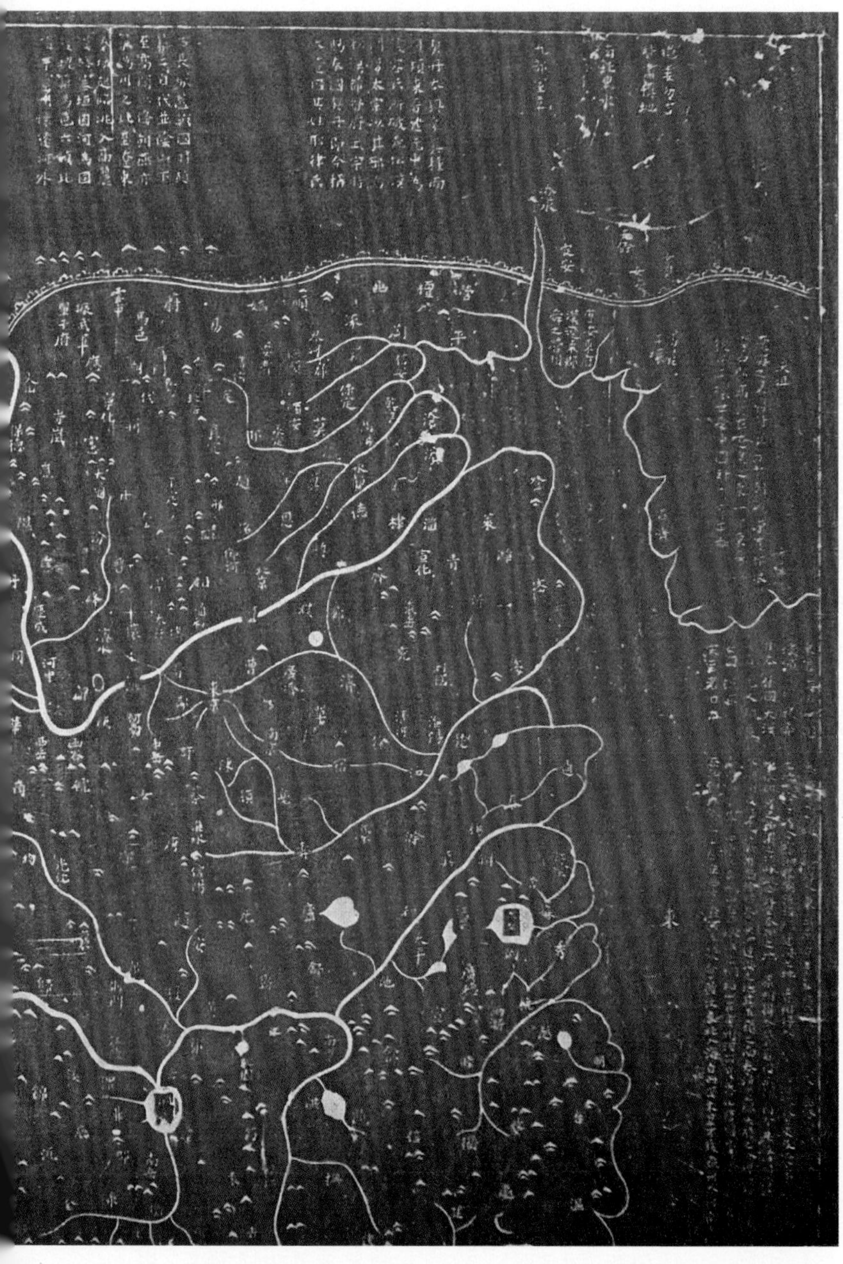

来源：以唐代（801）《海内华夷图》为蓝本，宋代（1136）被镌刻在石板上

现状：原图保存在中国国家图书馆，原石刻藏于西安碑林博物馆

松（828—903）在他的诗作《观华夷图》中有这样的诗句：“落笔胜缩地，展图当晏宁。中华属贵分，远裔占何星。”

长城在这里第一次用连续不断的两条长雉堞线标绘出来。第一条长城从地图右上角的东北部延伸而来，向西横跨中原大地，在黄河的几字形大转弯处转向西南，到达河南岸，在“岷”和“洮”附近终结。在黄河的西北方向还有一小段长城，这段长城起于居延，止于玉门关。

这幅图的绘制者还将“华”和“夷”之间的关系，用文字在地图周边不同大小的“方块”中描述出来。这些外族人分布在长城以北、大海以东、深山老林和西部戈壁沙漠。紧挨着地图标题“华夷图”的右侧说明文字写着“古长城”。它把长城描述成历史的遗迹，说明这道长城在此图绘制完成的唐朝之前就已经被废弃了。但这道长城是想象出来的还是实际存在，抑或可以在实地上看到的呢？它又是哪朝哪代修建的呢？要回答这些问题，首先让我们了解一下这幅地图的制作背景吧。

我有幸对《华夷图》拓片做了近距离的观察。1136 年，金朝扶植的傀儡政权伪齐的岐州学官将这幅地图镌刻在石碑上。作者参照了唐德宗（779—805 年在位）时期的宰相贾耽（730—805）受命绘制的《海内华夷图》。据说原作是一幅 9 米 ×10 米的巨幅地图。上面画满了边长 1 寸的方格，每一寸代表 100 里。

我们是否可以这样认为，唐朝的纸质原图在宋代被缩小尺寸并刻在石碑上，一是为了长期保存的需要，二是为了满足政治变革和技术革新带来的社会和市场需求，而被大量复制？

石刻的尺寸和文字说明的风格，表明它并不是用于展示的，而是一个用于拓印的模板。拓碑至少分五个步骤进行。第一步是将纸张铺在石碑上，并用湿毛巾按压。第二步是用“打子”（一种硬毛刷）把纸嵌在图文的刻槽上。接下来要等纸晾干，然后用蘸墨的拓包在纸上拍打，这个步骤要重复两到三次，以保证墨迹深浅均匀。最后一步，是将拓好的纸张揭下来。整个过程要持续约一个小时。

贾耽是在801年为朝廷绘制这幅地图的。当时在制作这样巨幅的地图时，挂上、取下、折叠和保存是多么的困难！齐人的“迷你型”《华夷图》模板，可以在短时间内高效地复制出几十张便于携带的拓本，供更多的人使用。当时地图的交易变得有利可图。有意思的是，就像我们通过双面用纸来省钱和保护树木一样，刻有《华夷图》的石碑也被双面利用，它的背面也刻了另一幅地图。这块两用石碑很可能有着商业用途。那么，谁是地图的使用者呢？为什么会出现双面刻地图的情形呢？

12世纪的科学技术，在中国古代文明史中达到了一个高峰。相应地，它建立起一套完整的地图收集、制作和保存的管理办法和保密制度。北宋职方员外郎吴淑认为，“天下山川险要，皆王室之秘奥，国家之急务”，各路州府所送的地图，均由专管国家军事等事务的枢密院加盖密印后集中保管。严禁私造或仿制地图，域外人若偷绘或搜集地图，要加以追究。大臣向职方借阅地图，都必须经皇帝亲批。[①]

1136年，金朝在北宋故地扶植的傀儡政权伪齐阜昌七年（南宋绍兴六年），《华夷图》在岐州（今陕西凤翔）由学官主持刻在石头上。第二年，伪齐皇帝刘豫就被金朝废黜了。之后金人马上同南宋订立了“天眷和议”，约定两国以黄河为界，金将原刘豫管辖的河南、陕西之地交还南宋。《华夷图》被刻在石头上的时候，已经是伪齐灭亡之际，陕西之地就要归南宋所有，之后《华夷图》如何使用就由南宋说了算了。

而在12世纪南宋初，可能是出于加强爱国主义教育的需要，对舆图的印制和管理似乎有些放宽。被“解密”了的贾耽的地图成了教学工具。即将归宋的岐州学官希望通过这种方式提醒他的臣民，尽管中原故土陷落“胡尘”，但生活在那片土地上的人们仍是炎黄子孙。

10世纪中叶，中华帝国陷入分裂，契丹和党项族在旧帝国的北疆和西北分别建立了辽和西夏政权。1127年金人灭了辽国，逼迫宋朝退守淮河以南。

---

① 参见《地图的见证：中国疆域变迁与地图发展》（中国地图出版社）。

大批中原北部的汉人为了逃避“夷人”的统治，也纷纷南迁，使得南方地域的人口剧增。自古以来，从未有过如此多的汉人聚集在如此狭小的地域上。于是南宋人将他们的资源运用到了极致。人多地少，促进了科技、农业、商业和文化的繁荣。贸易激增催生了市场经济。

为了应对人口爆炸和抵御北方的敌人，南宋朝廷扩大了“公务员”的队伍，把改革朝廷的管理水平提到了议事日程，还建立了更加富有活力的科举制度，通过增加考试科目，制造更加激烈的竞争，来层层选拔符合“时代”需要的高素质人才。

“学而优则仕”的道路，激发了人们的学习欲望；学习热情高涨，也促使了学习材料的增多。《华夷图》反映了中原政权与北方游牧民族的冲突，再现了华夏世界曾经的荣耀，犹如史鉴，让只剩半壁江山的南宋，时刻不忘金人入侵中原丧失国土的耻辱。刻板印刷术的发展，让书籍得以成倍地增长，石刻地图的出现，促使拓制地图的速度突飞猛进，也为这种学习的热潮推波助澜。

那么，《华夷图》及其文字说明对九百年之后的我们，又有何种启示呢？

单从地理学角度讲，这幅地图所描绘的中国版图是颇为粗糙的。今天任何一个小学生都能画一张比这更精确的地图。在他们的脑海里都有一个“大公鸡”的形象，老师还会不失时机地提醒他们，别忘记画上周边的岛屿，海南、台湾和南海诸岛。然而，贾耽在这方面的知识还是很欠缺的。尽管他在地图上标注出了黄河、长江、淮河，以及太湖、鄱阳湖、洞庭湖和青海湖，但整个中国版图的形状是不标准的，也没有完全表现山东、辽东和朝鲜半岛的突出部分。

《华夷图》上标出的长城的走向，虽然能够帮助人们了解长城的位置，但也只是一个大致走向。唐代之前的各个朝代，如隋朝、南北朝时期都修过长城，那些长城长度更短，但它们的地理位置都远在这道长城的南面。这道按照次大陆级比例绘制的长城，西起戈壁，东到朝鲜地区，广袤万余里。历史上只有一道长城与此相符，那就是西汉长城。斯坦因在20世纪初探险时，发现了这道长城的西部段落（参见文物十四），也就是被标注在《华夷图》上的居延至玉门关段。

除中国国家图书馆之外，华盛顿特区的国会图书馆也收藏了一幅制作于1933年前后的《华夷图》拓片。它们展现了完整的汉长城线路。齐人复制的唐代地图，以图解的方式唤起了人们对太平盛世的回忆，也是对往日一统江山而唱的悲戚挽歌：华夷的分野曾在遥远的北方，曾几何时，长城的存在使胡人不敢南窥。在南宋诗人陆游（1125—1210）的眼中，《华夷图》是旧日的荣耀，反观当时的山河破碎，他不禁写下多首悲凉的诗句：

僵卧孤村不自哀，尚思为国戍轮台。（《十一月四日风雨大作》）
灯前此图忽到眼，白首流落悲涂穷。（《夜观秦蜀地图》）
书生有泪无挥处，寻见祥符九域图。（《书叹》）
胡尘漫漫连淮颍，泪尽灯前看地图。（《夜观子虡所得淮上地图》）

文物十四
图像考古：斯坦因手绘汉长城地图

通过阅读斯坦因（Aurel Stein）的中国探险笔记，参考他为普通读者写的《沙埋契丹废墟记》和之后出版的详细的实地考察报告《西域考古图记》，再加上自己在同一地区考察时的亲身经历，我在这里为大家“回放”一下 1907 年 4 月一天的场景。

斯坦因正骑着马，惬意地行进在返回营地的路上，这时天已接近黄昏。在第二次勘察了这段支离破碎的边塞遗址之后，他的脑海里已然形成了一幅得以大大改进，不久就要落笔于纸上的草图。他忠实的爱犬达西 2 号活跃在他的左右，不时地用嗅觉灵敏的鼻子，寻找着九个钟头之前他们走过的路。

斯坦因骑着一匹年轻的公马，它的名字叫巴达希什。这个名字取自它的老家、远在大清国西部边陲的阿富汗的一个省会。维吾尔人提拉巴依（Tila Bai）与斯坦因同行，他是照管探险队所有马匹和骆驼的负责人。斯坦因一行从喀什出发，沿着塔克拉玛干沙漠南缘和罗布泊来到此地，所有探险装备都得靠这些动物驮运。

他们的营地最初搭建在一个“堡垒”边上，它比斯坦因之前寻找边塞遗址时见过的那些“炮台”（烽燧）要大得多。根据斯坦因的调查，“堡垒”呈正方形，中间是开阔的空地，四周有厚厚的高墙。然而遗址周围蜂拥而至的蚊子和密密麻麻的跳蚤令人难以忍受，尽管不情愿，他们还是放弃了这个营地，并在不远处另找了一个过夜的安身居所。这里的位置也很好，成了出入各个考察地和挖掘地的大本营。在这待上好几天不用挪动，不仅节省了来回的时间，也减少了扎营、拔营和搬运装备的麻烦。斯坦因是个很有科考经验的人。他总是事先去勘察发掘地点，规划好在每处废墟的工作，然后选择离水源最近的营地。夏季将至，时间紧迫，眼看酷暑就要将沙漠地带变成人类的禁区，而现今还有一大堆考古发掘工作要做。

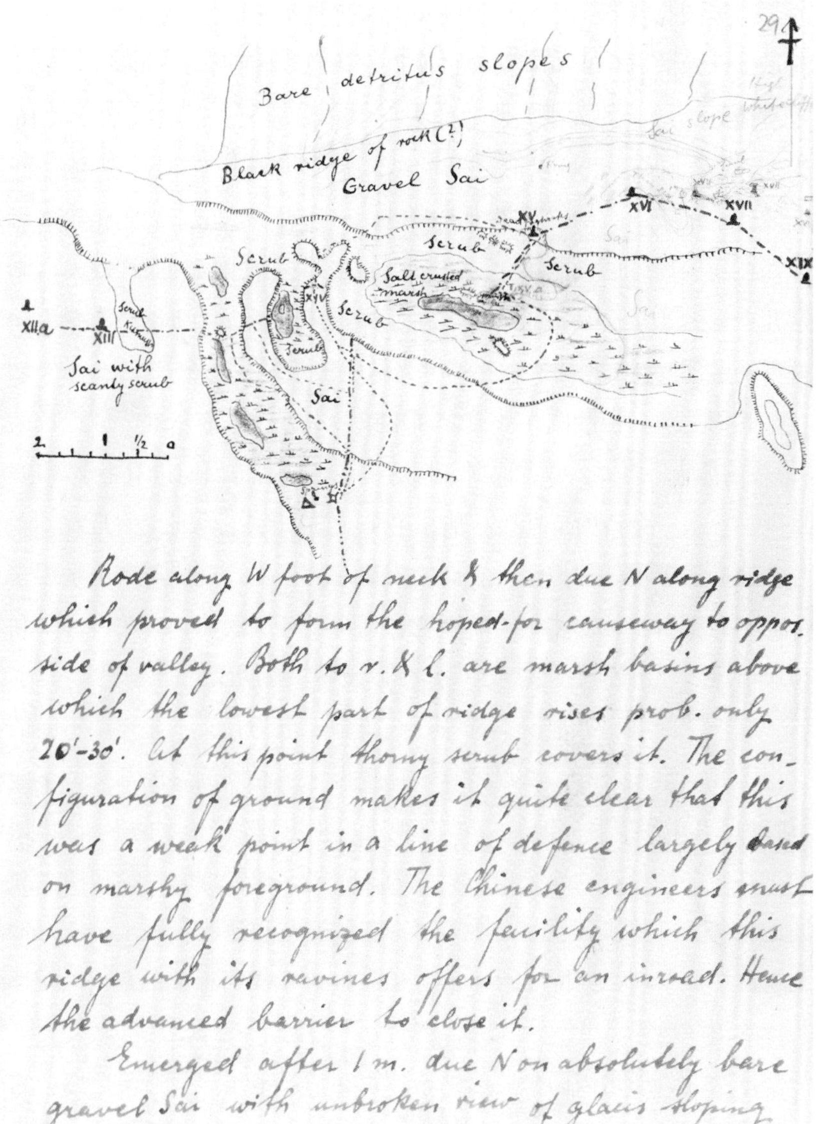

Rode along W foot of neck & then due N along ridge which proved to form the hoped-for causeway to oppos. side of valley. Both to r. & l. are marsh basins above which the lowest part of ridge rises prob. only 20'-30'. At this point thorny scrub covers it. The configuration of ground makes it quite clear that this was a weak point in a line of defence largely based on marshy foreground. The Chinese engineers must have fully recognized the facility which this ridge with its ravines offers for an inroad. Hence the advanced barrier to close it.

Emerged after 1 m. due N on absolutely bare gravel Sai with unbroken view of glacis sloping

说明： 斯坦因手绘汉长城地图

意义： 第一幅详细并精确地标出汉长城烽燧和墙体的地图

来源： 1907 年 4 月由英国探险家、考古学家奥雷尔・斯坦因绘制

现状： 现藏于英国牛津大学伯德利图书馆

今天的收获不小。斯坦因骑马向东远至第 17 号烽燧（T. XⅦ），观察和测量了此地的方位，直到傍晚也没得空休息。在回营地的路上，他还琢磨着边塞遗址与地貌的关系。西边的天空中彩霞满天，斯坦因路经第 15 号烽燧（T. XV），从这里可以清楚地看到第 14 号烽燧（T. XⅣ）。他估计这两个烽燧的直线距离大约三英里（五公里——译者）。出于后勤供给的考量，水源都在这些烽燧的视线之内。烽燧线的布局在斯坦因的眼中越发清晰起来。这几个烽燧非常高大，而且修建在地势较高的地方，所以毫不费力地用肉眼就可观察到彼此，斯坦因称之为"光学电报系统"。

几周之前，探险队在沙漠绿洲小镇——敦煌补充给养。敦煌镇的名称有"燃烧的烽火"之意。考古证据支持这一观点：斯坦因通过对小镇周边的踏勘，发现了一些"奇特的草堆"。他在第 13 号烽燧（T. XⅢ）附近找到了五个绑扎成捆的芦苇堆，并摸清了它们的用途。他认为，这些芦苇堆是用来点燃烽火的储备积薪。他还在很多的烽燧遗址中发现了汉简，有关古代人利用烽火传递信息的"密码"，最终也因而得以破解（参见文物十五）。

有一个问题令斯坦因不解：这些防御工事为什么不是连续不断的？沿着它走了几个星期之后，斯坦因越来越觉得这些断断续续的部分，不能仅仅被解释为"几千年岁月磨蚀的结果"。他进一步意识到，边塞的走向和其中的"空缺"是与各种形态的地势密切相关的。于是，他在这幅手绘地图上画出了不同的地势，并标上了文字，如用 Sai 表示碎砾和沙滩，用 Togruk jungle 表示杨树林、芦苇丛、红柳灌木林，用 Kumsh 表示高而稀疏的草，以及那些令人头疼的沼泽地等。

这会儿，斯坦因的坐骑巴达希什正在沼泽地里寻找避险之路。它的前蹄一旦感觉到地面的湿润松软，就会立即收住、后退，然后绕行。提拉巴依一边操着半生不熟的英语，一边比画着：马匹从来不会愚蠢到要硬穿沼泽！即使二千一百年前的匈奴人也会利用马的这种本能来避开沼泽地带。没有马匹，他们寸步难行。

因此斯坦因推测：这些"中国工程师"（指边塞的修建者）把沼泽地作

为天险纳入防御体系，从而节省了劳动力和建筑材料。而且边墙总是修筑在通向沼泽地的坚硬地面上，引诱入侵者进入陷阱。

在重新回到碎砾平台，再次看见橘色篝火映照的营地时，大家(包括牲畜)都舒了一口气。最后几百米，他们踏着坚实的路面，加快了步伐，营地的一缕缕青烟在欢迎着他们归来。

斯坦因勒马减速，快速跳下马，大步流星地向篝火走来。他没有立刻为自己泡一杯热茶，而是急切地去“确认”篝火中燃烧的是牲口的粪便和梭梭木，还是从周围烽燧里找到的那些奇形怪状的木质“垃圾”。向导和助手们眼中的这些“垃圾”（有木条和粗纸卷），都是野外考察秘书兼首席翻译蒋师爷和地图绘制助手、印度人拉姆·辛格在第 12a 号烽燧（T. XIIa）发掘到的，现在都堆放在桌子上。斯坦因发现纸卷上的文字很可能是古亚拉姆文字。他还是抑制住了兴奋的心情，先去完成他的制图工作。

斯坦因回到自己的“闺房”——私人帐篷里，将当天一些新的发现标注在他手绘的地图上。他打开一个口袋大小的笔记本，给干渴的钢笔饱饮了墨水，开始写道：

> 4 月 18 日，华氏 37 度（2.7 摄氏度），能见度差，东风。派奈克和辛格回到第 12a 号烽燧完成剩余的工作。我和提拉一起去第 14 号烽燧……向东北方向经过一大片洼地后，两座“炮台”映入眼帘，大概是第 15 和第 16 号烽燧。这两座烽燧远处偏南一点，有一个巨大的、貌似宫殿形状的废墟（？）。北边和西北边都看不到任何建筑。南 240 度偏西穿过两块长满了芦苇的沼泽地之后，可以看见一个小烽燧，与第 12 和第 13 号烽燧连成一线。营地旁的“堡垒”在它们的东 165 度偏南的位置，相距 2.5 英里（3.75 公里）。

他停下笔，集中精力修改事先已经用铅笔画的地图。根据当天的勘察，他用圆规和半圆仪修正第 16 和第 17 号烽燧的位置。第 17 号烽燧，就是他描述的那座“宫殿形状的巨大废墟”，它位于第 16 号烽燧东面偏南半英里（0.8 公里）处，距离稍远。

他用钢笔描改了铅笔的制图符号。1885—1886 年期间，斯坦因在他的老家匈牙利当义务兵时，曾在布达佩斯周边的崇山峻岭中学会了绘制地图的一些技能。那时年仅 23 岁的斯坦因已经掌握了古波斯语和梵文，同时在剑桥大学阿什莫林博物馆、牛津大学的伯德利图书馆和伦敦大英博物馆里，获得了宝贵的文物研究经验。他特别珍惜在军队的卢德维卡（Ludovika）制图学校学习的机会。在 12 个月的学习时间里，他掌握了田野调查的科学方法以及地图绘制技术。他用手表来估算经度，用象限仪来测绘纬度（夜晚用北极星做参照，白天用太阳的制高点做参照），用测高仪测海拔，用水平仪测距离。斯坦因把绘制地图当作一种享受，特别是在无图参照的地区。

不久他又继续勘察“中国长墙”（Chinese Limes）——他后来才改称汉长城，而且决定制作一张大幅、精确的手绘地图来展示这些错综复杂的遗迹现象。这时他用红墨水笔画出长城的墙体段落和烽燧的位置，T 后面的罗马数字表示烽燧的位置和标号，同时标出他踏勘的路线，最后把“堡垒”营地的位置用红色三角形表示出来。

这张修改好的地图，最终要与其他 11 张局部地图粘连在一起，形成一幅完整的大图。在十四年后的 1921 年，他出版了三卷版《西域考古图记》，其中详细记录了他在中国的第二次探险。这幅在“堡垒”边营地手绘的经典大图，被做成了半米长的拉页。斯坦因和他的制图助手拉姆·辛格在渺无人烟的地区测定出 38 个烽燧的精确位置，踏勘了 5760 公里的路程，足迹覆盖了 6240 平方公里的地域。在 20 世纪 80 年代中国第二次全国文物普查之前，这是世界上有关中国长城的最为精确的地图。

在斯坦因的传记《斯坦因：丝绸之路的先驱》（1995，伦敦）里，传记作家安娜贝尔·沃克这样评价他的边塞遗址考古发现：

与敦煌文书粗暴的获取方式（通过收购和强迫）相比，他在这里（边塞）所使用的方法很不一样。他对汉长城的调查方法堪称记录完整性的典范。那些可怜的戍边士卒并没有在他们的“驻扎地”留下任何“宝藏”……但斯坦因从中获得的是价值连城的信息：士卒的生活、长城的戍守方式，以及因地制宜的建筑思想等细节，这些信息都隐藏在被遗弃的考古证据之中。鉴于斯坦因对历史和地理两方面的兴趣和综合考证的能力，以及他对尽可能获取历史信息的渴望，这个遗址简直就是为他量身打造的研究对象。

奥雷尔·斯坦因的传奇吸引了为数不多的探险家和长城学者。他们跟随他的足迹，寻找这一沙漠地带的边塞遗迹，我就是其中的一员。一百年之后的 2006 年，我携带着他当年拍摄的照片，按照这幅大地图的指向，去寻找那些他曾经拍照和编号的防御工事。我的使命不仅是故地重游，还有“旧地重拍”（参见文物五十），用相机记录长城的变化。与此同时，把各个烽燧的 GPS 点与斯坦因地图上的位置相对照。我发现斯坦因在 1907 年绘制的地图是何等的准确。他于一百年前所标注的玉门关的位置，与今天的卫星遥感定位点比较，误差只有不到一公里！

文物十五
狼烟北起：居延汉简《塞上烽火品约》

如果我想与两千年以后的后代子孙“通话”，应该怎样做呢？我会用某种形式给他留下一些信息。然而，我的信息记录在什么材质上合适？我用什么载体留言，又该把它们放在哪里才能被他发现？另一个重要因素就是，我的留言是否在未来的人类活动中经得住岁月的考验而得以幸存？

这件迷人的文物，以其亲身经历给了我最大限度的提高成功留言概率的绝佳启示。它的经验告诉我，如果我将想说的话用黑墨写在木头上，再把它埋藏在中国西北部的戈壁沙漠里，经过两千年以后，我的后代或许就有机会收到它，并且把它解读出来。

这件文物是一部烽火信号密码手册，由 17 枚木简连接而成，展开后所呈现的就好像一个放大了的汉字——“册”一样。它大小刚好和我的手提电脑打开放平后相当，长 40 厘米，宽 30 厘米，上面写有 600 多个汉字。

“册”字最早出现在三千五百年前的殷商时代的甲骨文中，这表明当时的中国人已经开始将竹条或者木条当作书写载体了。这部手册就是写在木条上的，但它并非像“册”字那样，只将两枚木简用一根绳相连接，而是将 17 枚木简的上、中、下三处串联起来。

手册的名字叫作《塞上烽火品约》，于 1974 年在汉代边塞的烽燧中发掘出土，属于典型的汉代简牍。1907 年，斯坦因考察汉长城遗址时最早发现了汉简（参见文物十四）。在随后的岁月里，中外考古学家们又多次在汉长城烽燧附近继续考古发掘，数以万计的简牍相继出土。

西汉时期，中原人口达到6000万人，而营居在北方的游牧民只有30多万。游牧民虽然人数处于劣势，但他们拥有马背上的精兵强将，而且能声东击西；中原人虽有人口数量上的优势，但随时随地找到足够的援兵并不容易。为了根据敌情动态地部署兵力，他们创造了这种信息传递制度。这套制度的执行，

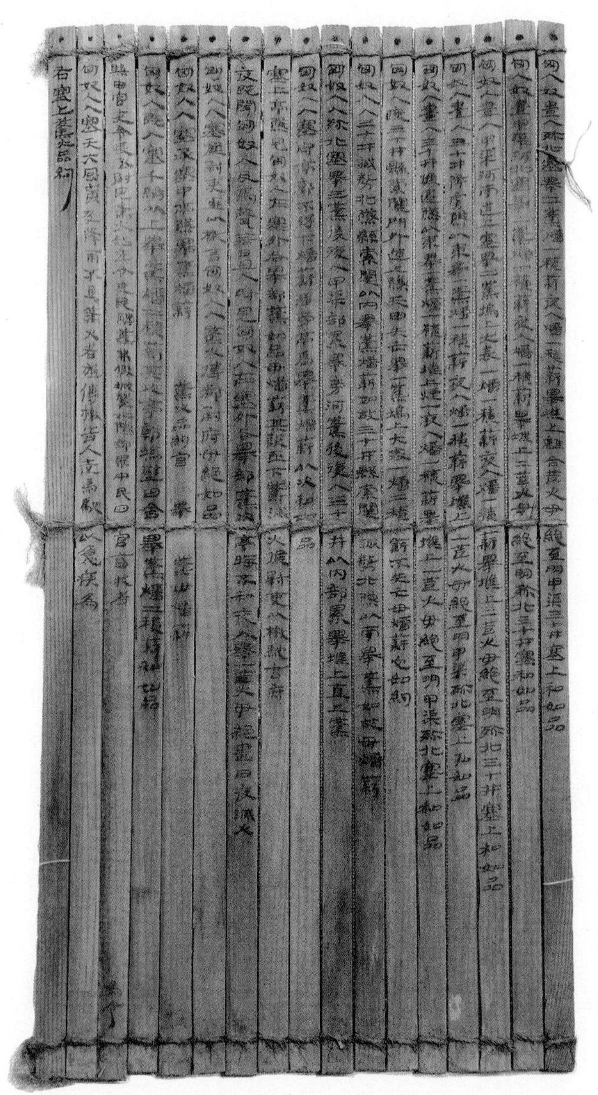

说明： 居延汉简《塞上烽火品约》，由 17 枚长 38.5 厘米，宽 1.5 厘米的汉简“编串”成册，上面书写有 600 多个汉字

意义： 汉长城烽火使用手册

来源： 1974 年出土于今内蒙古居延地区西汉边塞甲渠候官（破城子遗址）

现状： 现保存于甘肃省文物考古研究所（图片为复制品）

依赖于守军的书写能力、足够的木材和熟练操作的“信使”。

中国人民大学考古学教授魏坚先生主持了 1999—2002 年居延汉长城的考古发掘，发掘清理出汉简五百多枚。他在《额济纳旗汉代居延遗址调查与发掘述要》中指出：“居延汉简，是《史记》《汉书》之外，存世数量最大的汉代历史文献，其年代几乎贯穿了两汉的数百年。居延汉简的发现，在当时甚至今天都是震惊学术界的重大事件。它们为我们揭示了西汉时期边塞守军的日常生活和戍守方式。”

要理解这个手册的内容，我们首先要知道居延的地理位置。“居延”二字是匈奴语“天池”的意思，它位于今天内蒙古额济纳旗，南北长 250 公里，东西宽 60 公里。此片区域每间隔 1.3 公里，就有一处烽燧和障塞，形成东北—西南走向的防线，从河西走廊延伸到塞外。但烽燧与烽燧之间没有长城与之相连，额济纳河的各条支流则成为驻守的天然屏障。匈奴人活动的地区在烽燧线的左侧和西北边。

为了有效地进行管理，这一地区的指挥机构——居延都尉府周围从北到南分布了三个“塞”：殄北塞、甲渠塞和三十井塞，每个边塞都由“候官”管理。这里是长城防线的最前沿，守军在遇到“敌情”时，必须马上报告居延都尉府和其他边塞。这实际上是一个起着“联防公约”性质的烽火传递制度，而且它就是在甲渠候官遗址发现的，可能也正是在那里诞生的。

可以肯定，这一手册的内容是在指挥机构居延都尉府制定的，然后由一个高级别的长官将它书写成“模板”，供若干能读会写的低级长官誊抄复制（参见文物十二），然后把所有烽火传递的规定让每个戍守士卒熟记于心，从而遵守执行。每个烽燧至少一册，这意味着至少要誊抄出 50 至 60 册。制作木简要选用大量的木材，于是在这一地区就地取材，红柳、胡杨和梭梭木是常见的木简选料。

一旦木简准备就绪，书写人就开始用细小的毛笔（考古人员也曾发现过实物）从上至下誊抄《塞上烽火品约》的内容。第一条写的是：匈奴人昼入殄北塞，举二蓬、□□蓬一，燔一积薪；夜入，燔一积薪，举堠上离合苣火，毋绝至明。[①]

这种从上到下、从右到左的书写顺序，是由木简的形状决定的，这种书写模式，中国人一直沿用到了现代。

根据手册的规定，白天和夜晚的敌情传递方式略有不同。白天常用的传递办法有：举“蓬”（笼状的草编物，只举不烧），放“烟”（用闷烧的植物放烟）和举“表”（旗帜信号）；夜晚则点燃“苣火”（用芦苇或芨芨草绑扎的草把），“积薪”（柴堆）则随时可用。

一根根木条，经过誊抄，变成一枚枚木简，一共 17 枚，再按从右至左的顺序串成册，一册烽火传递指南就完成了。手册的文字可能经过了大致校对，但尚无证据证明这一点。最后，成卷的手册通过“速递员”骑马送至各个烽燧。

每一卷的每一枚汉简开头，都标上了表示“事关重大”的小黑点，这些是必须要记熟的内容。各烽燧长收到指南，烽燧士卒就会围拢过来，由烽燧长大声地一遍又一遍地读出，简册的内容也一遍又一遍地往士卒的脑袋里“灌入”。殊不知，不熟悉或者搞错者是要受到严厉惩罚的！

居延都尉府的三个塞传递敌情的信号略有不同，这样，作为指挥部的居延都尉府，就会立刻知晓哪个方位受到了匈奴人的威胁，知道该如何做出正确的判断和对策。

从唐诗、宋词中，我们虽然还可以读到汉代边塞滚滚烽烟的诗句，尽管居延烽火常燃，但是大汉帝国却在公元 3 世纪因内部的叛乱而衰亡。风沙吞没了汉代中华帝国的前沿阵地，埋葬了它辉煌的历史长达两千年之久，直到拿着手铲和软毛刷子的考古队员的到来，它才得以重见天日。

汉简陆续、大量地出土，使我们一点一滴地拼出了那里曾经发生的鲜活故事。明长城就没有这样走运了。虽然她比汉长城年轻了一千五百年，但因为纸张替代了木条，加上大部分明长城没有修建在干燥的荒漠地带，除了一些石碑之外，大部分有关明长城的军事档案都没有保存下来。

---

① 大意为：匈奴人白天入侵殄北塞，举起两个蓬……同时点燃一堆积薪；晚上入侵，点燃一堆积薪，同时在烽燧周围的堠墙上点燃苣火，直到天明不准熄灭。甲渠塞和三十井塞做法相同。

《塞上烽火品约》穿越两千年沧桑，竟能保存至今。然而在当代，尽管我们用更加迅捷的技术“书写”、发送和接收“邮件”，但这些邮件又将如何留存给两千年后的那位子孙呢？

文物十六
汉匈姻缘：近代绘画印品《昭君出塞》

2014 年，英国《经济学人》杂志将澳大利亚的墨尔本评为世界最宜居的城市。如果两千多年前就有这样的评选，恐怕这种殊荣非中华帝国的长安城莫属。当时中国汉朝的都城长安，是名副其实的世界中心。它位于丝绸之路的东端，地处肥沃的 800 里秦川，坐落在渭水之滨的终南山下。它美丽富庶，风景如画。它的人口达到 50 万。是当时世界上最大的都会城市。

然而，那时的整个帝国并不完全像首都的名字（长安）那样“长治久安”。从公元前 3 世纪晚期以来，中原一直受到匈奴的不断袭扰。在汉武帝统治时期（公元前 141—前 87），他不惜代价地用武力将匈奴驱赶至远离中原边境的漠北地区，并在北疆修建起一道防御工事——长城，以确保汉代边防的安全。而汉代的其他皇帝则不得不采取绥靖政策，容忍匈奴人无休止地索要和抢掠财货，通过“买”和平的方式将匈奴人阻拦在绵延的汉长城之外。

被称为“和亲”的政治联姻策略，是一种避免战争消耗的有效手段，汉代曾多次采用这种策略。王昭君就是在这样的背景下走进了长城故事。她是中国历史上最杰出的女性之一，通过与匈奴人“和亲”，而成为确保长安城长久安宁的“温柔屏障”。我们这里要介绍的王昭君形象，可以说是从成百上千幅绘画中挑选出来的。我选的这幅画只有不到一百年的历史。画面中有几位容貌姣好的年轻女子，由若干个满脸沧桑的“老男人”陪伴，在笼罩着暮色的山路中行进，情景十分诡异，看上去有点像“绑架”。昭君身着红衣，面含悲戚；她未来的丈夫呼韩邪单于（约公元前 58—前 31 年在位）身裹雪豹皮，一副野性彪悍的样子。

这幅画描绘的是发生在公元前 33 年的一个真实的历史片段。两千年来，“昭君出塞”的故事被人们代代相传，成为绘画、诗歌、戏曲和影视等各种艺术形式不朽的主题。

说明： 近代绘画印品《昭君出塞》，35 厘米 ×60 厘米

意义： 中原汉人与草原匈奴人的和亲图

来源： 民国年间印制，约公元 1920 年

现状： 内蒙古呼和浩特王昭君博物馆收藏

古今中外，像“Lady 王”这样的女性并不少见，她并非第一个，也不是最后一个“国际关系”的献身者。在这些故事中，有的如同神话，有的罗曼蒂克，但是最终都脱离不了与政治的干系。特洛伊的帕里斯偷偷与斯巴达的海伦私奔，导致了特洛伊战争；迷人而有手腕的古埃及艳后克利奥帕特拉与罗马皇帝安东尼奥联姻，在地中海东部联合罗马和埃及的故事，成了莎士比亚悲剧中永恒的主题。然而，王昭君的婚姻则有所不同，但也是其中最有名的。根据匈奴人的继承习俗，她在呼韩邪死后又下嫁给了他的儿子，为两代单于生儿育女、延续血脉；另一方面，她为中原汉王朝赢得了几十年的和平生活，同时也引起了全国的激烈争论。

“和亲”的本质是一种信念，或者说期望，也就是血缘联系能够带来邦国之间的和平。汉高祖刘邦的谋臣娄敬认为，汉朝公主与冒顿单于结缘对汉朝来说是一个长远的谋算。他曾这样劝刘邦说：“陛下诚能以适长公主妻之……生子必为太子……外孙为单于。岂尝闻外孙敢与大父抗礼者哉？兵可无战以渐臣也。”[①] 但是实际上，汉朝公主们并非都愿意奉献，汉朝的和亲公主也不都是真正的皇室宗亲；而匈奴人也并不遵从汉人的习俗以及儒家孝顺贞操的道德准则。参与“和亲”的女性反而要遵从匈奴人的婚姻习俗：老单于去世后，阏氏（匈奴的王后）要转嫁给他的兄弟，或者像王昭君一样，下嫁给他的继承人。

王昭君与呼韩邪单于的婚姻，是西汉 15 对“和亲”婚姻的最后一对，也是记载当时历史的官方史书《后汉书》中第一次有明确记载的一对。

王姑娘娇美的容颜和娴熟的乐舞技艺，使得她不费吹灰之力就被选入汉元帝刘奭（公元前 48—前 33 年在位）的未央宫。然而能否与皇帝合卺又是另外一回事。后宫佳丽三千人，皇帝根本无法记住她们所有人的长相和名字，反而要依靠看画像来决定每晚由谁侍寝。而帮助皇帝选宫女入寝室的，是宫廷画师毛延寿。

---

① 见《史记·列传第三十九·刘敬叔孙通列传》。

毛延寿知道每个宫女都想得到皇帝的眷顾，想让他把她们画得更美一些，他掌握着赚取“外快”的特权和途径。然而王昭君家境贫寒，无法拿出额外的贿赂，只好随毛延寿随意涂抹，眼下还被恶意地点上了妨夫害国的“滴泪痣”，由此便失去了见皇帝的机会，被打入皇帝永远也见不到的“冷宫”之中。

呼韩邪单于一行来到长安，除了索要包括食品、酒和纺织品等在内的物品，取得与汉朝平起平坐的地位之外，他同意驻牧塞外，作为汉朝的番屏，但作为交换条件，他要迎娶一位汉朝的宫廷女子做新嫁娘。对于匈奴单于来说，这个宫廷女子的作用非常微妙，她不仅仅可以取悦单于，还意味着单于获得了其他人得不到的汉朝上层女性，借此强化他在草原上的霸主地位。

被毛延寿蒙蔽的汉元帝并没见过王昭君。当他决定把冷宫中的王昭君赠给单于时，才第一次见到她。王昭君美艳盖世，这时的他真是后悔莫及，但此时已经被呼韩邪抱在怀中，只落得个无奈和叹息。王昭君远离中原的优雅居所，来到朔风凛凛的大草原上。自从她来到这“天苍苍，野茫茫”的荒蛮之地后，就再也没有回过温暖繁华的中原故乡。美丽聪慧的王昭君成为政治贿赂的牺牲品，她嫁给了世界尽头的一个胡虏。同时她的献身也换取了“宁胡阏氏”的徽号。

王昭君“和亲”的故事在她故世后，再度引起了历代中国的思想家、历史学家、作家和艺术家的瞩目，他们纷纷以“昭君出塞”为题材，创作他们的作品。作为一个宫女，愿意牺牲自己来换取国家的安宁，就王昭君本身而言，她肩负着对丈夫和祖国的双重责任，她被誉为爱国的榜样。然而，她的故事颇有悲剧和讽刺意味，她本应是中原王朝的耻辱，却成了历代文人和他们诗词中悲悯的对象，最终成了“和亲策略”的象征和一个传奇。

后代诗人对王昭君的命运产生了强烈的共鸣，比如白居易（772—846），就曾写下这样的诗句：

王昭君二首

满面胡沙满鬓风，眉销残黛脸销红。

愁苦辛勤憔悴尽，如今却似画图中。
汉使却回凭寄语，黄金何日赎蛾眉？
君王若问妾颜色，莫道不知宫里时。

12 个世纪过去了，“昭君出塞”的故事仍为人们所关注。20 世纪 60 年代的中国民族政策，为“昭君出塞”增加了新的内涵。王昭君被誉为民族使者，在多民族的中国成为维护民族团结和平的杰出人物。

抛开演绎与宣传，去追寻王昭君故事的本真，我们会问，“和亲”的效果究竟怎样？惠及何人？对于长城又意味着什么呢？

汉朝和匈奴双方的目的当然不同。汉朝的目的是为了维持其统治地位，确保中原土地不被侵占，人民不被奴役。为了安抚单于，汉朝每年向匈奴“赏赐”大量的粮食、美酒和丝绸。他们将这些财物当作诱饵，用以腐蚀匈奴人，使他们堕落。

实际上，汉朝每年提供的粮食，即使按照最高的记录，也不足以分给每个匈奴人，只够单于及其家人、卫士享用。而能够分到美酒的人数多一些，部落里的酋长和那些为单于所信任的人及其家庭都可以享受到。单于每年分给他们的美酒高达 10000 石（20000 升），就像货币能令人快乐一样，单于用美酒来使这些人的心理得到满足，以换来他们对自己的支持。名贵的丝绸价格昂贵，这些只有单于及其家庭和高层领导才能获得，普通的游牧民则毫无得益。

所以，尽管汉朝和单于达成互不侵犯协议，但那些一无所获的人，依然会为他们的所需，而到长城以南侵扰、抢夺。对于这些违背“和亲”的行为，单于也只好“睁一只眼，闭一只眼”。这些不断的突袭和骚扰，诚然也构成单于进一步向汉朝要价的借口。如果朝廷不能满足他，经常的、大规模的侵扰就会发生。

从这一点看，匈奴人并不想彻底消灭对他们有益的“货仓”邻居。他们的目的只是利用汉朝提供优越的生活条件，确保一个可持续的关系，并寄希望于汉朝保持与单于个人利益的正常运转，毕竟寄生虫需要好的宿主。

那么，汉武帝刘彻对于长城又起到了什么作用呢？他发起的伟大远征和增修长城的行动，取得了辉煌的战果，却几乎掏空了汉朝的国库。尽管在他的那个时代几乎杜绝了匈奴的侵扰，但并非一劳永逸，在他身后，匈奴人很快又卷土重来。为了节省修长城和战争的巨大开支，他的继承者又重新走上了“和亲”的道路。

文物十七
制敌奇技：青铜弩机

中国国家博物馆是个爱国主义的教育基地，每天来自全国各地的中小学生都要在这里从中国五千年历史文化的长河中匆匆走过，那些喜爱文物的学生，不免驻足于此，随着“咔嚓、咔嚓”的声响，把这些文物定格在他们的智能手机里。

一天，我在中国国家博物馆的古代中国展厅里参观，佯装自己是一个初来乍到、对中国历史一无所知的“老外”。我指着一件很不“上相”的文物问身边的学生：

“这是什么？”

“我不清楚……”一个同学低声回答。

“好像是一个开关。”另一个同学抢着说。

“我们应当看一下说明。”又一个同学接着说。

“这是弩！”“怎么看着不像？”争执在进行着……

我和同学们所观察的这件神秘文物叫青铜弩机，也就是弩的扳机。它最早见于春秋战国，盛于秦代，是弩上的关键部件。基于考古发现的判断，弩可能是在公元前7世纪的春秋时期由楚国发明的。随后它就与戟、矛和弓箭等一起，成为战争和守卫长城的重要冷兵器。弩机的制作过程比较复杂。我之所以强调“制作”，是因为它不仅使用了机械加工的部件，而且要多件组合在一起。它有射程较远、准确度高、穿透力强等优点，非常适合于居高临下的防守，而且操作方便，无须站立射击。秦时，它已经成为一种常规武器，两汉时期更是作为与匈奴作战的利器而被大量使用。此后弩的形制和尺寸不断地变化，制作日益精良，直至明代与蒙古人的交锋，乃至在17世纪中叶满清与明朝的战争中，仍然是战事中的重要兵器，它创造了长达两千五百年的使用纪录。

说明：青铜弩机

意义：弩是世界上第一种机械冷兵器，弩机是其关键部件

来源：三国时期，公元280年

现状：中国国家博物馆收藏

弩是世界上第一种“杀人机器”，它是中原农耕民族高度文明的科技成果。这项发明的使用，给了中华帝国以巨大的军事优势。弩虽然使用便利，但制作难度很大。对于游牧民来说，即使缴获了几只也难以复制，因而这种制作的复杂性本身，确保了弩机的设计“专利”。

汉文帝时期（公元前 180—前 157），制造弩机的作坊成百上千，弩机制造技术作为一项核心技术是禁止“出口”的。尽管如此，朝鲜人和粟特人还是通过走私等渠道获得了这项技术，并加以复制；直到 12 世纪，弩得以在欧洲南部生产。后来，由于它的使用造成伤亡巨大，1139 年罗马天主教公会发布了“禁弩令”，类似近代史上的《禁止化学武器公约》，它规定：站在人道主义的立场上，基督教徒之间不得使用这种“致命的”武器相互残杀。

大草原上的游牧民是复合弓的制造者和使用大师（参见文物八）。中原弓箭手的射艺鲜有与之匹敌者。然而，先进技术挽救了这一局面。弩机这个简易的装置能够让士兵们以逸待劳：提前拉开经过改造的硬弓，扣好弦，随时准备发射。

弩机由两个活动部件与两个固定部件连接构成，大小刚好够一个手掌握住。住在北京通州区湖镇唐大庄 20 号的传统弓箭第十代传人杨福喜，向我展示了弩机的构造和弩的使用方法。走进杨福喜的“聚元号”弓箭（弩）作坊，仿佛在冷兵器制造的那段历史中漫步。各种制作弓弩的原材料堆积如山，奇形怪状的制作工具环绕四周。

“汉代的弩，是在拉力强大的复合弓与手柄相结合的基础上，改进演变而来的。弩的奥秘就藏在这个特殊装置里。”杨福喜手指着扳机的位置说，“这是一个了不起的发明。它使弓箭更便于操作，即使体弱、技术不娴熟的士兵也可以运用自如。”

弩机铸造的质量和尺寸精度要求很高。这一生产过程不仅有“质”的要求，还要满足“量”的需要，至少要达到最低限度的工业生产规模。打仗时，如果要保证“矢如雨注”，就必须“万箭齐发”。成千上万个士兵在使用弩时，一部分人扣动扳机的同时，另一部分人给弩上箭矢。

杨福喜以弩机原型为基础，制作了多种改型弩。其中一个“大家伙”很能抓人眼球。它是一个能够在15秒钟内连续发射10只弩箭的“连弩”，这简直就是一挺当年的“机关枪”。这些兵器的优势，就如同热兵器抗衡冷兵器、坦克抗衡战车、原子弹抗衡常规炸弹一样。

我将反曲复合弓与弩相比较，即使我用三个手指头把拉力27公斤的弓拉开一半，我的手臂和肩膀、胸肌和腹肌都要承受很大的压力和抻拽力。当拉满弓时，我浑身上下颤抖不止，坚持不了几秒。如果我要有效地使用复合弓，不但要有更加强壮的体魄，还需要日积月累反复练习得来的技巧。

给弩上箭就容易多了。我用两条腿、两只手合力张弩（蹶张）：把双脚踩在弓臂上，同时双手将弓弦拉满并钩在“牙”上。虽然我得用劲，但我靠的是双手、双腿和后背同时用力，这样就轻松了许多。箭上弦后，举至齐眉，等待发射。我无须紧张拉弓，只要屏住呼吸，平平稳稳地用“望山”（瞄准器）瞄准目标，然后扣动“悬刀”（扳机），简单得就像数“1、2、3”。操作弩需要的是技巧，而非力气。它的大量生产，也依赖于技术。

1720年，杨家第十三代先祖从东北满族人聚集地迁至京城。起先在皇城内专为宫廷制弓，到了1823年，随着枪炮的大量使用，弓箭作为一种常规武备逐渐衰落，于是杨家迁到位于东四的“弓箭大院”，开始为普通人制作弓箭。时至20世纪50年代，也就是杨家的第九代时期，杨福喜的祖父杨文通还有幸为毛泽东主席做过一张弓。但是，随着政治风向标的转变，这些手艺都成了需要破除的“四旧”，家族历史不再是荣耀，而是需要被隐藏的秘密，杨家与宫廷的关系也成了他们挨批的罪名。20世纪50年代末，他父亲被迫放弃弓箭制作，为了养家糊口，改行成了木匠。他将家中最后的一张弓——为纪念作坊一百周年制作的“传家宝”，藏在了柴火堆里，才躲过一劫。那时，杨福喜没有机会学习弓箭手艺，他下乡插队，当化工厂工人，开出租汽车……

三十多年之后的1993年，杨文通开始将复杂、耗时的祖传制弓技艺传授给他的儿子，已到不惑之年的杨福喜继承了家业。在当地政府的资助下，在冷兵器收藏者和弓箭运动爱好者的支持下，他家的制弓手艺作为中国军事技术史的一项重要见证得以传承。他的“佳作”甚至可以卖到 8000 美金一张。2007 年“聚元号弓箭制作技艺”，成为中国第一批非物质文化遗产。

北京冬季的一天，我站在一片枯草丛生的荒地上，挽弓搭箭，满弓待发。只听“砰”——“嗖”——的声响，我的箭直直向前，消失在北京清晨的雾霾之中。我又举起了扣好弦的弩，轻轻扳动弩机，“咔”——弩的机械声悦耳动人。谁曾想过，这些“砰”“嗖”和“咔”的声音，是杨福喜一年的劳作成果，也是杨家“聚元号”历经了三百年沧桑，使弓箭制作手艺不断改进和得以保存的回声。

第三章

长城防御的对象：

公元 3 世纪—1368 年间的文物

直到公元 4 世纪，来自草原的鲜卑族所建立的北魏政权统一黄河流域之前，中原王朝的政权和疆土一直处在分久必合、合久必分的状态之中。在公元 6 世纪末到 10 世纪，隋、唐、宋时期，中原才又重新统一。第一个千禧年过后，时运不济的宋朝又受到辽、金的南侵，再度退守江南，之后就是蒙古人征服了整个中原。

在这 11 个世纪中，长城的历史可分为三个时期。第一时期，公元 221—589 年间，由一些小朝代修建了规模不大的边境防御设施；第二时期，公元 6 世纪末到 10 世纪，只有隋代修筑过可以称得上长城的工程；第三时期，令人惊讶的是，公元 10 世纪—12 世纪，即使像西夏和金朝这样的“南方”入侵者，也在修筑长城，以防御更北边的敌人，但无论是这些新的长城建造者，还是用城墙包围城市的南方邻居，都抵挡不住蒙古人的马蹄。

文物十八
融入华夏："甲骑具装"陶俑

最近，我有幸欣赏到了一件古代的铁制头盔。这是我有生以来见到的最大的头盔，它有半米多长，很窄，在锈迹斑斑的铁片上，开有两个大洞，头盔顶上还有一个顶饰，看上去有点瘆人。这件头盔不属于人而属于马。这件稀有的马具，是我经过长时间的寻找，终于在韩国首尔国立中央博物馆发现的。

我第一次见到穿着铁衣的骑兵，也是在我没有料想到的地方——敦煌莫高窟千佛洞第 285 号窟里的北魏天顶画上——看到所画的拓跋鲜卑骑士。之所以我对这些壁画充满了兴趣，是因为这些壁画开启了长城故事的新篇章。

在两千二百年的中华帝国史中，北方的黄河流域大约八百年都是由非中原汉人——那些来自长城外的人——建立的"征服王朝"所统治的。他们的成功"入驻"，不断地提醒汉人政权，亟须制定精明、有效的长城边防政策。

在看到韩国首尔那个形似骷髅超长的马的头盔之后，我渴望见到完整的"甲骑具装"——骑兵和战马的整套盔甲。我在西班牙首都马德里的皇家兵械库里，就欣赏到了这种整体的画面。但它们是由钢制成的，不是用于打仗而是用于礼仪场合。它制作于 16 世纪的欧洲文艺复兴晚期，年代也不太久远。而首尔这个由拓跋鲜卑人使用过的铁质马"面帘"，不但制造年头早，而且很稀有。它比西班牙的"甲骑具装"早一千年！我在其他重要的博物馆，即使在长城沿线的博物馆中也没有再见到过另一件。

留存至今的铁制战马铠甲的实物的确不多见。原因之一是，铁极其容易锈蚀，它们在破损不堪之后又被回炉，重新铸造，接着再用；另外，它们是实用的军事装备，不是工艺品，经常遭遇丢弃的命运。因此，首尔国立中央博物馆所展示的一千五百多年前的铁制战马"面帘"，是鲜见的珍贵文物。

后来，我在山海关长城博物馆的发现，不但丰富了我的长城研究材料，还使得我寻觅的线索变得更清晰了。这是一件"甲骑具装"陶俑，骑兵身着盔甲，

说明：拓跋鲜卑族重装骑兵："甲骑具装"陶俑

意义：第一个中原地区的征服者的形象

来源：公元 6 世纪中叶的北朝墓葬，出土于河北磁县

现状：山海关长城博物馆

同时战马也是披戴铠甲的陶俑。山海关博物馆与首尔国立中央博物馆只有一海之隔，距离并不遥远，和千佛洞第 285 号窟的壁画一样，它也是来自 6 世纪的北魏。

汉帝国自公元 220 年灭亡以后，形成魏、蜀、吴三国鼎立的局面。之后，经过西晋短暂的统一，又进入了分裂的十六国统治时期，其中很多政权都是由北方草原民族建立的。到公元 4 世纪晚期，同属北方游牧民族的拓跋鲜卑建立了北魏政权，并统一了中国北方，但他们无法征服组织更严密、生产能力更强的南方汉人政权。直到公元 6 世纪，才由隋朝统一起来。

山海关长城博物馆里的这件陶俑，使我们有机会一睹拓跋鲜卑人的真容。他们是第一个建立了汉式政权的游牧民族。在后文的章节中，我们还将通过两件文物来认识其他异族的面庞。他们与拓跋鲜卑人一起带领我们穿越中华帝国史上第一个大分裂的混乱时代，见证中国的重新统一。我们还将走进第二个由马背民族建立的“征服王朝”，那是他们在中国历史上最高光的时刻。

“甲骑具装”陶俑出自距离北京西南 400 公里、河北邯郸附近的磁县北朝墓葬中。这个墓葬属于公元 510 年去世、年仅 13 岁的东魏茹茹公主。这件陶俑看似实心厚实，实际上里面是空心的，轻且易碎，是一件典型的随葬品。陶俑斑驳的表面大体呈青灰色，略带一点日落粉，可以肯定它曾经是涂有颜色的。它的大小如同老式洋娃娃，或许就是年幼公主生前珍爱的玩具的缩小版。历经了一千五百年，陶俑中的马承受着一条后腿折断的痛苦。感谢手艺高超的文物修复“医生”，使它的断腿得到再植。我每每见到玩坏了的玩具，总有一种伤感。它让我看到孩子们长大之后，是如何将曾经珍爱之物丢弃于身后的。这里，拓跋鲜卑人也走在发展之路上，不仅目标向南，而且还彻底地改变了原有的生活方式。

我在仔细观察这件文物时注意到两点。第一点，很显然，当给灵敏快捷的骏马披上这身笨重的盔甲之后，必定在很大程度上妨碍了它的自由活动。牺牲了这匹马的天性，结果便在这个陶俑的站姿上表现出来。为了保持身体平衡，它的前后腿需要叉开。看起来马身上的盔甲一定不轻，估计重量超过 100 公斤。

为什么马匹需要如此负重？这就如同机关枪比步枪增加了火力，弩机在战场上为射艺不精的人增加了平衡性。汉代的弩就算没有提高射击精度，也至少增加了射程。到了三国时期，著名的军事战略家诸葛亮发明了诸葛连弩，它可以在相对近的距离向敌方一次连发 15 支箭。给人马同时披戴盔甲，十有八九是为了防止被这种武器射中。

我观察到的第二点是，陶俑制作的艺术造型是具有佛教风格的，但其表现的内容却是军事性质的。这种形式与内容矛盾的设计显得古怪。马背上的骑士身披战袍，却面带慈悲，所骑的战马同样身着铠甲，于我而言，这样的表现手法，揭示了这件陶器的制作者所走过的两段完全不同的旅途。

拓跋鲜卑人的另一个“壮举”是他们接受了汉人的生活方式。当 4 世纪晚期，他们刚刚入主中原之时，汉人由于畏惧“野蛮人”的统治纷纷逃亡。鲜卑人在取得军事胜利的同时，劳动力也大量流失。

孝文帝统治时期（471—499），大力推行汉化政策，他以身作则，将皇家姓氏“拓跋”改为汉姓“元”，并且要求宗室效法。他要求鲜卑人讲汉语，鼓励与汉人通婚，并且放弃了萨满信仰。

从这件骑兵陶俑的慈祥面部表情看出，北魏时期开始信奉汉传佛教，他们的建筑、雕塑和工艺品都受到了佛教的影响。庙宇间修建起高大的佛塔，峭壁上雕凿出巨型石窟造像；地下的墓葬也不例外，从东部的茹茹公主墓到西部的千佛洞，故去的人进入神秘黑暗世界的同时，有了色彩斑斓、栩栩如生的艺术品的陪伴。佛教对死提出了一个新的解释——涅槃重生，这与汉人的儒家思想和道教观念对死的恐惧截然不同。

然而，对我们来说，更重要的是，他们在从游牧民变成中原人的过程中，也曾大规模修筑长城，尽管在很大程度上重新利用了前朝的建筑。北魏修筑的长城分布在山西、河北、北京和内蒙古境内，一道叫“赤城阴山长城”，一道叫“畿上塞围”，它们在汉长城的基础上进行了修缮和扩建，成为鲜卑人用来抵御柔然、突厥等新的北方民族和保障都城安全的防御工事。

这件陶俑的微笑、姿势和风格，给我们展示了拓跋鲜卑是如何变成北魏的。它的故事告诉我们，当拓跋鲜卑用武力战胜了汉人，他们又用继承汉文化的方式，保持了和平与繁荣。这样做，改变了他们的身份，而且赋予了“汉文化”一词以新的意义。原先，它仅是关于汉人的故事，然而，现在重新定义后成了多样性的故事。在我看来，“甲骑具装”陶俑安静的微笑似乎在说：“我们首先打败了他们，之后又成为他们。”

文物十九
无“边”盛世：唐代三彩釉陶骆驼

万里长城是连续不断的吗？是否有“空缺”？最长的“空缺”在哪里？看到这些问题，你可能会打开中国地图，在长城雉堞线的标识上寻找和丈量这些“空缺”；你或许会琢磨：原先这个地方有长城吗？后来发生了什么，它为什么消失了？

实际上我所说的“空缺”，并非空间和地域上的概念，而是时间和朝代的概念。到目前为止，我所选择的长城文物，都是与长城修筑或长城战事紧密相关的文物。而我所描述过的朝代，它们不是修建了长城，就是再利用了前人的成果，仅仅有不多的“时间缝隙”，比如汉代之后的三国时期，或者当代。

当公元 7 世纪来临之际，长城的修建也开始处于最长的停滞阶段。唐朝是中原汉人统治时期最久的朝代之一，它比西汉长了整整一个世纪，比大明王朝长十五年。然而，盛唐时期的统治者不像其他大一统王朝同根生的汉人兄弟，他们几乎没有修建属于自己的长城。

因为我是通过长城文物来讲述长城的故事，所以我有必要解释一下，为何这里要囊括这件出自不怎么修长城的朝代的文物。首先应当说明的是，唐朝其实修过一段“长城”，不到 100 公里。但是把它作为长城来看，似乎有些牵强。在我的眼里，唐朝的“长城”不够“级别”。

那么，将唐朝的文物包括在长城故事系列中，是否有填补空缺之嫌？我不这样认为。为了更好地认识长城，我们需要以更宏观的视角，对中原与北方游牧民族的关系进行考察。唐朝在如此长的时期不修、不用长城，说明在这个时期，采取了特别的战略和政策。不依靠修筑长城，江山也能长治久安。填补这样的“空缺”，不仅是必要的，而且是构成完整长城故事的不可或缺的一部分。为了总结这些策略的林林总总，对我的挑战不是要不要选择唐代

说明： 唐代三彩釉陶骆驼，骆驼背上驮着五位胡人乐伎

意义： 可以从中了解盛唐对丝绸之路的成功管控

来源： 陕西西安

现状： 陈列于中国国家博物馆古代中国展厅

的文物，而是选择怎样的文物。

我选择了一件驮着胡人乐伎的唐三彩釉陶骆驼俑。这是从唐代诗人李白诗词《战城南》中得到的启示：

去年战，桑干源；今年战，葱河道。
洗兵条支海上波，放马天山雪中草。
万里长征战，三军尽衰老。
匈奴以杀戮为耕作，古来惟见白骨黄沙田。
秦家筑城备胡处，汉家还有烽火燃。
烽火燃不息，征战无已时。
野战格斗死，败马号鸣向天悲。
乌鸢啄人肠，衔飞上挂枯树枝。
士卒涂草莽，将军空尔为。
乃知兵者是凶器，圣人不得已而用之。

虽然我不具备文学评论家的水平，但对我来说，李白的这首诗就是一幅地理图卷。它从古至今（到李白的时代）、从不同的地域（有的我清楚，有的我不知晓）讲述无休止的战争所带来的灾难，质疑开疆拓土的意义。而盛唐强调周边民族的融合，摒弃一味的战事和作用有限的防御工事的使用。

李白这首诗把我引向《中亚历史古地图集》。我打开地图集找到盛唐时期的广大地域。简单地描述一下：盛唐的图形好似一根大骨头，两头大中间细。右下角的东南地域，是以黄河流域为中心的中华帝国的核心地带；左上角是广袤的西北区域；中间由河西走廊连接。

这幅古地图简明地展示了一个复杂的历史阶段，深刻地强调了各民族之间的贸易往来和共同富裕的重要性。盛唐是中国历史上的“黄金时代”，出自这一时期的视觉艺术，也反映了这个时代空前的开放和繁荣。

我眼前的文物是一个骑着骆驼的外族乐队，他们也许从西域来到长安演出，抑或是居住在百万人口的长安城外，大约五千人规模的“国际社区”里。这件精美华丽的唐三彩釉陶器物，生动地勾勒出盛唐时丝绸之路沿线民族和国家间的友好关系，多边贸易仿佛润滑剂，使得“多赢”的形势出现，国库充实，军事力量强盛，到处莺歌燕舞，处处富丽堂皇。据说，当时世界上最宏大的五座城市中，大唐独占四座。

来自丝绸之路的“软实力”，增强了支撑国家“硬实力”所需的财力。与此同时，中国北部远离跨欧亚贸易路线的广袤大草原上，霸主更迭，民族兴替，却由于大唐控制了丝路的东段，而被排除在体系之外。在6—8世纪，突厥人对唐朝虎视眈眈。而丝路贸易带来的收益，便能填平这些邻里纠纷所需各项军事开支的“沟壑”。

唐代名将李勣（594—669）在一次大破突厥之后，受到唐太宗的称赞。他说：“炀帝不择人守边，劳中国筑长城以备虏。今我用勣守并，突厥不敢南，贤长城远矣！”[①] 唐太宗二十余年的“贞观之治”，为“开元盛世”的盛唐时代打下了坚实的基础。唐代的富足、统一和进取，成了无需长城守护的样板。

① 见《新唐书李勣传》。

文物二十
千岁老人：辽代契丹贵族银质丧葬面具

不久前，地球上大约60亿人共同迎来了公元后第二个千禧年。然而在公元1000年时，世界人口总数仅为26500万，尽管这个数目也很庞大，而能将其面容保留至今者，则是寥寥无几。这件契丹贵族银质丧葬面具，面孔线条清晰逼真，面目特征栩栩如生，佩戴这个面具的墓主人就是一个见证了第一个千禧年的人。这副面具，不仅在时代，而且在地理位置上，对我寻找曲折离奇的长城故事，来得都非常及时。

辽代契丹人所修建的长城，在中国历代长城里最为神秘。辽代长城的遗迹，至今依旧蜿蜒曲折、时隐时现地呈现在蒙古草原的东部。在寻找契丹与这堵墙有关的文物时，除了一些破碎的陶片之外，我是一无所获。直到有一天，我在乌兰巴托最著名的成吉思汗塑像博物馆里与这件丧葬面具的邂逅，才打破了这种“毫无生气”的尴尬局面，因为它见证了契丹人从游牧民族到大辽帝国统治者的转变。

这座契丹贵族墓发现于蒙古国东方省。墓主人大约生活在公元980—1030年之间，他配有银质丧葬面具。从契丹丧葬习俗和随葬品的规制上看，他出身于中上等贵族家庭。

这件面具是根据逝者的脸形“量脸定做”的，先根据死者的面容制作倒模，然后用薄银片盖在模子上锤击而成。从大小、形状和特征等方面，面具最大限度地保存了逝者的容貌。一千年后的今天，我们依然可以辨认出这个契丹人的相貌：瘦长的面孔、略微凹陷的双颊、不大而稍稍噘起的嘴唇，上面长着稀稀落落的胡须、一个高耸的鼻子和深陷在眼窝里的半眯缝的双眼。

毋庸置疑，1922年由英国考古学家霍华德·卡特（Howard Carter）发现的古埃及法老图坦卡蒙的丧葬面具最为惊艳，举世闻名。而这件契丹人的丧葬面具则以精工细作、貌似活人而著称。契丹人有着灵魂不死的生死观，他

说明： 辽代契丹贵族银质丧葬面具。根据墓葬主人的脸形和面貌特征镂刻和锤打而成

意义： 建立辽代的契丹人肖像。他们是修建长城的非中原民族

来源： 蒙古国中部，大约 11 世纪初期

现状： 陈列于蒙古国乌兰巴托成吉思汗塑像博物馆匈奴展厅

们认为“形不散而神不离”。为数不多的契丹金银铜面，零星地出现于中国的北部和东北部，以及蒙古国广大地域的辽国历史疆域内。如今，不少契丹人面具被走私到世界各地，即使是银质面具，拍卖价也高达 10 万美金。这件文物的收藏者、已故的额德内楚伦先生是地道的蒙古人。2011 年，当我见到他时，他的爱国宣言令我感动：为了蒙古人民及其后代，我要阻止这件文物流失海外！他生前也一直致力于向蒙古人民宣传及展示民族的历史文物。

我们的千岁老人生活在辽代，是长城故事进程的中段和关键时期。契丹人属于游牧民族，他们在大唐摒弃长城三百年后，“重启”这项工程。辽帝国的建立是中国长城攻防舞台上一系列“意外”剧情的序幕。其后的四百七十年间，一拨又一拨的北方游牧民主宰着这片地域，先是契丹人，之后是女真人，再后是蒙古人。

在这副面具上，让我们看到了一张“胡尘时代”统治者的模样。自 4 世纪起，契丹部族在草原上扎根，后来得益于中原唐朝宽松的边境政策，逐渐将枝蔓向西南伸展。当大唐倾覆之后，契丹人已经从草原发展到平原。他们不断扩大地盘，最终到达华北平原的北部，并在此建立了陪都，称“南京”或“燕京”。从地理上看，当时的南京城就被掩埋在现代北京城市核心区西南部的地下。契丹人成了最早的“北京人”。

契丹人的国土东起大兴安岭，北至西伯利亚，向西伸展到戈壁滩，在南部直抵华北平原北部。在这个广袤的地域里，契丹人面对的挑战是，如何管理一个多民族多部落的复杂国度。继而，他们建立了古代的“一国两制”——帐篷和城市的二元管理系统：北方居住的大多是契丹人，他们住在随时可以拔营离开的帐篷里，他们由“北面官”管辖；而在南方定居和从事农业生产的汉人，则由“南面官”管理。

回到这副面具。尽管我们无法确认这位契丹人的眼睛看到了什么，但我们总是去想象他所看到的东西。那么，这位契丹的中等贵族所看到的他那个时代的社会和政治前沿是怎样的呢？他见证了契丹人——从居无定所的“帐”到居有定所的“房”和“墙”的转变；从以家族为核心的部族关系到多重的人际关系的转变；并契丹人所扮演的游牧民族和农耕民族的双重角色——一段兴盛的历史。

契丹人从打劫的入侵者变成有计划的建筑师、精明的商人和聪颖的外交家。邦交可能是契丹人最大的成就。契丹人建立了辽与汉人建立的宋朝南北并立，他们成功地改变了自己在宋人眼中的形象。在宋真宗（998—1022）统治的末期，大宋在辽的军事和外交压力下，放弃了对契丹一贯的歧视和嘲弄，转而采取了平等互利、互相尊重的方针。我们的千岁老人和他的民族一起逾越，见证了契丹人从宋人眼中的“北虏”“丑夷”“豺狼”变成了大辽——一个汉人眼中的“兄弟之国”。

文物二十一
致命配方：瓷雷

我曾经在宁夏地区保存完好的一段夯土长城沿线内侧，找到过不少釉陶碎片（参见文物五）。这次我行走在长城的外侧稍远的地方，又发现了一片。它的形态怪异，与众不同。与其他陶片一样，它的外表施釉，厚实，略带弧度，不同的是，它的表面有很多刺状的凸起。这个碎瓷片，估计只占整件物体的 20%。从弧度弯曲的程度，估摸它的整个尺寸，大约像一个大苹果。

我捡到的是四百多年前从长城上投掷过来的手雷爆炸后的残片。它的发现地点远离长城七十多米。我意识到，或许我阴差阳错地站在了明朝的古战场上。我猜想，要么当时正在做手雷“质检”；要么正与逼近长城的游牧骑兵决一死战。然而我无法找到这个外壳剩余的部分。后来在山海关长城博物馆里，我才目睹了这个“大苹果”的整个面目。然而让我最感兴趣的不是它的“外貌”，而是这件容器中曾经盛装过的“内涵”——火药。这就是本节我们要追寻的故事，它发生在宋朝。

火药是中国乃至人类最伟大的发明之一，然而这项发明却诞生于一次“事故”。所谓“火药”，最初，炼丹方士在用“火法”为皇帝炼制长生不老的丹药时，意外地发现，如果将硝酸钾（KNO_3，俗称硝石）、硫黄和木炭按 75%、10% 和 15% 的比例配制之后，非但不能使人长寿，反而会以惊人的速度让人丧命。它不仅会起火燃烧，还会产生爆炸，发生剧烈的化学反应，使空气迅速膨胀，产生巨大的冲击波，同时发出耀眼的闪光和震耳欲聋的“雷声”。这种配方在北宋《武经总要》中有详细记载。《武经总要》是宋仁宗赵祯（1023—1063 年在位）在抵御党项人和契丹人的边境战事过程中编纂的，是中国第一部由官方主持编修、集古代兵器之大成的百科全书式的兵书。火药催生了更具杀伤力的武器，从而使宋朝在“军备竞赛”中取得领先地位。

长久以来，游牧骑兵凭着反曲复合弓及娴熟的骑射技术，在战场上进退

说明： 表面涂釉、刺状，内装火药的瓷雷

意义： 瓷雷的使用是对发明于北宋（约 1044）的火药最完美的诠释

来源： 14 世纪的明代。20 世纪 90 年代初在居庸关长城重修过程中被发现

现状： 山海关长城博物馆

自如；中原汉人则通过对这些技术进行改进，制造出精巧的弩这一机械冷兵器和马镫来抗衡（参见文物十七）。到了宋代，借助火药来进行射击的“热兵器”开启了兵器发展的新时代。

但是武器的先进并不一定带来战争的胜利。宋代遭受了中原政权历史上最大规模的领土丧失。从北宋到南宋，再到蒙古民族建立的元朝，汉人王朝的土地一步一步地落入游牧民族的手中，直至被彻底吞并。

这件明代釉面瓷雷为我们提供了一些“内幕”。与其他武器一样，就爆炸威力而言，如果正中目标，毁灭性极大；如果偏离目标，就只是听“响”和看“亮”。所以任何武器优势发挥的关键，都在于如何掌控它的精准度。近距离的格斗，依靠力量、技巧和勇气，而远距离的投射武器，无论“冷热”，都得依靠投射者的综合素质：除了力量与技巧之外，还得有速度与熟练程度、直觉和协作。

弓弩手需要进行严格的日常训练，直至他们的技艺成为一种本能。他们能够迅速地调整射程和射击角度，从而准确地射中移动的目标。他们的武器成为臂膀的延伸。而依靠火药发射和投掷的武器更加复杂和致命。它们的装载过程缓慢而危险，因此更适合于攻击固定的目标。

尽管宋朝创造出了五花八门的新式投射武器，但它们总体上更适用于阵地战，尤其是攻城战。这种战争的特点是，需要大规模集中部署军队。对于骑兵来说，他们不过是一个大型的单一目标而已。

但边境战争则不同。瓷雷并不适合于通过机械装置来发射。一方面，投石机的装置太过笨重、复杂，制造成本极高，并不适合于在边防线上进行日常部署；另一方面，它们只适合攻击大型固定的或移动缓慢的目标。而在长城疆场，大部分战事的形式都是突袭和迅速撤退。机械发射装置根本来不及调试瞄准，更不具有人的敏捷与随机应变的能力。

在长城上使用这种瓷手雷，要依靠强壮、灵活有力的臂膀，这不仅仅需要一种技巧，而且要将多种技巧巧妙地结合；特别是在目标快速移动的情况下。预估目标的时速和移动规律是非常重要的。对所投掷的力度和对投掷轨道的掌握，决定了投掷距离的远近；还要考虑导火索燃烧的时间，甚至当时的天气状况。最关键的是投掷者的期待感。正像“箭雨”对骑兵的阻止一样，“雷雨”一旦锁定入侵者，定会将他们炸得丢盔弃甲、人仰马翻。

瓷雷设计成刺状的表面，爆炸产生的弹片会增强杀伤力，还可以增加摩擦力，使投掷者能够牢牢地握住它。要知道，手雷滑落带来的后果是灾难性的。手雷要提前装好火药，备以待用。为了防止手雷因受潮而减弱效力，上釉也是必要的。此外，瓷雷上釉可能也是为了看上去更加赏心悦目。这确实体现了中原王朝的工艺水平。

看似奇怪，即使在明朝，也就是宋朝发明火药四个世纪之后，甚至到了第一次世界大战时期，这种武器仍然是“用手投掷的雷”。先进的机械投掷装置的研制，经历了一个漫长的时期。

宋代武器更适合防守，而不适合进攻。火药的优势只是理论上的，不存在于实践之中。1127 年，北宋朝廷和上千万中原汉人撤离北方，来到南方，史称南宋。南宋开始了前所未有的发展：人口增加，生产力提高，商业贸易繁荣。但是，北宋朝廷的退却之策终将失败。很快地，他们便退无可退。1940 年，英、法联军防线在德国机械化部队的快速攻势下迅速崩溃，近 40 万联军部队在港口小城敦刻尔克展开了当时历史上最大规模的军事撤退行动。正像时任英国首相温斯顿・丘吉尔所说：“战争不是靠撤退而赢得的。”

文物二十二
舆图秘史：宋本《历代地理指掌图》

如果你马上要买新房子，欲在某地“筑巢”，你可能会得到这样的建议：别买什么书柜放书，那是装模作样、看似受过教育人家的门面货。倒不如只买平板电脑或者电子书阅读器，这样既能节约生活空间，也可以少砍一棵树，为地球环保做贡献。

2012 年 8 月，世界最大的图书销售网站亚马逊英国分站宣布：电子书的销售量第一次超过纸质印刷图书。这个消息无论你从哪里、用何种语言读到，也无论你喜欢与否，你见证了自九百多年前的中国宋代以来，出版印刷业最深刻的变革。

印刷革命不仅饶有趣味，而且与我的长城故事密切相关。几个世纪的印刷、保存、重印给我们留下了珍品《历代地理指掌图》，这是一本以历代政区沿革为主的历史地图集，其中共有地图 44 幅。每幅图附有图说，上自远古，下至宋朝，每个时代少则一幅，多则五幅。一般人认为，这本地图集的编撰者是北宋地图学家税安礼。到了南宋时，赵亮夫又增加了一张本朝建置图。它有不同的版本：南宋版、明朝版和清代版。最古老的、唯一存世的南宋版，现存于日本东京东洋文库。我亲眼见到过它的清代木雕版，就保存在离我家较近的北京大学图书馆古籍部里。这本图集是我们这一阶段旅程的必备读物，因为它的每一页上都标绘了长城。

雕版印刷术的确增加了印刷速度和数量，但是制作雕版却是费时费力的事情。每一页地图、每一根线条、每一个汉字都得事先反刻在木质模版上，需要学者和工匠们花费数月才能完成。除了木板、刻刀、敲锤之外，一双灵巧、机敏的手是真正的雕版工匠必不可少的。而只有在订购数量足够多时，这些工夫花得才有价值。

这本地图集为我们揭开了印刷术——中国四大发明（印刷术、指南针、

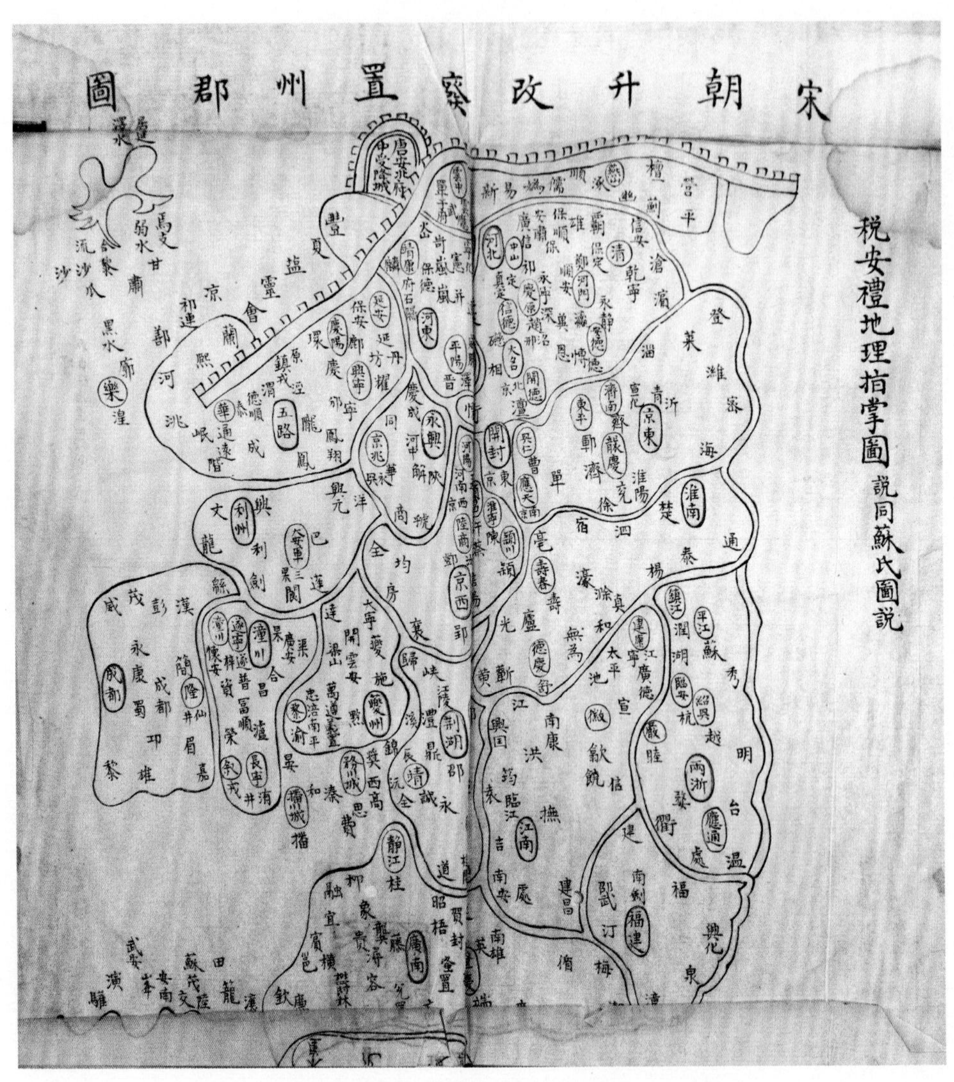

说明：这部宋本《历代地理指掌图》（以下简称《地理指掌图》）是清朝木雕版地图集

意义：是12世纪前标识有长城的历史地图集

来源：最初由北宋人税安礼编撰，后经南宋人赵亮夫续编。现存版本有南宋版、明朝版和清代版

现状：清代版现存于北京大学图书馆古籍部

造纸和火药）之一的奥秘。这一技术成为印刷出版业的基础，并且满足了新兴文人阶层获取知识的需求。在“重文轻武”的宋代体制下，要想出人头地，成为人上人，就得读书学习，参加竞争日益激烈的科举考试，与之相关联的是需要阅读大量的出版读物。印刷技术是满足与日俱增的出版物印刷需要的必要条件。在中国，盛行至今的各种考试制度，至少可以追溯到 12 世纪中叶。

一页一页地翻看这小巧玲珑的《地理指掌图》，我不仅可以将中国历史地理从南宋追溯至远古时代，而且还见证了普及教育的诞生。木质雕版和活字印刷术的问世，将更多的知识播撒于更多人的头脑之中，就像如今的数码技术，开启了一个信息传播和分享的“大爆炸”式的新纪元。

在我选择的 50 件长城文物中，有九件是地图类的文物，这本地图集是其中的一件，也是观感上最单调的一件。它白纸黑线，色彩单一，并且尺寸出奇地小，只有 23 厘米 × 30 厘米，与我们阅读的《美国国家地理》杂志大小相仿。而将它与唐代皇帝使用的《华夷图》（参见文物十三）相比，它简直如同“侏儒”。

或许《地理指掌图》的这些特点，正是如今图书责任编辑挂在口头的“卖点”：这本地图集从设计到出品，都定位在一个特别的“市场”——基础教材市场。它色彩单一，因而印制价廉；它小巧玲珑，所以携带方便。这本地图集的制作，目的既不是为了取悦皇帝，也不是为了讨好文武官员。第一批购买者恐怕就是生活在 12 世纪 40 年代前后的那些相信“学而优则仕”，因而备考科举的儒生们吧。这本地图集用简单、清晰和直观的方式，把悠久的历史信息浓缩到几页纸上，是为了让考生通过简洁、明了的方式记住它们。

《地理指掌图》是世界上最古老的历史地图集。欧洲人想到用地图册展现历史的时候，已经是 16 世纪了。

既然用地理讲历史，就要把历史真实地用地图反映出来。现在让我们来审视地图所包含的历史信息。那些长城图标究竟代表或者误传了些什么，是值得深究的。

逐页翻阅至地图集的 44 页，我发现了一种重复出现的“版式”：中国版图的形状张张相似，画出的长城也个个雷同。编撰者好像故意回避这样的事实：中国版图的形状和国土面积的大小，随着朝代不同而各异；历朝历代的长城位置也因版图的变迁而有所改变。相反，编撰者只有一个概念性的固定不变的模式和千篇一律的标法。至少对我这样的长城学者而言，真的令人失望。它不但看起来单调，而且信息不准确。地理学的“阳光”，根本就没有照耀到不同朝代的长城，或先秦时代的长墙上。

如果想从这本地图集里最大化地挖掘出我们想要的信息，那么，最好把精力集中在如何对我们看到的东西进行解释。比如这一成不变的长城的标识，在我看来，并没有反映真正的使用中的军事工事，只不过是一个地理标识。又比如“商九有图”。商代本来还没有长城，却不合时宜地画上了汉代以后的长城。编撰者只是把长城视作中原地区的边界符号而已。而到了宋代，长城已经成为废墟和历史的印记，这样的标识，就像在中华人民共和国的地图上标绘明长城遗址那样枉然。

然而，这种过于简单地把长城描绘成一个地标，则会误导读者，使他们认为中国长城自建成后一直修缮和沿用至今。事实上，在中国历史的66个朝代（政权）中，只有16个朝代修建或者继承了前朝的长城。历史上，长城的修建是一个不断重复的战略行动。但它绝非永久或时代连贯的军事工程，更不是这本地图集所表述的线路固定的地理标识。

最具讽刺意味的是宋朝的“当代”地图。如同其他时代的地图，宋朝地图上的长城，用敌楼隔出小指宽的间距，像一排纪律严明的卫兵，从西部戈壁一直排列到东方的大海边，给人一种整个北方边境都被长城围起来的感觉。而游牧的“蛮夷”都被安排在长城之外，但他们实际的领地已经延伸到了长城内，这一点却被忽略了，故意不画。

真实的历史是，到南宋版本印制时期，西夏、辽和金已经相继占领了宋朝的大片土地，并最终迫使这个政权的疆界退缩至南方。掩耳盗铃式的《地理指掌图》，是汉人政权自我构建的政治秩序的图像之见证。宋朝士大夫们一直对失去中原地盘耿耿于怀，他们中间的许多人都怀有恢复中原的志向。

这样的篡改，可能也是不承认异族对以上地区的统治吧！而真实的地图也只会让人们看到皇帝的丧权辱国和愚蠢无能，这无异于剥夺了皇帝“天选之子”的地位和南宋政权的合法性。

伦敦玛丽王后学院教授杰里·布罗顿（Jerry Brotton）是《12张地图解说世界历史》的作者。这本书近来在西方销售火爆。他的一段精辟论述道出了《地理指掌图》制作者的心声：“大多数地图绘制者将本国放在地图的中心位置，并且把观图者奉若神明，让他们用上帝的视角俯视大地，注视着只存在于凡夫俗子想象中的东西；这地图有意识地掩饰了某种真实性，而绘图者的‘小聪明’使观图者相信，他在地图上所看到的一切都是真实的，哪怕只有一小会儿。”

我相信《地理指掌图》在宋代，特别是在南宋，印数成千上万。如果确实如此，那么它第一次让如此众多的人可以像“上帝”一样，从空中看中国历史，但失实的、聊以自慰的地理，掩盖了真实而无情的现状：女真“胡骑”早已越过了长城，而未来更加不妙，一个空前统一，比女真人更强大的游牧民族——蒙古人，已经在北方虎视眈眈。

文物二十三
勒日挽风：蒙古马鬃旗的矛状旗头

关于长城，你所熟知的历史人物有哪些？中国人会说：孟姜女、秦始皇、戚继光等等（参见文物二、十一和三十六）。然而，如果你转身问一个“老外”，特别是西方人，大部分人会立即告诉你，当然是成吉思汗。

成吉思汗在西方人心目中早已大名鼎鼎。我经常去游人如织的八达岭和慕田峪长城旅游景点，看到、听到那些攀爬长城的西方游客一边呼哧带喘，一边还嘟囔着：哇！这么高，这么陡，怎么修的？真是不可思议！可是为什么它没能挡住成吉思汗的马蹄呢？

我心中暗笑，当然，明长城肯定是挡不住成吉思汗的。因为在成吉思汗时期，这座明代的“伟大的墙”还没有被建造出来！她是成吉思汗逝世后才建成的。修建她的目的，是为了防止被驱赶出中原之后的蒙古人卷土重来。即使游人所说的长城是指与成吉思汗同时期的西夏和金朝的边墙，那的确也没能起到作用。

他们这种不着边际的联想，是将不同的时代混为一谈了，是地道的“老外”观点。事实上，成吉思汗旗帜下的蒙古人，从来没有修筑过永久性的建筑，相反，世界上最强大的军事工程——明长城则是为防备他们而存在的。不论中国人接受与否，成吉思汗的名字是不可避免地与长城联系在一起的。

说起蒙古人在欧亚大陆的征战，他们无论是在突袭还是在围攻方面都是经验丰富的老手。研究表明，他们一路驰骋，不但野战无人能敌，而且攻破了一个又一个由坚固城墙围起的城池。蒙古人势如破竹的进攻，使得修“墙”成为多余。这一点我不赞同。而且，蒙古人的血腥杀戮，时时提醒着以华夏秩序恢复者自居的明朝人，为了不再重蹈宋朝灭亡的覆辙，唯一的选择就是成功地将蒙古人“拒之墙外”。这种信念驱使明朝人对长城防御体系进行了“二次发明”——他们必须修建一座比所有前朝“伟大的墙”更加伟大的军事工程。

说明： 马鬃旗镶金三叉矛状旗头

意义： 马鬃旗是蒙古人鼓舞军队士气的精神旗帜

来源： 蒙古国，大约 12 世纪晚期

现状： 陈列于蒙古国乌兰巴托成吉思汗塑像博物馆匈奴展厅

蒙古国前总统那木巴尔·恩赫巴亚尔，在2005年来华进行国事访问时，登上了八达岭。他赞叹道："是啊，长城真是一座'伟大的墙'！但是我应当加上一句，她是为了'伟大的人民'而修建的。"

接下来要讲述的四件文物将告诉大家，蒙古人是如何从分散的家庭部落演变成"伟大的人民"的国家的。难以置信的火力、全副武装的铁甲骑兵和高效的战地军事行动都起了重要的作用，但这些只是物质条件，要想对抗更加强大的敌人，必须组建规模大、组织性强的可靠军队，还要全体将士在精神上团结一致。做不到这一点，再精良的骑兵也只能用在部落与部落的打斗中。

这四件文物中的头一件，是大蒙古国时期马鬃旗的旗头——三叉矛头。蒙古语称"苏勒德"（sulde），意思是"精神之旗"。它的象征意义向我们展示着自然与精神如何激发蒙古战士内心的命运感。他们借此支配身体，通过征服而变得强大，从而将小我融入蒙古民族的大我。

当蒙古勇士战死疆场，他们没有树碑立传的习俗，墓地也不做任何标记，即使伟大的成吉思汗也不例外。身躯是否保存完好并不重要，重要的是他的灵魂得以永存，永远留驻在他的精神象征——马鬃旗的绺绺马鬃里。

虽然我不知道这件文物属于哪个部落、哪系宗族，或哪位勇士，但是再没有一件文物能像马鬃旗那样体现蒙古人的精神了。在成吉思汗统一部落的大业中，在征服西夏、金和南宋的路途上，靠着精神之旗为生存而抗争，为守护而拼杀，为获取而侵犯、掠夺。

如同许多文物残缺不全那样，这一件也不完整。残存的部分就像一把三叉戟。用铁打造的矛头已经锈迹斑斑。三个铁叉以对称形式展现，每一叉都如同一束火焰。中间的一叉呈现几乎完美的对称，已失去光泽的鎏金表面可见刻有众多精细卷曲的火焰纹理。侧面对称的两叉如同镜像体，矛尖向外撇，以保持平衡。

矛头以下的部分变成空心管状，原本安装有木制的旗杆；而且在矛头和旗杆的连接处，原来应该装着一个开有81个小孔的圆盘，是用来拴绑马鬃毛的。所有描绘蒙古人征战场景的画家，其作品中都绘有与这件文物一样的精神旗帜的形象，它在进攻的号角声中被高高举起，厚厚的马鬃临风飘扬，激励着蒙古勇士驰骋疆场，直至胜利。

杰克·威泽弗德教授是《成吉思汗与今日世界之形成》一书的作者。他在该书的导言中对马鬃旗的神秘意义做出了这样的解释：

> 数个世纪以来，在风云变幻、绿草繁茂的内亚大草原上，牧民勇士多半会带上一面精神之旗，或者叫“苏勒德”。苏勒德——就是在一根长矛的矛头顶端用最上乘种马的几绺鬃毛，绑扎其上制成的。无论何时安营扎寨，这位勇士就会把这面马鬃旗竖立在帐篷的入口处，以宣告其身份，并将其当作永恒的护卫者。马鬃旗总是竖立在户外，飘扬在蒙古人崇拜的“永恒的蓝天”之下。当马鬃被草原上几近不断的徐徐微风吹拂和摇曳时，风、苍天和太阳的力量就会被它们所吸收，并且它们又把来自大自然的这种力量传递给勇士，激发出勇士的梦想，召唤着勇士不断前行，引领着他离开此地寻找彼方，去发现新的牧场，创造这个世界上属于他自己的命运……

游牧民族最大的弱点就是“一盘散沙”。拥挤在狭小的蒙古包里生活的人们，很容易发生摩擦，相互间产生敌意；加上物资匮乏，甚至配偶的分配也不能均衡。草原民族有烝婚的习俗，即丈夫死后，要将妻子下嫁给他最年长的兄弟，甚至长子。这样一来，就省下了部族间通婚的彩礼。本部落妇女的生殖能力是一种不能随意“浪费”的资源。在严酷的生存环境中，多子多孙意味着家族的兴盛和更多的生存发展机会。但是这种婚姻风俗导致兄弟姐妹、同父异母和同母异父的孩子之间为争夺“统治地位”而产生不和，失去信任，甚至相互杀戮。

《蒙古秘史》是一部关于铁木真（也就是后来的成吉思汗）的生平和同时期的编年史。关于他的生平，最终大约在1230年被用文字记录下来，此前一直在蒙古人中口耳相传。他有这样一个传说：阿阑豁阿是五个孩子的母亲，在春季的一个日子里，她耳闻自己的两个孩子正在议论其他三个弟弟的父亲是谁。阿阑豁阿煮熟了风干的羊肉，让五个孩子一块儿饱尝。接着让他们并排坐下，发给每人一支箭，让他们折断。孩子们轻易地就折断了各自手中的箭。之后，阿阑豁阿又把五支箭捆到一起，交给孩子们去折。孩子们费了半天劲儿，也未能如愿。阿阑豁阿便对他们说，你们都是我生养的，若不齐心，就会像那一支孤单的箭一样，很容易被折断。如果大家齐心合力，就如同这五支捆在一起的箭，不易被人打垮。

和其他孩子一样，铁木真也听过、复述过这个故事。他心怀“不团结必羸弱”的意识更加强烈，因为铁木真自小就生活在充满冲突和报复的环境中。他的父亲也速该打败蔑儿乞人，抢他们的女人——诃额仑，使之成为自己的妻子，也就是铁木真的生母。后来也速该被鞑靼人毒死，铁木真杀死了他同父异母的哥哥，被泰赤兀部抓捕，后来逃脱。他的妻子孛儿帖被蔑儿乞人劫持作为人质，而她被救出时已经怀孕……1189 年，他终于被推举为自己的小部落乞颜部的可汗。此后的二十五年，他一步步征服了其他部落，最终统一了整个蒙古。

铁木真为赢得那些曾经对他充满敌意的部落的忠诚，采取了具有革命性的策略。他摈弃任人唯亲的用人方式，提拔和奖赏那些部族之外有足够忠诚心或有才干的人。正如《蒙古秘史》的英译者乌贡格·斡难（Ugunge Onon）教授所说的那样，成吉思汗采用三种关系来强化部族的凝聚力，即婚姻、结拜兄弟和建立深厚的友情。其统治集团的核心人物来自九个不同的部落，他们的信仰也是五花八门：有萨满巫师、佛教徒、穆斯林和景教徒。

据《蒙古秘史》记载：“1206 年（虎年），成吉思汗在额嫩河畔召开了忽里勒台大会，他被众人推举为全蒙古的大汗，萨满巫师和与会众臣，举起了九柄象征和平的白色马鬃旗，向他奉献‘成吉思汗’尊号。”在大会上，成吉思汗封赏开国功勋，封千户官 95 个，万户官 4 个。而持续的征战将进一步检验他们的忠诚。

蒙古人随时准备开拓新的天地。即使骑士们还没有备好鞍、装上箭、披戴盔甲，然而，统一在一面旗帜下的蒙古各部落的阵势，就已经对周边构成了震慑作用。金朝再也不能以挑拨蒙古部落的矛盾，来让他们自相残杀，“以夷制夷”的方式更不能给他们自己带来安全的保证。为征战而用黑色种马的鬃毛制成的新旗帜，指引着成吉思汗在13世纪早期征服了金朝，同时在经历了长达二十年你死我活的厮杀后，一举摧毁了西夏王国。

成吉思汗于征战西夏时，在位于今天的宁夏境内六盘山附近逝世。杰克·威泽弗德教授解释道：“蒙古勇士活着的时候，马鬃旗承载着他的天命；在他死后，马鬃旗变成了他的灵魂。尽管其肉体很快被遗弃在大自然里，但是灵魂却永远活在那绺绺马鬃之中，鼓舞着后代。”精神旗帜就是这样，将持有者的过去、现在和未来的继承者联系在一起。

护送成吉思汗遗体的庄严队列由精神之旗帜引导，经过40天跨越戈壁和草原的长途跋涉，终于将他运回到出生地不儿罕·合勒敦山（今天的蒙古国肯特省达达勒县境内），斡难河与克鲁伦河之间。

成吉思汗的精神旗帜成为受万世景仰的圣物。就像其他的国宝——可汗之玺，或《蒙古秘史》那样，被蒙古国政府妥善地保护至今。虽然白色马鬃旗早以无处寻觅，但黑色马鬃旗帜被他的一位后裔、名叫札拉巴扎尔（Zanabazar）的僧人保存了下来。他在成吉思汗出生地的附近，建造了一座寺院。

20世纪30年代，斯大林的军队诛杀了这座寺庙里的僧人。同样的命运降临在30000蒙古僧人身上，黑色马鬃旗也从世间消失了。不仅如此，偏执的苏联统治者为了确保成吉思汗出生和安葬地区不至于成为民族主义者的“闹事地点”，封锁了肯特省大部分地区，将它划定为“高度限制区”。

1990年，苏联的解体已经在朝夕之间，它控制下的卫星国，包括蒙古国，也走上了独立自主的发展道路，新的、体现由成吉思汗创立的大蒙古国精神的精神旗帜又被制造出来。这杆精神旗帜代表着蒙古国的过去、今天和未来，如今矗立在首都乌兰巴托苏赫巴托广场上的议会大厦里供人瞻仰。

文物二十四
百步穿杨：蒙古箭镞

现如今大部分国家武装部队里不仅区分各军兵种，还设置精锐的特种部队，如英国特种空勤（SAS）、法国外籍军团（FL）、美国海豹突击队（NS）等等。而当年的蒙古人则迥然不同，他们没有普通与特种之分，只有一个兵种，而且是最精良的兵种——骑兵。它是历史上规模最小的军队之一，但全军人强马壮，装备精良，训练有素，军心如一。这样一支仅由 9.5 万名骑士组成的部队，每人配备 60 支箭。如果全军齐射，570 万支箭形成的“箭矢雨”杀伤力可想而知。

展示在蒙古国首都乌兰巴托国家博物馆的这些箭头，把我的关注点集中在了蒙古骑兵令人惊叹的“火力”上。由于箭头的大小不同，形状迥异，各自的作用也不一样，通过对它们的分析研究，我们了解了蒙古人是如何从挽弓搭箭的猎手（参见文物八）变为令人望而生畏的战场屠夫的。

最大的几个箭头相当于我的手掌大小，呈扁平菱形，它们重 200—300 克，用于日常狩猎。它们被固定在相当于成人手臂长的箭杆上，需要由强弓和最强壮的弓箭手来发射。

固定靶射杀命中率高，然而在实战中，对手不总是原地不动。因而这些狩猎“游戏”就成了未来杀敌的战前准备。最初，孩子们安静地在兔子和土拨鼠的巢穴口潜伏，靠双腿追逐猎物。到青年时期开始骑马，跟踪和追捕奔跑如梭的羚羊。孩提时期的“捉”与“藏”、“追”和“逃”的技能，自然而然地直接成为战场杀敌的本领。加之大草原本来就是毫无怜悯之心的“练习场”，地广无垠、气候无常，是对人的速度和耐力、决心和信心极大的考验。当蒙古人在中原大地的战场上驰骋，尽管环境生疏，但与严酷的草原环境相比，还是更容易应对。

另外，作为与生俱来的猎人，蒙古人注重观察肉食动物如何扑杀猎物，特别是狼如何抓捕羚羊的（参见文物二十八）。他们模仿这些动物的生存技巧，

说明：大蒙古时期的箭镞（箭头）

意义：充分显示了蒙古人军事征服的战斗力

来源：蒙古国，大约12—13世纪

现状：藏于蒙古国首都乌兰巴托国家历史博物馆

比如踩点、埋伏、跟踪、打围、堵截；占据有利地势、扰乱敌方军心、掌握出战时机，甚至还有团队协作精神等。当他们成年时，便已经积累了一二十年马上实战经验，这些蒙古普通牧民，都已经成了名副其实的骑兵精锐。

相比之下，中原王朝的军队缺乏这种准军事训练，甚至正规的军事训练也略逊一筹，这是由汉人的定居生活方式所决定的。当游牧民族包括契丹人、女真人、蒙古人和满族人入主中原时，都会十分注重士兵狩猎技艺的保持和传承，从而维持军事霸权。元朝蒙古人不但保持骑射传统，还将汉人的优势（如火器）融会贯通。清代的皇帝都大力倡导贵族和官员开展狩猎活动。康熙说过："有人谓朕塞外行围，劳苦军士，不知承平日久，岂可遂忘武备！军旅数兴，师武臣力，克底有功，此皆勤于训练之故也。"[①] 乾隆也强调教养"满洲之道"（满语、骑、射与节俭），保持尚武精神的重要性。

其他中小型箭头大都是用于战争的。成吉思汗只给他的敌人两种选择：投降可免死，顽抗必歼灭。这是蒙古人的心理战。他们标榜必胜的信心，嘲讽和羞辱他们的敌人，释放那些亲眼见到他们残忍手段的俘虏，这样他们就会去劝降后来的敌人。散播恐惧是蒙古人武库中的一件杀手锏。

有一种带有孔洞的箭头——哨箭（中国的古代文献中称其为"鸣镝"），发射时可以发出声响。它们是用来发送信号的，但同时，也可用于扰乱敌人军心，击垮他们的精神。哨箭刺耳的"叫声"预示着一场屠杀的来临，同时也向敌人发出了无条件投降的最后通牒。

剩下的各种箭头则都是用于射杀敌人的。通过它们更细小、更尖锐的形状就可以判断出来，这种箭头仍然可以分成很多样式。体形稍大的箭头射程远；体量略重，速度稍慢的，适宜破甲（穿透盔甲）；个头较小，体形较薄，头部细窄的，可以深深地扎进身体，其杀伤力更大。

士兵对箭头的选用，不仅取决于射程的远近，还包括诸如战地特征、敌人的密集度和防御工事的坚固程度等。开战前，收集和掌握敌人的道路、河流、

---

① 见《清史稿·卷八·本纪八》。大意为："有人说我在长城外狩猎，让军士吃苦。殊不知，在长久和平的时期，岂能慢慢疏于军训！军威、军纪和军功都是在不断的训练中获得的呀。"

防御工事、政治和经济状况等有关情报非常重要。为了震慑对手，蒙古人在打心理战方面也是高手。他们故意虚张声势，令敌人感到对方的势力如此强大，任何抵抗都无济于事，以此来消磨敌人的士气；他们采用恐怖的战术，比如进攻时，把俘虏安置在前面，令敌人攻打他们自己的人，等等。所以在成吉思汗征服中原北方地域时，他的对手别无选择：要么投降，要么灭亡。

根据《蒙古秘史》记载，蒙古骑兵以千人为单位列队，总计 95 队。骑兵队伍里不仅有骑兵勇士，还有“随军家属”——女人和儿童。当男人在前线冲锋陷阵时，女人和儿童在后面照顾马匹，并且承担了为战士提供充足的马匹和箭支的保障工作。

制作箭头耗时费力，并且要获取大量成本高昂的金属资源。因此，很可能当一场战斗结束之后，女人就得去捡拾和打磨箭头，并且将重新修整好的箭装入男人的箭囊里。这些使我意识到，这就是多年来我在长城实地考察，从未发现和捡到箭镞的主要原因。

箭的制作，采用三种主要的原材料。箭头以铁为原料；箭杆常用白桦木条为原料；箭的尾部则用鹰或秃鹫的羽毛制作，这样做的目的，是为了保持箭在飞行时的平衡。鹿筋和鱼胶用来捆绑和黏合箭头及箭杆。除了铁箭头之外，其余的原材料均拜大自然所赐，因此容易获得，使用也很方便。在蒙古民族中，掌握炼铁、打铁技术的人数有限，所以生产新的箭头或重新熔铸废箭头，主要依靠那些在征服过程中，在地方上被俘虏的能工巧匠。箭铸成之后，还需要做打磨、削锉出锋刃等工作。

在成吉思汗统一蒙古之后，蒙古人与金朝、西夏的战争，对箭头的需求骤增。随着战争的发动，俘获工匠和获取的金属资源越来越多，使生产箭头的压力也得到了大大的缓解。

据估算，在 13 世纪上半叶跨越亚洲的战事中，每个蒙古骑兵射杀的敌军人数在 100—400 人之间。这台杀人机器的空前高效、异常残酷，是用若干代人积淀的经验、成千上万公里的骑行、成百上千次的战事的锻炼、上百万支弓箭对敌人的射杀换来的。

文物二十五
马上戎装：蒙古身甲与战靴

在蒙古国首都乌兰巴托，无论你走进哪一家超市或食品店，乃至全蒙古国任何一家商店，你都会发现伏特加酒占据了很大一个区域。不仅品牌繁多，而且几乎每种酒无不冠以成吉思汗的大名。一种毛玻璃瓶的精装伏特加吸引了我的眼球。中国的名酒“茅台”誉满全国，被称为“国酒”；而这款伏特加酒的品牌是“成吉思汗之银，蒙古人的骄傲”。金属浮雕标签上的成吉思汗，身披厚重的铠甲，肩负弓，箭满囊，骑在一匹精神抖擞的战马上，好不威武！

恰巧头一天的整整一个下午，我在乌兰巴托国家历史博物馆参观，探究一件重25公斤的蒙古全身甲和一双战靴的奥秘，蒙古语称为“哈坦古德格勒”（hatangudegel），意思是“钢铁般的战袍”。这时我十分好奇，这瓶伏特加酒标签上成吉思汗穿戴的盔甲和战靴，竟然与博物馆陈列的一模一样！这个盛装着俄罗斯烈酒的酒瓶，竟成了蒙古国古往今来的一个载体。

然而在我看来，这是一件典型的蒙古战甲。这种包裹全身的金属铠甲很笨重，据我估计，起码有25公斤，而且穿起来很不舒服，但能够保护它的主人免遭箭矢的伤害。实际上，这种铠甲最初应该只有大汗和他的将军才穿得起，直到蒙古大军大举西征、侵入中原腹地之后，蒙古骑兵才有了稳定的铠甲来源。看着这件铠甲，我不禁回想起当年蒙古人是如何利用铠甲作战，或者在没有铠甲的情况下，他又是如何迷惑敌人而取胜的。

根据《新元史·者勒蔑传》记载，1201年，铁木真在与泰亦赤兀惕部的征战中颈部被箭射伤。午夜过后，铁木真从昏厥中苏醒，感到口渴，但帐篷里没有一滴水。于是他的部将者勒蔑脱下衣服，悄悄地潜入敌营找水。者勒蔑非但没有全副武装，披戴盔甲，带领人马，相反他赤身裸体，赤手空拳，单人单骑出发，黎明前他带回了一桶发酵的乳酪。

说明：蒙古身甲（铠甲上衣）和带防护层的战靴

意义：蒙古骑兵的防护用具

来源：中国、蒙古国，14世纪初期的元代

现状：藏于蒙古国乌兰巴托国家历史博物馆

夜间冒险进入敌人的营地，保护者勒蔑的“盔甲”不是物质的，而是精神上的：是他的赤裸转移了敌人的视线。即使有敌人看到有人裸体穿越营地，会认为是自己人起床解手。要是他们认出了他，者勒蔑也可以假装是来投降的。这个故事教会了我们一个运用铠甲——或者不用铠甲——作战的小技巧：根据战场情势随机应变，扬长避短。

早期草原部落制作盔甲的原材料大多取自大自然，并且资源有限。比如我在该博物馆里见到的一款最简单的护身甲，它就是用牛皮绳将150多块信用卡一半大小的牛皮连缀起来的。皮甲制成后，每一块皮革的外面都要涂上一层热鱼胶，草原民族对鱼胶的利用由来已久，那是当年的“超级胶水”。当鱼胶冷却后，皮子表面坚硬无比。这种皮甲的重量非常轻，层叠状的甲片贴身舒适，穿它的人骑在马上，也能行动自如，而对战马也不增加负担，这款皮甲仅重六公斤。

在早期，有的盔甲的内里甚至衬有奢华的丝绸。几个世纪以来，中原王朝时常严格管控边境贸易，但不时地也会允许游牧民与邻居从事合法的贸易，当局通过实施这种安抚性的政策来确保帝国的平安。合法的交易品和礼品多为酒、药材、茶和纺织品等生活用品，任何能重新锻造成枪头、箭镞、剑和盔甲的金属制品都不允许交易。可能是偶然的因素，蒙古人发现柔软的丝质内衣，可以用作防护的军事用途。他们了解到，纤细的丝线纺织出的丝绸有韧性，很结实，即使是高速飞驰的箭矢也不容易刺穿，反而丝绸会将箭头包裹住，形成保护层。这种保护层，确保带有毒药的箭头，即使扎进肌肤，也能避免毒素进入循环的血液中，还能保证箭头迅速干净利落地拔出。

这件蒙古身甲与这双战靴，是乌兰巴托国家历史博物馆中的国宝级藏品，它们是蒙古鼎盛时期的骑兵防护用具的代表。身甲与战靴虽然来自不同的地域，但都同样出于“蒙古中期”，也就是14世纪初期的元代。一套完整的盔甲，除了身甲和战靴之外，还应包括头盔、护肩、护腕和护腿，这些我都在展厅里分别找到了。这种武装到牙齿的整套盔甲，反映了蒙古人从统一各个部落到征战四方一百六十多年里战争模式发生的变化：从出其不意到虚张声势、从速战速决到缓兵之计、从左右迂回到正面进攻。战争的节奏越来越慢。为了攻城略地，在防护方面有了新的更高需求，蒙古士兵开始全身着甲。一套完整的战甲重达40公斤。随着蒙古人占据了越来越多资源丰富的土地，俘获更多掌握先进技术的工匠，使金属盔甲的大量生产和普及成为可能。

这款铠甲是将薄铁片一片片地联结起来，并连缀在毛毡内衬上制成的。铠甲具有双重功能，首先可以保护人体躯干最脆弱的区域，包括身体里容易造成永久伤害的重要器官，同时衬里又可以保暖，尽管汉地江南的战场比草原的环境要温暖得多，但气候异常潮湿，并且每年都会有持续几个月的严寒。

战靴也具有防护和保暖的双重功效。对于长时间踩在马镫上作战，并且需要在近身格斗时迅速上下马的骑手来说，一双结实的靴子是不可或缺的。博物馆里的这双战靴也是我们已知最早的“安全靴”之一。战靴的皮子和内层毡子之间，加进了一层用原产中国的小铁片连成的“铠甲”保护层。它是在1953年，从蒙古国中部的后杭爱省一位老妇人手中收集到的。这位名叫达施拉格察的老妇人把靴子开了一个“窗口”，里面展示的真可谓是一个“合作项目”：皮子来自中亚，铁片源于中原，毛毡出自当地。而她并非为了战靴能在博物馆里供人参观而做出此举动的，她从战靴夹层里取出几片铁片赠送给即将参军的年轻人，用古代勇士的遗物鼓舞今天的年轻士兵。虽然曾经穿过这双42码战靴的勇士一去不复返，但是，我却能跟随他的足迹，感受到他征战世界的风采。

文物二十六
万骑如洪：蒙古马

每到一个博物馆，对于寻找跟长城有关的馆藏文物，用来给长城故事注入活力，我总是信心满满的。然而，我也不失时机地向博物馆馆长讨教，免得遗漏或与陌生而富有妙趣的馆藏擦肩而过。在蒙古乌兰巴托国家历史博物馆里，我请教了馆长萨鲁布彦教授。

之前在那里参观时，馆里的工作人员用“吸盘”将展柜的玻璃吸走，允许我与文物“面对面”观看：我掂量箭头的重量，通过抚摸尖锐的箭头来感受它的锋利，穿上全套沉重的盔甲，以体会蒙古骑士的内心世界，还有他们的力量。

“你好像忽略了一件最重要的东西——蒙古马”，萨鲁布彦教授郑重其事地说。“蒙古人能够赤膊上阵、赤手格斗，但无论如何，他们也无法赤足徒步。没有胯下的骏马，他们将无法在广袤而瞬息万变的疆场上纵横驰骋。”

“但马是活物，并非文物呀？”我心想。或许我能够在博物馆里挑选出一个“马图腾”，因为这种文物在博物馆里并不罕见。然而，为了不舍弃最佳的见证，最后我还是没有遵循常理，为讲述长城故事选中了生生不息的蒙古马。

在世界的“马厩”里有好几百种马，蒙古马就其身高来说最不起眼，成年马最高也不超过一米五，但它矫健、敦实，并且具有惊人的耐力。蒙古马平素的奔跑时速一般在20公里左右，一天跑160公里不在话下。每位蒙古骑兵常常备有三匹马。作战时备用马匹跟在其后，轮换使用，以保持比较高的行军速度。

蒙古马不仅仅用作交通工具。如果遇到荒野求生的情况，比如在穿越蒙古和中原之间的戈壁荒漠途中，勇士以富含蛋白质的马血解渴，以马肉充饥。

成吉思汗和他的继承者，将平日作为狩猎和运输工具的马匹用到了极致。

说明：蒙古马

意义：使得南侵中原成为可能

来源：蒙古国

现状：生生不息，遍及蒙古

蒙古马是他们征服世界的伙伴。蒙古勇士骑马征战四方，打胜仗后，又满载着异国他乡的战利品返回草原老营。可以说，正是战马载着蒙古人从贫穷奔向富有。然而，在攻打中原时，蒙古骑兵心知肚明，即使他们能够从中原获得想要的一切，也无法找到与蒙古马媲美的马匹。因此，他们驱赶着大量的马群一起征战。马匹需要精心照料，而优良的牧场是先决条件。随着大军的南下，理想的牧场日益难寻，马的健康更加难以保证。

正如它们的名字那样，蒙古马来自蒙古国的腹心地带，高海拔的草场和山地气候凉爽，水草丰茂。而向南到达今天的中国内蒙古地区，地貌、海拔高度、气候和植被条件已经有所不同。越往南方挺进，景观气候与蒙古人和蒙古马的家乡差异越大，而南宋的丘陵，简直是另一个世界。

古代中原的长城修筑者在修建这座人工军事屏障的同时，自然而然地选择和利用自然屏障，将山险、沟壑和沼泽等纳入他们的防御体系。从中国古代的司马迁，到现代的外国考古学者斯坦因，都描写过这种“借山”的方式。自五代十国时期，中原政权失去了燕云十六州之后，北部边界退至无险可守的华北平原腹地，于是继起的北宋政权对战国燕南长城加以改造和利用，同时开挖深壕，筑坝修渠，引水拆桥，并且设置鹿角栅、铺设铁蒺藜、种植密实的枣刺植被等，以这些方式层层设防，来阻滞契丹骑兵凌厉的攻势。宋辽边界一带纵横的阡陌，也叫蒙古马吃尽了苦头。

但因为黄河年年封冻，金人终于在1134年趁机攻克了北宋都城开封。宋人退守淮河以南，最终选择了三处天险作为防线。在西部的四川盆地以北，有被唐代诗人李白视为“难于上青天”的蜀道，在中部和东部，是没有封冻期的汉水和淮河。

一个世纪后，当蒙古人从背后征服了金国，逼近最后的抵抗者——南宋时，蒙古马群的行动受到狭窄的地形限制，逐渐失去活力，疾病开始蔓延。成吉思汗在攻打金国和西夏时，蒙古马还有机会回师北上，进入今天的内蒙古一带休养生息。到成吉思汗之子窝阔台时期（1229—1241年在位），战争已经深入到南宋腹地，由于距离太过遥远，回师修养已不可能。不服水土的蒙古马失去了优良的草料和食物——蒙古人认为庄稼和蔬菜是喂动物的——人也没了肉吃，没了奶喝。越是往南走，他们越是人困马乏，需要经常停歇和休整，他们被迫放慢了进攻的脚步，战事变成季节性的。

长江下游的一些河段宽至800米，这样大的水势蒙古人还是头一次见识。驱使俘获的工匠搭设浮桥成为常态。过江之后，有如迷宫的江南水网和分布其间的沼泽湿地，几乎成了他们无法逾越的屏障。蒙古马习惯了蒙古草原干燥的气候和冰冷湍急的河水，而江南闷热潮湿的亚热带气候，马容易烂蹄，人也极易患脚病和疟疾等。除了水土不服之外，蒙古人还要面对更多困难。他们的弓箭也不争气。在湿度达到90%时，弓的夹层就很容易绽裂。

南宋对蒙古人和蒙古马来说，是一块难啃的骨头。1235—1279年这四十五年的拉锯战在蒙古帝国征战史上也极为罕见。然而，南宋的火药终究敌不过蒙古人的马蹄。南宋的战败开启了北方游牧民族史上第一个新纪元，此前，欧亚草原上从未有过一个民族能够完全占有汉人政权的全部疆土。拥有一亿人口的南宋，1150万人死于战场。这使得宋蒙战争，即使用当代的标准来看，也是世界历史上最为惨烈的战争之一。

然而，一位中原的谋士刘秉忠在进谏忽必烈汗时说："以马上取天下，不可以马上治。"[①] 尽管蒙古马是世界上个头最小的马种之一，但它从出生地蒙古高原一直飞奔至中原帝国的最南端，跨越了25个纬度的地理空间，带领着蒙古骑兵从广袤无垠的荒凉草原到人口密集的都市；从不到100万人口的国度，到超出其人口100倍的王朝，建立了空前强大的帝国。

蒙古人建立的元朝，对中国的统治一直持续到1368年。最终，又被重整旗鼓的汉人驱赶至他们的出发地。这些蒙古马又回到了它们熟悉的水草茂盛的大草原，休养生息，等待着又一轮的南下入侵。蒙古人是否能重新凝聚为一，重振雄风，中原的新主人——明王朝是否能重建足够坚实的长城防线，或者另辟蹊径，来阻止曾经漫卷神州的如洪铁蹄，让我们拭目以待。

① 见《元史·刘秉忠传》，其大意为："陛下，您能在马背上征服一个国家，但不一定能在马背上治理它。"

第四章

长城的精华：

1368—1644 年间的文物

新生的明王朝将蒙古人赶出了中原。为巩固明朝统治，开国皇帝洪武帝，也就是朱元璋，把自己的儿子除太子之外都封为藩王，令其各自镇守一方，而把其第四个儿子朱棣封为燕王，封地在今天北京一带。后来他成了著名的“马背皇帝”——永乐皇帝。登基之后不久，他在元大都的基础上营建了新的首都——北京。

永乐皇帝为巩固江山，率军亲征，深入漠北草原，却驾崩在第五次北征的路上。这次失败的远征也使明军遭受了重大损失，身后留下了一座脆弱的都城。也正因为如此，北京以北的燕山山脉得以建起了最坚固的防线，成为连接沙漠到海洋的明长城全线中最为精华的段落。当时北京人口发展到七十多万，它便从一个小城镇变成为世界上最大的城市。

1448 年明朝第六位皇帝，正统帝朱祁镇为抵御蒙古的入侵，采取了轻率的军事行动，结果在长城脚下被俘，沦为蒙古人的阶下囚；1550 年，蒙古人对长城发动突袭，明朝守军弃城而逃，草原骑兵鱼贯而入；1644 年，长城见证了一场决定性的战役——它并没有发生在长城外，而是发生在长城内，战争的双方不是明朝与蒙古，而是宗室的软弱、朝廷的腐败和内部的叛乱，它们共同终结了大明王朝。闯王李自成的起义军推翻明朝之后，明朝的叛将吴三桂打开山海关的城门，迎接满清的军队。看似固若金汤的长城成了摆设。

文物二十七
天子守边：卷轴绢画《紫禁城》

谁会把一国首都建在靠近边境的长城边上？只有来自北方的“入侵者”会反复上演这出戏，大多数中原汉人王朝从防御角度考虑，绝不出此下策。

现如今，房地产开发商不厌其烦地向购房者推介：房地产的价值不仅在于建筑物自身，还在于它的地理位置。位于黄金地段的普通公寓，比偏远地区的豪宅更加昂贵。那么，再回到刚才的问题上，明朝为何要放弃原本安宁富饶的首都南京，而在战事不断的边境地区，营建一座历史上数一数二的丽都呢？唯一的解释是，赞成迁都的人期待着某种变化，或者亲自促成这种变化的发生。

明代永乐皇帝在登基之前，与其侄子建文帝进行了长达四年的内战。大胜之后，他放弃了其父洪武皇帝朱元璋建立的国都南京，也没有选择定都历史悠久、物华天宝的中原腹地。在过去的一千六百年间，中原王朝无不将国都修建在整个国土的心脏部位。国都离边境越远，马背上的游牧民族入侵的机遇就越小。想要攻打首都，他们即使快马加鞭也得花上几个星期。

距离是时间的“缓冲器”。昔日终南山下的长安就是因其优越的地理位置而闻名。许多王朝的都城均选址于此，仅周、秦、汉、唐四朝在此统治整个中原就长达一千二百年。然而，朱棣将他的新首都建在了华北平原贫瘠的北部边缘。除了地理位置靠近边境之外，这附近也没有一条大河，这样的“不毛之地”仅仅吸引来自北方的游牧入侵者。辽、金、元三代曾在北京地区建立南京、中都和大都作为首都，这些王朝的建立者都是北方少数民族。

这幅宏大的卷轴绢画，描绘了永乐皇帝皇冠上最明亮的珠宝，一座建在华夏世界边缘的皇宫——明代北京紫禁城。这座宫殿看似与长城无关，但如果扩展视野，让时光快进至1513年，我们将会看到明长城的形象被编织在绢画的顶部。如果这是一幅交互式的动画作品，我们可能就会看到，因敌人的大举进攻而从长城沿线烽火台上升起了一束束狼烟警报（文物二十八）。这

说明： 卷轴绢画《紫禁城》，1米 ×1.7米

意义： 明王朝国都宫廷图

来源： 明永乐年间（1403—1424），佚名画家，北京

现状： 中国国家博物馆古代中国展厅

些狼烟将从北方地平线穿过平原，传递到北京。

将长城和这幅画相联系的只有一个词：危险！因为皇室宫殿距此近得离谱。所以自从永乐皇帝迁都北上，长城的修建就成为重中之重的大事，这一修建耗时二百二十年。

现在让我们跟随创作者的脚步，造访一下这座皇城。绢画最下面连接灰墙的红色大门，是皇城的正门大明门，经过一对石狮子和汉白玉华表，我们进入宫城区域，来到承天门（今天安门）前的小广场。蒯祥大人在此迎接我们。他站在如此显著的位置，说明他的身份非同一般：他是紫禁城的总设计师。修建这座雄伟宫殿所用的石材、木料和来自整个帝国的能工巧匠的故事，均由这位设计师一一道来。

沿着中轴线跨过金水桥，进入承天门，再走进紫禁城正门——午门，我们就来到了皇帝朝会和举行庆典的地方。我们看到云雾中升起一片金色的屋顶。宫殿群以对称、平衡与和谐著称。御用风水大师会告诉我们，如何保持建筑的对称与和谐。然而，面对北方的军事威胁，这座宫殿是否足够安全？

要想知道北京紫禁城的地理位置是好是坏，大明朝的兵部尚书会建议我们登上紫禁城北面的景山。这是一座用开凿护城河时挖掘出来的土堆积成的山丘。登高远望，我们自然而然地被南边莺歌燕舞的宫廷和都市风光所吸引。然而，兵部尚书让我们再往身后看，这时我们才感到了来自北部大草原潜在的危险。

华北平原和游牧草原相隔仅仅50公里之遥，尽管二者之间的层峦叠嶂形成一道自然天险，但河流却在其中切出了无数河谷，成为入侵者进入中原腹地的通道。他坦白地讲，现在评价北京城的营建成功与否，还为时尚早。永乐皇帝的新首都其实是建立在了一场豪赌之上。当年成吉思汗及其子孙就南下攻入中原，改写了历史的进程。永乐皇帝则要以牙还牙，北上征服和修筑长城，根除年复一年来自蒙古草原的威胁。如果这位“马背上的皇帝”心如所愿，北京作为首都自然就有了安全的保障，而不至于惶惶不可终日。当然，如果事与愿违，恐怕只能是打道回府，撤回老家南京。

永乐皇帝决心已定，任何传统的说教和历史教训都不能使他动摇，相反地，他不在乎陈旧的历史教训，而是凭借着自己自信的天性和经验孤注一掷。孩提时期，他就被父亲派去做藩王，守护帝国边陲。他被封为燕王驻守九边重镇之一的燕京（今北京）地区。他熟悉北方，热衷于骑马、狩猎和打仗，这些后来成了他侄子建文帝的噩梦。

永乐皇帝登基伊始，就自然而然地将他的活动中心移至北方。那里有对他最忠诚的军队。那时，一方面蒙古草原民族缺乏像成吉思汗那样的英明的大汗，另一方面又分裂出了两个主要部落：瓦剌（卫拉特）和鞑靼。这些部落对中原的骚扰，使得永乐皇帝励志将他的这些敌人消灭在他们家乡的“摇篮”里。

他五次出征，但是十四年的征战，最后以失败而告终。第五次北征大约二十万将士丧命黄泉，连接北京至蒙古东部草原担任“后勤”运输的牲畜也损失殆尽，最终皇帝本人也心力交瘁地死在回师的路上。永乐皇帝的雄才大略败给了广阔无垠的蒙古草原。他的失败，清楚地传达了一个无奈的教训：没有人能一劳永逸地解决游牧民族的威胁，他们只能被削弱，却无法被征服。

伴随着永乐皇帝雄心勃勃的进攻性战略失败，修筑长城——打造一道永久性防御工事便成为基本国策。接下来的两个半世纪里，这座保卫紫禁城和整个明王朝的工程，永乐皇帝的继承人想舍弃都不可能了！

2001 年，在北京地区九眼楼长城上发现的石碑，镌刻着明代官员徐申赞扬长城功绩的诗篇：

登火焰山漫题二首

徐申（明）

天际丹梯拱帝州，高台插汉眺燕幽。
风云北极凭栏动，星斗西垂倚剑流。
龙啸层巅朝雨霁，虹垂大漠夕阳收。

幸簪白笔巡行暇，暂向青山纪胜游。

晓雾扬兵紫气重，振衣一上最高峰。
树从碣石晴霞绕，酒近华阳彩雾封。
双阙长风吹薜荔，九陵明月挂芙蓉。
群公环珮山云起，仿佛相携尘外踪。

文物二十八
敌情飞讯：狼烟

长城修建者死后被填埋在长城里吗？白色的灰浆是累累白骨化成的吗？能在月球上看到长城吗？在长城烽火台上报警的“狼烟”真是由狼粪烧出来的烟吗？

长城本来就有不少奇异传说，狼烟就是其中之一。它非但独特，而且延续至今，甚至成为汉语中表示战争警报的固定词汇。“狼烟”这个词的出现，可以追溯到9世纪前后的晚唐时期。

12个世纪之后的今天，家住长城边的老乡还是这样告诉我：当驻守在烽火台上的士兵发现敌情时，就点燃狼烟报警。据老乡们说，狼烟又黑又浓，可以直直地、冉冉地升上天空。如我们所知，没有火，就不会有烟。狼烟真是把狼粪放进火中燃烧而产生的烟吗？或者只是把来袭的游牧民比作狼，而用烟雾告诉大家“狼来了”？

几年前我曾参与一个纪录片的拍摄。作为主持人，我登顶一座烽火台，向观众现场解释烽火台的主要作用，就是从台顶传送预警信号。我点燃了一小捆干草，它迅速燃烧，烟呈灰白色，而且滚滚翻腾地进入天空。这时，我向火里扔进一个黑色的东西，意思是为了使白烟变黑变浓，加进狼粪，烟立刻由白转黑。我脱口秀出点睛之语：“由于没有时间去找狼粪，我用的只是黑色的烟幕弹，这是战争影片中时常使用的伎俩……”

玩笑归玩笑，狼粪的寻找和供应的确是个大问题。即使在没有实际动手做烧狼粪的试验之前，仅仅停留在逻辑思考的层面上，我就有不少疑惑。2007—2009年，国家文物局对明长城进行的全面调查结果显示，仅仅北京地区人工墙体就超过388公里长，共有敌楼和烽火台1510座，其中烽火台165座。如果我们设想一下，为每座烽火台准备一筐两公斤重的干狼粪以备用，那么所有烽火台就需要330公斤狼粪。以此类推，用在整个明长城上的狼粪得多

说明：狼烟，狼粪燃烧后冒出的烟

意义：边墙上防止敌人袭击和传递情报的预警系统所使用的原料

来源：长城沿线烽火台

现状：无形无态，瞬间消逝

少？这得花多久、到哪儿去找这些狼粪呢？！

蒙古狼是以几只到几十只为一群的群居动物，而且有严格的领地概念。研究表明，狼所占地盘的面积大小依赖于被捕食动物来源的多寡。小到十几平方公里，大到上千平方公里。如果狼粪是主要烽火原料的话，狼粪的寻找工作会是一个耗时费力的巨大工程。长城烽火传递功能在明代频繁使用，再加上之前至少5个世纪的需求，要做到供等于求是异常困难的。狼的生存依赖于被捕食的动物——羚羊，羚羊的种群数量又取决于大草原上草的多寡好坏。从明朝至今，人口从1亿增长到今天的14亿（2014年数据），几乎翻了14倍。为了养活激增的人口，只能靠过度放牧，中原北部草原的生态平衡遭到了毁坏。

世界上很多地域包括中国在内，人们在民俗心理上对狼的态度是负面的。例如，在英语中就有“把狼关在门外”的谚语（意思是避免饥饿与贫穷）。在中国，同样的表述，意思是阻止北方游牧民族的入侵。总之，狼是人们憎恨的对象，打狼是天经地义的，在长城内外广大地区，狼几近灭绝。可也没有听说任何长城学者或者大学研究机构做过狼烟问题的研究和实验。这一点都不奇怪，因为寻找狼粪，是一个可望而不可即的事情。没有狼哪来狼粪？

不论烽火是否与狼粪有关，转瞬即逝的狼烟现在已经是长城不可分割的一部分。要找狼粪只能去动物园。但是，粪便的成分和所吃的食物有着直接的关系。正像已故作家史铁生先生曾经说过的：“关在笼子里的狼已经变成了狗。”它们的粪便恐怕和野生狼粪也不一样。

在蒙古国大草原上，狼仍然占据食物链的顶端，它们从捕捉羚羊到野山羊，从追踪土拨鼠到偷猎家畜如马、牛、羊。最近一次对蒙古国的探险中，我在地广人稀的大草原上亲眼见到了狼的足迹，如同化石一般刻印在几乎干涸的哈努尔湖畔的盐碱滩，但我没有见到狼粪。

美国史密森尼生物保育研究所的动物学家柯克·奥尔森（Kirk Olson）先生已经亲临此地研究蒙古大型哺乳动物十五年。在他看来，蒙古人对狼的态度也是矛盾的。他说：“虽然在精神层面，蒙古人对狼是尊敬的，但在实际生活中，恐惧狼和射杀狼则是家常便饭。蒙古狼的图片难以找到，唯一能见到的是，狼的逃遁或者被射杀的场景。”

对蒙古狼描绘得最细致的恐怕应当数纪实文学《狼图腾》的作者吕嘉民（笔名姜戎）。他曾是北京知青，在内蒙古与蒙古放牧生活了十二年。他打过狼、钻过狼洞、掏过狼崽，也养过小狼。他写作的《狼图腾》成为中外畅销书。他把食肉动物与被食动物之间、狼与羊之间、野狼与家狗之间作比较，从而找到游牧民族与农耕民族之间的差别。在书中，主人公陈阵出于好奇，燃烧狼粪来检验狼烟的可信度……

> 不远处的山头上有几块浅黑色的巨石，远远望去，很像古长城上的烽火台。在更远的山头上也有几块巨石，陈阵眯着眼看过去，这片山地草原仿佛残存的一段古长城的遗迹。他忽然想起“烽火戏诸侯”“狼烟四起”那些成语典故。他曾查过权威词典，其上把狼烟解释成“是用狼粪烧出来的烟”。可他刚刚碾碎过一段狼粪，很难想象这种主要由动物毛发构成的狼粪，怎能烧出报警的冲天浓烟来呢？难道狼粪中含有特殊成分？他的心突突地跳起来，眼前这现成的“烽火台”，现成的狼粪，何不亲手烧一烧，何不戏戏“诸侯”？亲眼见识见识两千年来让华夏人民望烟丧胆的“狼烟”呢？看看狼烟有多么狰狞可怕。陈阵的好奇心越来越强，他决定再多收集一些狼粪，今天就在“烽火台”上制造出一股狼烟来。

但是试验的结果令陈阵大失所望。他在书中写道：“火堆越烧越旺，狼粪终于烧着了，一股狼臊气和羊毛的焦煳味直冲鼻子。但是狼粪堆还是没有冒出浓黑的烟，烧狼粪就像烧羊毛毡，冒出的烟是浅棕色的，比干柴堆冒出的烟还要淡。”看来，关于狼烟的问题早在三十多年前就已经有了答案。“狼烟”并不是狼粪烧的烟，只是隐喻狼（北方游牧民）的来袭。

古代的狼烟消散，我却听到狼的悲鸣：现代生态危机的蔓延，并不比古代的游牧民族的入侵来得更慢。找不到狼粪，说明狼近乎绝迹，它们只能躲在远离人类有限的空间里苟延残喘。狼的家园被毁，食物来源消失，整个食物链断裂开，只因人类的到来。他们放牧，继而过度放牧；他们繁衍，继而人口爆炸；他们从溪流中取水，继而大量开采地下水；他们采矿，继而挖空所到之处，再无复垦的可能……当水草丰美之地变成一片斑驳的废土，生活在那片土地的动物灭绝殆尽，我们这些所谓的高等哺乳动物，将孤独地为曾经的愚蠢而忏悔。人类向大自然过度地索取，大自然将还你一个寸草不生的沙漠，到那时“狼”可真的要来了！

文物二十九
致命出击：关城铁锁

我所挑选的长城物件，有的不仅仅是文物，也有功能性极强的日常用品，比如我在这里要讲的这一件关城铁锁。在今天的生活中，我们经常用到锁来锁我们的自行车、储物柜和家门等等。但我还是头一回见到如此巨大无比的城门锁，而且它的作用也不能小觑。它曾经把守过的关城大门，是明长城全线最为重要的关隘之一。也可以毫不夸张地说，它把守过大明江山的北大门，它是名副其实的守卫明王朝的“铁将军”！

我们可以想象一下，长城是由无数块砖石垒筑而成的，就像一支军队由无数个士兵组建而成一样，它需要一个指挥官。那么这个门锁担当的就是这个角色，它的作用非同一般。它是无数重大军事决策的见证：大门是锁住还是敞开？是处处防守、被动挨打，还是主动出击、随时进攻？是狼烟四起、人心惶惶，还是把敌人入侵的计划遏制在“摇篮”之中？是把长城当成边界，还是扩大长城周边的安全缓冲地？选择这把大锁就给了我探讨这样一个问题的机会：长城到底能否将北方的敌人拒之门外，“一锁了之”？

为了找到答案，我离开家，首先前往位于八达岭的中国长城博物馆，这把神秘的大锁就展示在那里。50公里的车程之后，我来到南口，这里是居庸关所在山谷的谷口。东西山坡上的烽火台依然把守着峡谷，如同卫兵站岗一般，一个连着一个。它们曾在长城和北京之间无数次传递军情。越往山里走，山的坡度越大，长城及其烽火台也就越密集。弯弯曲曲行进19公里后，终于来到山的尽头，前面又是一个急转直下的斜坡。断断续续的城墙在山间蜿蜒前行，或坍塌为废墟，或已被复建如初。继续向北，在山地陡降至平原之前，我们看到了最重要也是最著名的一段长城——八达岭。居庸关正是这段被称为“关沟”的山谷中的一个至关重要的大门。这把大锁也许就曾安装在居庸关的关门上。它如同一个人双手叉腰、恪尽职守地看护着关城，警告那些来往过客：

说明： 长城的关城铁质门锁，长 1.03 米，重 16.7 公斤

意义： 八达岭长城上居庸关的关城门锁

来源： 1997 年在修建北京八达岭高速路时被发现。

现状： 目前展示在八达岭中国长城博物馆

“嘿，进出长城由我说了算！”

关城大门有两扇，每扇有若干个手臂长度那么宽。尽管关城已经复建，我仍然能想象它原本的样貌。两边条石上的孔洞曾经安装着巨大的装置，控制城门的开合；门框左右齐腰高处有两个石洞，这里曾经是插入巨大门闩的地方，用以防止攻城锤冲破大门。城门上的铁钩是挂接门锁的地方。一切设施都证明，这里对于交战双方，都具有重大的战略意义。

那么，居庸关的位置到底有多重要？在一个晴空万里的清晨，我爬上蜿蜒起伏的八达岭长城，向四周瞭望，我所获得的感觉和经验比任何对关口的定义都来得清晰和生动。结合视觉和地图对此地进行360度全方位的观察，这里地理位置的重要性一目了然。真是天助人也！对入侵者来说，这里是崇山峻岭间的一条——可以最快的速度到达北京的——自然通道；一出南口，就是一马平川。对防守者来说，如果火力够强、方法得当，就可以扼守住这个咽喉要道，不仅可以将敌人拒之门外，甚至可以逼迫敌人远离崇山峻岭，回到他们的草原老营。

这个高度也是重新审视长城历史，乃至中国历史的最佳之地。我周围的长城绵延不断，在我的面前和身后，在我的东面和西面；在这座明长城之前还有其他朝代修建的长城。尽管历代长城的形态和形式不同，但在某种程度上，几千年来，中国人却总是持同一种防守思路，我很想知道其中的原因。大明王朝的皇帝对这些古老而熟悉的敌人，使用千篇一律的招数，陷入了与他们的老对手你追我躲、你攻我守的怪圈之中。难道他们还没受够吗？

中原汉人经过五百年丧失政权的痛楚之后，到明朝时期终于夺回了他们应有的土地。明统治者必然一门心思地坚守北方的前沿阵地，将长城作为他整个防御计划的基石。然而，长城也在不断发展，它的成功还取决于多种因素。它是纯粹用来防守的，还是可以将它视作“盾牌”，防守者可以凭借它主动出击？

与现如今的国家边境不同，长城并非只有一道，长城也并不是真正意义上的边境线。明初统治者均试图出兵，占领和控制长城以北的更大的区域。

永乐皇帝所组织的五次北征就是典型的例子。在 1449 年，永乐皇帝第五次北上失败后的第二十五年，居庸关的关门敞开，50 万装备精良的大明军队从这里出发，与瓦剌部落首领也先统率的两万骑兵决一死战。

如果不从历史角度，而把它作为如今报刊新闻，那一定是头版头条：蒙古骑兵以 1∶25 的劣势大胜明军。在规模较大的战场上，战斗的胜利不仅仅取决于人数和装备精良与否，还有很多难以衡量的因素。比如一个士兵的价值，或者统帅的重要性。

如果我们再加上一个史实：明军由皇帝亲自统率，战胜敌人看起来毫无悬念。然而，事实上此皇帝不是彼皇帝，22 岁的正统皇帝没有他太爷爷永乐皇帝的才能，既没有马背上的经验，也没有四十年的实战经验，更没有太爷爷的远见卓识。在司礼监太监王振的挟持和误导下，他盲目自大地率领明军进入了瓦剌军的"埋伏圈"。更加令人意想不到的是，最终的战事发生在距离坚固的八达岭长城、忠于职守的居庸关关城仅仅 50 公里开外的土木堡。

不仅明军全军覆没，正统皇帝朱祁镇本人也被瓦剌军俘获，成为中国历史上唯一被"绑票"——要挟中原、勒索赎金——的皇帝。然而他的同父异母兄弟，取代他即位的景泰皇帝拒绝缴纳赎金，于是正统皇帝变得毫无价值，最终蒙古人把他释放了。回到北京的正统皇帝被囚禁八年，直到 1457 年，景泰帝病重，他像他的太爷爷一样，"夺宫"上位，再次"出山"，第二次成为皇帝，改号天顺，又成为中国历史上唯一登基两次的皇帝。

明代除了永乐皇帝本人积极走出关门，主动出击北方游牧民族之外，其余的皇帝大都以修建、加固长城，保障平安为国策。正统想要改变国策，然而他的失败说明这种改变是不明智的。当我看到这把铁锁时，我只是想知道国门是否能一锁了之。可是在追寻答案的过程中，我却发现，长城的守卫者不可能总是把自己关在里面！

文物三十
瞄准射击：手铳

躺在我腿上这个老掉牙的家伙，与我写作使用的笔记本电脑“同床共枕”，使我有一种奇怪甚至恐怖的感觉。它被称作“手铳”，是世界上第一次大批量生产的火器。它已经有 635 岁的高龄了！

它不长也不短，有我胳膊肘到指尖那么长；它不重也不轻，拿在手里当作看门棍，也一定不负众望。它看上去黝黑冰冷，沾满泥土的枪管上面，星星点点地散布着青铜器特有的绿锈斑迹。若把鼻子凑上去闻一闻，可以嗅到一股臭水塘的味道。手铳的前膛，刚好允许我的大拇指进入。从这里可以一直通到球状的“药室”，上面有个洞，是用来点火发射的装置。它和前膛相通，我用嘴从枪口向枪管里吹风时，这个洞口可以感觉到丝丝小风。

简单地说，它是古代单兵使用的、用火药发射弹丸的管形火器。当结实的枪膛中发生剧烈而可控的化学反应，飞散的弹片伴随着高温、冲击波、噪声、硝烟和火药味从枪口爆发而出，射向敌阵。除了前膛和药室之外，尾部中空，可安装木柄，便于发射者操持。可想而知，这个手铳在吱吱嘎嘎地点火之后，随着砰、砰、砰的爆炸声，毁灭了多少鲜活的生命。

在英文里，这个“小魔鬼”被称为 blunderbuss（喇叭枪），它源自荷兰语 donderbuss，意思是能发出雷鸣般响声的管子。它的响声震耳欲聋，比它的杀伤力更令人恐惧。我拥有它已经好几年了。突然有一天，我心血来潮，拿起手边的放大镜开始细细观察它的每一个凹槽、每一道划痕、每一个绿锈斑迹。我发现，前膛圆筒上刻有 44 个汉字，分三列刻出。字迹有的清晰，有的模糊，我笑称它们为“猫抓痕”。其中的 38 个字，可以借助放大镜揣摩出大致的意思：

监局镇抚李过 ×× 造军匠 ××

说明：手铳，青铜火器，长 43.5 厘米，是短枪的雏形

意义：15 世纪，在长城一带大量使用

来源：明洪武十一年（1378），在山东沂州（今临沂）铸造

现状：作者个人藏品，1996 年购自北京琉璃厂

沂字七百四十八号长手铳一个重三斤九两
洪武十一年 × 月 × 日沂州卫造

这个手铳从火器作坊进入我们的长城故事，正值大明朝初期的1378年。在此十年前，明太祖朱元璋刚刚从蒙古人手中夺回统治权，平定中原，并将北元残余势力驱赶至大漠以北。为了防御当时实力较强的瓦剌、鞑靼和阿鲁台部侵扰边境，明朝在北方战略要地增建了许多烟墩、关堡和壕堑，并设立了辽东、宣府、大同、延绥四个重镇。

最初，出于安全和市场管理的考虑，朝廷设立的军器局和鞍辔局（兵仗局）垄断了这些高科技武器的生产和销售。洪武八年之后，增加了火器的生产规模，使明朝火器制造权从中央扩大到地方。永乐七年（1409），永乐皇帝建立了世界上第一支全部装备火器的部队神机营，同时一部里程碑式的火器制造专著《火龙经》印刷出版。

从这个手铳的铭文上看出，每支手铳都是经过编号的。据估算，在正统、景泰和天顺（1436—1464）时期，包括手铳在内的各式火铳就生产出10万支。15世纪是中国研究、发展和大规模使用火器的时期。

长城两侧持续的冲突，促进了中原地区武器装备的发展。压力越大，推力越强。有趣的是，14世纪的前几十年，明长城还没有大规模修建之时，北方前哨的士兵所使用的武器，仍然是刀、剑、长矛和弓弩，与一千五百年之前修筑汉长城时使用的武器并无二致。但是在14世纪后期的几十年里，随着技术的快速发展，冷兵器与热兵器相遇的时期到来了。

巡视边关的将领和官员腰带上挂上了新的玩意儿：装手铳的皮革套、装火药的袋子和在枪管里填充火药用的木杆。他们站在了军事科技爆炸式大发展时代的门槛上。虽然烧开的液体、着火的箭头和点燃尾巴的动物这种所谓的"热兵器"存在的时间已经上千年了，但是手榴弹、地雷、火枪和火炮给"热兵器"重新做了定义。前者依赖于积蓄的外部能量，而后者则靠的是自身产生的能量。这是持续至今13代人的"热兵器"发展的开端。如今，经过训练的狙击手，已经能够使用手铳的"后代"——步枪，在两公里之外就能让他的目标一命呜呼。

那么，在 15 世纪时，手铳的创新表现在哪里？在长城沿线的战争中，它的优势究竟有多大，又体现在何处？它是否能在敌军的重围中极大地鼓舞防守者的士气，打破围攻，提高他们的战斗力？或者在最坏的情况下，它是否能成为长城上近距离交战的制胜武器？

其一，手铳是单兵武器；其二，它不仅仅喷出火焰、产生震动、散发毒气和其他化学物质，而且还是一个手动发射装置；其三，由于使用历史悠久、十分成熟的先进的金属铸造工艺，金属枪管可承受更大的压力，能够填装更多火药，弹药通过枪管和枪口射向目标的爆发力就越大，使瞄准目标射击成为可能。

另外，早期的手铳称作火枪，是用竹子制作的。这些用竹管做成的火枪，其效能受到气候条件的制约。在南方，这种竹管枪可以反复使用多次，而在北方，由于天气干燥，自然就会出现干裂。所以金属铳的第四个优势是，可以反复填装弹药，再次使用。最后，由于这种"点射"武器是新生事物，因此肯定也使敌人感到神秘不可测，胆战心惊。

但是手铳的短处也是显而易见的。从装填到发射，是一个复杂的过程，在面对马背上迅速移动的敌人时，操作手铳的人面临着很大的危险。火药和枪弹要从前面装进铳管内，燧石、火绳和扳机此时尚未出现。那时的手铳操纵者需要花费很长的时间装填弹药。他要携带一定量的火药，放在一种特殊的袋子中。八达岭长城博物馆就收藏有这些标本。这袋子是圆形的，用皮革缝制，有握紧的拳头大小。装填手铳时，千万不能过量。牛顿第三定律（相互作用的两个物体之间的作用力和反作用力总是大小相等）为我们解释了过量装填火药的后果。

最后，当士兵填充好火药，并加入一些增加杀伤力的碎物之后，就可以发射了，但是基本没有安全保险。火药和霰弹的爆发力也产生了巨大的后坐力，可能伤及发射者。如果手铳直接握在手里，后坐力可能使整个铳体高速撞击发射者的肋骨或者腹部。因此，手铳后面铸有一个尾銎，并插在木质的长杆上，使用时可以顶在肩膀上或直接插在地上。这样的设计使手铳变得更加安全。

对训练有素的使用者来说，它的精确射程也只有15米，并且每发射一次都要至少花一分钟的时间重新装填。如果我的指挥官问我，是否愿意用手铳代替弓弩，我会毫不犹豫地拒绝。我更愿意用自己熟悉的精准和高效的弓弩。看来，单兵火器的使用，并没有给长城守军带来太多的优势，最多也就是增加了有限的威慑力而已。

的确，手铳的使用是火器发展史上的重要阶段，但要使它可以更安全、简易、快捷地使用，需要改进的时间。这就是在这支洪武手铳铸造后的一个半世纪里，手铳在长城上的使用还是很有限的原因。名将戚继光（1528—1588）在他的《练兵实纪》中很谨慎地讲述了火器在长城上的使用。尽管火器在南方能得心应手地使用，但长城所阻挡的是那些快速移动的目标，还要考虑北方的疾风影响，“热兵器”的使用，在适用性和可靠性上都存在问题。

毛泽东曾说过：“枪杆子里面出政权。”在明代早期，明军只是发现了枪杆子的潜能，而政权仍旧依靠弓箭和刀剑等冷兵器的支撑。直到几个世纪之后，士兵才能充分享受它的效能，同时也遭受着它带来的痛苦。

文物三十一
草原贡品：韩幹《呈马图》

2012 年 5 月，在中蒙关系史上发生了一件史无前例的事件：中国向蒙古赠送马匹！在我看来，这就如同向盛产煤的英国纽卡斯特尔赠送煤炭、向中国云南赠送茶叶一样有趣。两千多年来，马匹的来源方向绝对是由北向南。战争时期，铁骑战马狂奔而至；和平时节，赋贡贸易络绎不绝。

到目前为止，我们已经与马背上的弓箭手——骑兵“遭遇”；也领教过了马镫子的发明让骑兵所具有的战斗力；还了解到强健的蒙古马背上的蒙古人征服四方的成因。这里又是一个有关马的故事，只是有些令人困惑。为什么一个又一个的朝代，总是接连不断地从“长城那边”寻求马匹？

在向自己提出这个问题的时候，我既不是站在长城边上，也不是深入蒙古草原的马群之中，而是在大洋彼岸的美国，踱步于华盛顿特区的史密森学会弗利尔美术馆。这会儿，我正目不转睛地欣赏着一件伟大的中国艺术品，它是一幅四米半长的卷轴绢画，名字叫《呈马图》。怎么画的又是马！岂不老生常谈？一个朝代接着另一个朝代，马、马，更多的马，怎么也画不够？！

两千多年来，在各种工艺品题材中，无论是青铜器、陶器，还是绘画，马匹的形象可谓经久不衰。名目繁多可以列举一串：从西汉汉武帝陵墓中出土的鎏金铜马到甘肃武威出土的东汉铜奔马雕塑，又从各式各样的唐三彩马，再到历代画马大师如唐代的韩幹、元代的赵孟頫和清代的王致诚［法国传教士让 - 德尼 · 阿蒂雷（Jean-Denis Attiret）］的巅峰之作。正如现代的汽车不过是四个轮子的代步工具，马也不过是四条腿的运输工具，而艺术家却能从它们的平凡中发现优秀的特质，并把它表现出来，使之脱颖而出，成为引领时尚潮流的艺术品。

在盛唐时期，马可以作为艺术的表现对象而达到了登峰造极的地步。画马大师韩幹笔下的马匹栩栩如生。他摈弃以往画家的传统画法，用不拘一格的技巧，花大把的时间在马厩和禁苑里，以真马为模特，实现了他对马的灵感的发挥。这幅《呈马图》上绘有经过精心装扮的三匹骏马和四个看似来自中亚的牵马人。

这似曾相识的场景，使我想起英国传统的赛马大会。赛马之前，各个参赛骏马要由养马人牵着绕场一周向观众展示。这里可能是为大唐皇帝的召见做准备。遗憾的是这件作品却是一件令人惊艳的假货！绘画的顶部写有“韩幹呈马图”，但博物馆认为这张画并非韩幹的原作，而是八百年之后明代的赝品。然而，这也证明人们对马的喜爱和对马匹的需求是经久不衰的。草原上的马速度快，韧劲强，它不但是国家的珍宝，是重要的军事资源，也是精美的艺术品。不论出于欣赏还是获利的目的，明朝人对韩幹笔法的模仿，都是对一种艺术风格的认可和致敬。

然而，马毕竟是实用工具，而不是为艺术而生的。马不能自由穿越边境，而是要通过贸易或战争来获取。卷帙浩繁的茶马互市记录表明，游牧民族的马比中原的马更强壮，跑得更快，是一个“品牌”。公元前300年，在匈奴人入侵的压力下，为了有效地与之抗衡，中原君王就开始穿胡服，练骑射，模仿他们的敌人组建骑兵。为了与敌人抗衡，中原需要速度更高、耐力更强的良马。这可能就是中原人寻求“千里马”的原因，而且由来已久。

所谓“天马”的称谓，是对产自费尔干纳盆地的大宛国（位于今乌兹别克斯坦境内）马的赞许。公元前138年，西汉外交使节张骞出使西域，使汉武帝得到这种骏马成为可能。连年的战争使汉朝保有“天马”的数量十分有限，但已经体现了显著的军事价值。东汉名将马援（公元前14—公元49）评论说：“行天莫如龙，行地莫如马。马者，甲兵之本，国之大用。安宁则以别尊卑之序，有变则以济远近之难。”[1]

千年之后，这种四处寻马的情形丝毫没有改变。马匹数量多、质量好的同时，还需要训练有素的骑手。二十四史《新唐书》的修撰者之一、宋朝的

---

① 见《后汉书·马援列传》。其大意为：在天上飞非龙莫属，在地上跑非马莫属。马匹，是军事的根本和国家的基石。和平时期可以用骑乘的马匹来区别尊卑秩序，战争年代马又是高效的武备利器。

翰林学士宋祁（998—1061）这样说过：“中国马少，又人不习骑，此中国之短也。每至敌来作过，则朝廷常以所短禦所长，是以十战十负，罕有胜理。今议者但欲益兵破敌，不知无马且不能为兵也。”[①] 中原王朝在马匹供应上一直存在以下几个棘手的问题：来源难、数量少、牧场不足和品种退化。当中原获得了足够的马匹时，新的问题随之产生。马匹需要精心饲养，这就要求有足够的空间来放牧，但中原的土地已经开垦得差不多了。

马匹并非中原腹地的原产动物，它们盛产于寒冷的北方和西部中原政治影响相对弱的周边地域。只有在政治气候合适的时候，中原才有可能获取马匹资源。例如，在中原政权足够强大时，周边政权会通过向中原赠送礼品表示友好。如果作为属国，则需要每年进贡，最好的贡品当然是中原没有的东西。对草原民族来说，马是最理想的贡品。在给予丰厚的回赠之后，贡马将被分配给皇室、贵族和军队。在和平时期，中原的另一个获得马匹的途径就是边境互市，战争时期如果走运，还可以缴获一部分马匹。然而，要想通过这两种方式获得大量的马，机会微乎其微。

草原上的马源充足，并不等于中原腹地马匹够用。马匹的“逆差”是一个持续不断的问题。游牧民族的军队，大多以万人为单位，但中原的军队少则十万，多则几十万。宋祁的策略是，使用数量具有压倒性优势的步兵。

马源难于补充和马匹繁殖困难的问题，在采取进攻策略，冲出长城与敌人短兵相接的时候更加凸显。尽管汉武帝漠北之战大获全胜，但是战马的损失也异常惨重，80% 的战马倒毙他乡。

明成祖朱棣曾说过：“古者掌兵政谓之司马。问国君之富，数马以对。是马于国为重。”[②]

---

① 见《景文集·卷二十九·奏疏·论复河北广平两监澶郓两监》。其大意为：中原好马数量少，能驾驭好马的人也很有限，这是中原人的弱势。因此每当敌人来犯，朝廷就用自己的短处去对抗敌人的长处，故每战必败。一些人只晓得通过加强武器装备来战胜敌人，他们没有意识到，没有足够的良马，想要打造一支能攻善战的部队是不可能的。

② 参见唐克军：《略论明代的马政》。其大意为：古时候把管理马匹的官儿叫“司马”。假如你想知道一个游牧民的统治者的富裕程度，就数数他拥有多少匹马。可见马匹对一个国家来说是多么的重要。

意义：描绘战马这种既有用又有鉴赏价值的艺术品

说明：韩幹《呈马图》卷轴彩色绢本，长 458 厘米，宽 35 厘米

意义：描绘战马这种既有用又有鉴赏价值的艺术品

来源：唐代画家韩幹（715—781）的《胡人呈马图》晚明赝品

现状：美国华盛顿特区史密森学会弗利尔美术馆收藏

朱棣当皇帝初期，马匹拥有量仅仅 4 万匹，经过进贡、俘获、交易和饲养等各种方式，马匹的总量猛增到 150 万匹之多。然而，1424 年第五次（最后一次）北征惨败，损失了将近一半马匹。1449 年，他的后代在令明朝蒙羞的土木堡之变中，又失去了大量的战马。马的充实总是赶不上突如其来的损失（参见文物二十九）。

这种毁灭性的损失影响了未来的军事战略，明朝开始采取措施，寻求迅速补充马匹的方法。明代长城沿线在兵部管辖之下，开通了 13 个茶马市场。但是马市的正常运行，取决于当地的客观条件。在中国国家博物馆的馆藏品中就有一件历史文献——《兵部报告张家口蒙汉马市完竣行稿》（1637）——记录了张家口茶马市场在短暂关闭之后重新开市。其内容大意是：茶马市场重开，官员和商人蜂拥而至，商品琳琅满目，雪花白银如同天上的星星数不胜数。不仅官员和士兵可以买到骏马，就连普通百姓也从中得到了实惠。不到一年，边墙旧貌换新颜，军队将士也身强力壮。

马在繁殖过程中的退化问题，也一直困扰着中原王朝。中原人通过贡赋、俘获、交易等渠道得来了良种马，却交配不出与种马相媲美的后代。人工繁殖的廉价劣马又将昂贵的良马挤出市场。那么，为什么中国人不能让优良的种马自然繁殖呢？这也是晚明茶马互市史研究领域中的一个耐人寻味的课题。

耶稣会信徒利玛窦（1552—1610）给了我们一个可能的答案。在《利玛窦中国札记》的第三章《中华帝国的富饶及其物产》中，他谈及中原马的问题时说：“中国人有为数众多的马匹用于军事，但是这些马缺乏斗志，甚至听到鞑靼人的马嘶声就闻风丧胆。所以骑这种马作战毫无用处。”

似乎生长在大草原上的马一来到中原定居，就丧失了其原有的习性。这种明白无误的退化现象还从来没有令人信服的解释。是某种疾病或者某种缺陷造成了繁殖过程中退化现象的发生，而且长达一千五百年之久，还是单纯地由于远离家乡寒冷的气候和缺少丰美的水草所造成的结果？

在历史上中原人是否能成功和持续地驯养出高质量的战马，依然是个千古谜题。根据俄罗斯历史人类学家列夫·古米廖夫（Lev Gumilev，1912—

1992）教授的生态环境研究成果，中国土壤中缺乏一种叫硒（Se）的非金属元素，影响了动物和人类的细胞功能。马匹对硒的摄入量很敏感，过多过少都会影响它们的健康和生育。

古米廖夫教授的研究有待证实，不过纵观历史，我确信，马种的好坏是一回事，训练水平和驾驭马的能力又是另一回事。赢得战争不仅要依靠精良的装备，还得要有善于使用装备的人。

文物三十二
尘封错版：长城工碑

20 世纪 90 年代末，我在新华社总社当英文编辑。我这个“外国专家”的工作就是修改中国记者用英文写的报道。在保证内容准确和文采飞扬之外，基本的要求是不能有事实、语法和版面错误。新华社作为严肃的权威媒体，将版面错误看成很严重的问题。

然而，在四百五十年之前的明朝，也就是雕刻这块石碑的时期，情形居然很不一样。58 个汉字，就有两处“别字”，或者美其名曰同音字、通假字。不可思议的是，嘉靖皇帝的年号居然也刻成了“加靖”。常言道，天高皇帝远。这块出土于嘉峪关的石碑，距离北京紫禁城里的嘉靖皇帝几乎有整个长城的长度那么远，出此错误的人也就不必担心被治罪了。

对一般人来说，历史的亮点是那些外表光鲜或者令人毛骨悚然的文物所承载的东西，可往往是越实用的东西——比如这块石碑，这种或仓促间制作，或等级不高的文物——越能保留有价值的历史信息，从而刷新我们的认识，为我们揭开历史的谜团。

这块双面刻字的青石碑，只有 19 厘米 ×11.5 厘米大小，与平装书尺寸相仿。第一次见到它，我注意到了四点：石碑尺寸较小、字迹潦草、大小不一，而且版式古怪。简言之，碑上文字仿佛不是精心设计和排版的正式公文，倒像是匆忙落笔的短讯笔记。然而，这些问题对这块石碑的历史价值毫无损伤，相反，却增加了它引人入胜的地方。它的出土地点和错字把我们带到远离帝国中心的遥远边疆，去了解那里的现实。这里并不像京畿地区那样，一切手工制品都是标准化的、严格检验的完美产品。

这块石碑上的铭文，记录了一群修筑长城的工人的情况。石碑的表面凹凸不平，与其说是石碑，不如说是一块废石料，上面的文字间距很小，书体拙劣，看起来要么是书写者文化水平不高，要么是刻碑人技术不佳。

工碑的阅读顺序是从右向左，从上往下。正面竖刻两行字，共22个字，正中刻有“弟一工起”四个大字，右边刻着“加靖十九年七月初一日起初十日止弟一工”一行小字；背面文字分上下两部分，共36个字，上部刻着“蔡止梅起”，下部竖刻六行小字：“一工李清隊起，二工梅喜隊，三工王元隊，四工侯勳隊，五工位宗隊，六工张曇隊止。”

当看到这块石碑上文字的时候，我惊奇并十分欣喜地发现，虽然我的汉语水平不高，但居然能够读懂。而北京地区的石碑（匾）上的文字，就连大多数中国人读起来都异常困难。首先句子与句子之间没有标点，不知从何处断句；其次每个人名之前都冠有这个头衔、那个官衔，其中又有很多生僻字，不知所云；再就是刻写的文字均使用繁体字。

相比之下，嘉峪关长城工碑上的文字简单明了，句式和文字按照一定的程式重复，也没有使用复杂的字。而且排列特别，自然看出断句的位置。这有点像我当年用自己掌握有限的汉字给我的未婚妻（现在是我的妻子）写信一样。我只用我认得、能写出来的字写信。任何人在学一门新语言时，都是先学最重要的人名。我首先学写我女朋友的名字，然后写我自己的名字，再就是那些数字。

刻在嘉峪关长城工碑上的汉字，我都找到了它们之所以容易辨认的地方，比如58个字中的13个是简单的数字，剩余的45个字中有8个“工”字，6个“隊”（即“队”）字，最后剩下的31个字中还有14个字是人名。就像我一样，学写自己的名字是通向知书达理的第一步。接下来你要知道周围人，包括爸爸、妈妈和其他亲戚朋友的名字，在工作单位你要知道你老板和同事的姓名。在这个工碑里当然是所有工人的姓名，但是搞清每个人的职位是一个不小的挑战。这就是为什么这个石碑上，没有出现每个人的职位或者头衔（或者他们就根本没有头衔）。那两个最大的“官儿”的姓氏“梅”和“蔡”用较大的字刻成，以示强调。

对我来说，这块碑上最有趣的错误是刻错的嘉靖皇帝年号。刻年号是为了纪年，因此很有必要。有些人说这是简化字。毕竟在这个石碑雕刻的时候，

说明：青石碑，高19厘米，宽11.5厘米，厚2厘米。两面阴刻文字

意义：夯土长城修建的记录，罕见

来源： 雕刻于1540年8月，1975年在嘉峪关关城到石关峡段长城的城墙顶部的夯土中被发现

现状： 展示于嘉峪关长城博物馆

嘉靖皇帝朱厚熜已经做了十八年的皇帝。过去人们结婚早，一代人的时间都过去了，连皇帝年号都写不对，应当说不过去。但刻碑人用了一个常用字“加”来代替“嘉”，“加”字识字的人基本上都认识，而“嘉”字的就没那么多人认识了。这样看来，刻碑人也有他的道理。这位于 1540 年修长城的老兄也试图挑他会写的字和容易的字写呢？但是这个解释也只是一种推测。

第二个错字是石碑正面的“弟”字。排顺序时应当用“第”，“弟一工起”应当写成“第一工起”才对。和英国人不同，中国人在家庭关系上不直呼大名，一般叫哥哥、弟弟、大姐、小妹等等，这些汉字也是在先学之列，何况“弟”比“第”还少四个笔画。

“通假字”是另一个解释。使用同音字在中国古代文献中十分常见。“弟”字可能一开始就与“第”通假。

如今无论是在中国还是英国，所有语法规矩都被打破了。在微博、微信等交流平台上用字是否正确，用词是否恰当都无关紧要，只要在第一时间内能沟通就好。英文中常把 you 写成 u，汉语里把“我”写成阿拉伯数字 5 也不在少数。只要发音一样或者接近，交流双方都能明白就成，既省时又方便。

无论是这位四百五十年前的老兄汉语水平有限——他可能是当时能找到的文化程度最高的人，还是他超乎时代地走在了世界“简约沟通”方式的前列，至少他决定用他有限的识字量来记录 1540 年 8 月的这次长城修建工程，包括所用的时间、修建队的数目和责任分工制度。

嘉峪关长城博物馆时任馆长俞春荣说，据《肃镇华夷志》的记载，嘉靖十八年（1539）肃州（今甘肃酒泉）兵备李函去嘉峪关视察之后，上书兵部建议修筑嘉峪关南至讨赖河、北到马鬃山的边墙并获批。实际施工开始于第二年夏天。为什么工程的实施晚了一年呢？

首要的问题是，派谁去监修。在石碑反面的四个大字“蔡止梅起”中，蔡和梅这两个姓氏具体所指何人，俞馆长也在《肃镇华夷志》中找到了答案。他们是凉州卫（治今甘肃武威）指挥使蔡纪和肃州卫指挥使梅景。他们各自的辖区都十分广大，但根据石碑铭文推测，在这段长城施工时，他们就在嘉峪关附近的工程现场。

他们不太可能在广阔的空间里亲自在现场监修数百公里的长城，但我能想象，他们会委派最得力的手下代表自己去监修这一重要工程。14 世纪 70 年代，嘉峪关就已经矗立在明长城的西端，扼守河西走廊最狭窄的门户，控制着南面的讨赖河深谷和北侧的马鬃山。最关键的要塞要求最高的工程质量，为了保证这一点，李函派遣了蔡纪和梅景。

根据石碑的记载，工程用时 10 天，即嘉靖十九年七月初一到初十，这是阳历的 1540 年 8 月 12—21 日，正值仲夏时节的施工季。

这里有两个时间记录很重要，一是修墙的季节——大夏天（很热），二是修墙所用的时长——10 天（很短）。这两点都和北京周边有所不同。北京周边修建的都是砖石墙（硬墙），均在气候相对宜人的春秋两季施工，而且开山劈岩、凿石烧砖，费工费时。而在嘉峪关一带修建的长城均为夯土墙（软墙），比前者工程则要简单、迅速得多。

水是制作夯土的必要原材料之一。夯土城墙之所以选在盛夏施工，是因为正值雨季，雨水充沛。既然可以借助自然之力，又何必承担人工之忧呢？雨水的利用不但可以减少运输成本，还能规避工人因酷暑劳作产生不满所带来的管理风险（参见文物六）。嘉峪关地区在每年的 7—8 月，由于戈壁滩的热空气与河西走廊南面海拔 4000 多米的祁连山相遇后快速上升，容易形成阵雨或暴雨。工期延后，是由于工程主持者在等待下一个雨季的到来。

历史的长河湮没了绝大多数普通人，能够帮助我们了解他们的只有零星细碎的证据。这块石碑留下了一群工匠的痕迹，他们见证了一个伟大的事件。我之所以珍视这件文物，正是由于它的平常和质朴，这些普通人的名字和他们的长官刻在一起。六个长城建筑队，跟随他们的李队长、梅队长、王队长、侯队长、位队长和张队长，在蔡指挥和梅指挥的监督下，完成了皇帝交办的任务。在我看来，这是一件很了不起的事情！

粗糙的石碑表达了低级军官与军镇指挥官并肩工作的骄傲。1540 年，来自中原边陲的一队长城修建者，就地取材、科学施工，小小的石碑记录了他们的聪明才智、创造力、成就与荣誉，而且把信息留给了他们的子孙后代，直到 1975 年我们才找到它。碑文的实际意思就是：“我们按时、按质、按量地完成了这段长城修建的任务。”

文物三十三
石破天惊：石雷

我从未直接参与过战争，我很怀疑我的祖先中有谁像我这样幸运。然而，在孩提时代，我的父母亲常以“二战”话题佐餐。让我记忆犹新的是，母亲经常回想起德国人夜间空袭利物浦码头的噩梦。那时从天而降的炸弹，随时随地都会让你的脑袋开花。人们无从防备，只有祈祷。听到这些，我想恐怕再没有比遇到空袭这种防不胜防的事儿更可怕的了。

然而，有一种东西可能比空袭更可怕：它把未来的“死亡”布设于预先的“计划”之中。顷刻之间天崩地裂，方圆几米之内的一切都被炸得七零八落。当地雷爆炸，如同地狱敞开了大门！

我找到第一个石雷是在1996年，而且纯属偶然。当时我正在探索北京周边的长城。我从长城脚下的一个小村庄出发，沿着一条山间小路，期望一直爬到山顶上的长城。不走运的是，这条小路只把我引到了“死胡同”——山顶一块空地的边缘！要想继续向前，只好披荆斩棘。不仅要躲避上面树枝戳眼睛的危险，还得留意脚下因岩石崴了脚，这时我无意中发现了一块石头，它与其他的石头不同，很明显经过了人工的雕琢。

这块很特别的石头支棱在地表，我很容易就把它抠了出来。它的尺寸跟一个大菠萝差不多。它的外表灰色，带有闪亮的斑点。其表面清晰可见的凿刻条纹，使我很快就意识到，这是一件手工制品；把它竖起来之后，我看到它的一端有一个圆形的孔洞。我用树枝掏了掏，清除了里面的蜘蛛网和几条干死的虫子，里面还有一层硬实的土。

清理了干土之后，我发现里面有一根筷子那么深，大约占这个石头长度的三分之二。再往里看，我发现圆洞的直径十分均匀，沿着洞壁有一处从洞口往里延伸、规整的凹槽，一直通到一个与它垂直，并穿透洞壁的细孔。曾几何时，这个“空洞地带”是该石雷的火药膛，凹槽和细孔就是爆炸引线的

说明： 石雷（石炮和地雷）是石制火器，由岩石凿刻而成，中空，盛装火药。一般尺寸为：高15—32 厘米，外径 12—18 厘米，重量 5—15 公斤

意义： 从长城上抛掷或事先在长城外侧埋入地下、布于地表。

来源： 于约 1570 年在北京地区制造，20 世纪末发现于北京市怀柔区

现状： 作者个人收藏

通道！

后来我又重返此地，观察它与长城的距离。同时我又发现了好几个它的同伴儿，有的完好如初，有的缺牙烂齿，有的已面目全非。这条距长城仅仅 50 米的沟壑，就是当年的地雷区！这是我第一次亲临战场，踩上了四百二十五年前布设在此的地雷！

这种石雷所用的石材与“土生土长”的石灰岩区别很明显，它是一种带粗晶粒的灰绿色火成岩。后来我在一个长城敌楼的瓦砾堆里又发现了好几个“小菠萝”。虽然它与“大菠萝”的形状和材质相同，但它们至少有两点区别：其一，重量轻，个头小。敌楼上的“小菠萝”的重量大约 5—7 公斤，而“大菠萝”则约 11—15 公斤；从个头上看，“小菠萝”只有“大菠萝”的一半。其二，“小菠萝”上“火药库”的洞壁缺少细孔。我琢磨着，大个、有细孔的标本发现的地点距离长城也比较远，应该是埋在雷区的地雷，小个、无细孔的标本重量轻，并且集中发现在敌楼中，这表明它们是守城时用来投掷的石炮。看来我找到了这个敌楼里的“军火库”。

我在大学期间学的是地理和地质，多少有点这方面的知识。我虽然钦佩当年制作这些石雷的工匠，但还是有点疑惑。在没有专门设备的条件下，他们是怎样切割石头，钻磨内孔的？况且他们制作出来的不仅仅是几个，而是成百上千个模样相似的石雷。它们的形态高度统一，更难的是每一个都要掏出尺寸一致、内壁光滑的火药膛。在 16 世纪的中国，能够钻透花岗岩的陀具还没有“出生”，石匠们只能依靠他们简单的工具和娴熟的凿石技术。

《手艺中国：中国手工业调查图录》的作者鲁道夫·霍梅尔（Rudolf Hommel）先生于 20 世纪 20 年代到中国旅行，曾对中国手工业做调查。当时他就注意到，人们常用“弓式钻”来切割石块。我也曾收集不少石雷，有的已经残破，这使我有机会仔细观察石雷火药膛的内侧。我发现，在内壁上虽留有垂直的凿痕，但是它相对光滑，带有弧度，估计是钻磨所为。如果由一个石匠按住钻杆，另外两个石匠像拉锯那样来回快速推拉使之旋转，钻头上再加点能够增加硬度的石英砂，尽管可以把石雷中空部分钻磨成现在的样子，但要花费很长时间。

霍梅尔先生写就的这本《手艺中国：中国手工业调查图录》里可以找到制作石雷所需的全部技术和方法。它们原始繁复，需要多人协作，也需要如同中国成语“水滴石穿”所比喻的坚持不懈的耐性。最近埃及学研究学者丹尼斯·斯托克斯（Denis Stocks）做了一个以三人组合钻花岗岩的实验：一人扶着管状的黄铜钻头杆，两人来回推拉沾有石英砂的弓形钻，最后的结果是每小时能钻进两厘米。如果按照这样的方法和进度，完成一个中等大小的石雷孔的钻磨，需要花费一整天的时间。

无论是向空中扔出的石炮，还是埋入地下的地雷，制作起来都费力费时，而它们的制作原理，可以从明初军事家焦玉编写的火器专著《火龙经》里找到。焦玉生活在14世纪中叶到15世纪初叶，他是军事战略家，曾在朱元璋驱赶蒙古人、建立明王朝的战争中扮演重要角色。

尽管《火龙经》成书已经过去了六个世纪，但现在读来还是有点科幻的感觉。然而在当时，它一定是具有科学根据的，并且是高级机密。焦玉相信，他所描绘的这些革命性的武器装备，对于“驱除胡虏，恢复中华”具有决定性作用，同时，他负有给后人留下这方面知识的责任。1412年，他在书的绪言中写道：“万世太平而安不忘危，实保治之道。予恐久而失传，按图著谱，遗留将来。”

石雷在茅元仪所著的另一部明代火器专著《武备志》里，被称作“石炸炮”，其中有这样的记载：

> 用石造圆形，大小不等，腹中凿空，装炸药满，杵实九分，入小竹筒一节，入引线，用纸隔药，上少覆干土，土上用纸觔（糊）泥，泥平，盘药线于上，守城设伏地雷，用此炸炮，火发炮碎，且为久埋妙器。①

① 其大意为：把岩石开凿成圆形，大小不一，掏凿腹空，内装火药九分满，用杵捣实，以一节小竹筒放入引线，用纸将火药隔开，在其上覆盖干土，再用纸和泥糊住、铺平，将导火线牵引出来。守城时用它掩埋地下，当作地雷，或用作炸炮，点火引爆，轰炸炮碎，而且可作为长时间埋设的神奇武器。

不得不佩服的是，书中的木刻插图和图说，把“石炸炮”的爆炸力度和爆炸方位描绘得惟妙惟肖，它有“天雷”“地雷”“水雷”和“手雷”之分，令人胆战心惊。

《火龙经》里没有特别提及石雷在长城上的作用，这是可以理解的，因为该书描写的时期局限于明代初期。当时中原汉军全力以赴驱赶蒙古人，平定中原北部，还用不着考虑大规模地修筑长城，更不可能为长城专门设计武器。自隆庆到万历初年，戚继光掌管戚家军驻守蓟镇长城时，开始在城垛下方设计和修建“悬眼”，用于发射箭矢、火铳和投掷石雷，《武备志》里详细记载了“悬眼”的尺寸和功能。如今我们在北京北部的长城上，仍然可以看到这种设施，其中以金山岭长城上的最为完整而著名。“悬眼”在长城脚下7—9米处锁定了敌人，让他们在即将攻长城之时血肉横飞。

石雷的底部比中空部位重，这样可以保证石雷下落时口朝上，爆炸时威力最大化。显而易见，精准的爆炸时间是至关重要的，而且埋在地下的石雷需要事先摆好，随时准备战斗。石雷的火药膛，其尺寸大小要基本一致，这样，才能为迅速装填定量火药提供保障。石雷的导火线需要几秒钟的点燃引爆时间，如果时间太短，石雷埋设（抛掷）者就有生命危险；如果时间太长，敌人就有机会逃离此地，甚至有时间将石雷扔回发射地。

当时，石雷这一类的武器装备使用的数量十分巨大，因而他们成片地开辟了极其危险的雷区。《火龙经》里还描写了各种特制火药。通过添加不同的物质，会使火药带有刺激性气味，剧烈燃烧时释放出毒气，会使人致盲。作者还建议在火药中增加各种散弹片，给敌人以最大的伤害，使得敌人将石雷扔回的可能性降到最低。当一个进攻者小心躲避从防御壁垒上扔出的石雷时，他对地雷的关注就少了许多。

《火龙经》里记载了多种地雷，但对于如何点火却很少描述，比如被描述为金属壳、喷火、炸出碎片的“无敌地雷炮”，会发出震耳欲聋的声响。然而在谈到点火时却一笔带过：“举号为令，火发炮响。”我同意李约瑟先生在《中国科学技术史》第五卷里所说的：长长的引线要从掩体或埋伏地靠手工点燃，而且引线燃烧的速度还要计算准确。

导火线应使用编织的麻线，把它蘸足易燃而不易爆的配料，放入火药仓内。可以想象，雨雪天气阴冷潮湿会影响地雷的引爆。要解决这个问题，可以把导火线放入浸过油并钻有通风口的细竹筒里防潮。

但这种设计未免过于复杂，显得不可靠。相比之下，戚继光之子戚祚国在《戚少保年谱》中记载的一种叫“自犯钢轮火”的地雷，操作更加简便：

> 沿边台墙之下，择其平广虏可集处，掘地埋石炮于内。中置一木匣，各炮之信，总贯于匣中。而匣底丛以火药。中藏钢轮，兼置火石于旁，而伏于地上。虏马蹑其机，则钢轮动转，火从匣中出，诸炮并举，虏不知其所自。[①]

然而，这种自动点火装置从未被人们发现，可能永远也不会被发现。

我在长城边和长城上找到的石雷，从表面看，它们虽然粗糙不堪，但在很特殊的地方得以使用，充分发挥了它的作用。我非常赏识那些依赖于高技能的操作者，或许他们所使用的点燃技巧非常复杂。石雷虽然是石制武器，但它绝非石器时代的武器。

---

① 见《戚少保年谱·卷十二》。其大意为：沿着边墙外侧，城台之下，选择平坦开阔、敌人易于聚集之处，掘地埋下石炮数枚。石炮里放有一个木匣子，各自的导火线连接于此；匣内填满火药，其间装有钢轮，并且在旁边安装火石。当敌方人马踩着这个装置时，钢轮就自动转起来，火就从匣中射出，各个石炮一齐爆炸，敌人惊慌失措，无所适从。

文物三十四
作飞鸟观：脊兽

我一直想成为一个“杂家”，用不落俗套的方式，从宽泛的角度——具体地说，运动员的体魄、探险家的勇气、历史学家的头脑、考古学家的双手、摄影师的眼力和地理学者看世界的视角，以及环境保护主义者的热心——认识长城、理解长城。

如果我不得不从上述训练有素的特殊名誉中选择一种的话，那我选择的一定是考古学家，因为整个用 50 件文物讲长城故事所依赖的就是文物资源。虽然随着时代的变迁，文物的来龙去脉变得支离破碎，但其中迷失的部分给了我推测和想象的机会。有什么能比得上成为触摸几百年甚至上千年文物的第一人更令人兴奋的呢?

对这只凤——长城敌台铺房上的屋脊装饰小兽，我像获得了一个宝物。经过几个世纪的埋没，它终于重见天日，被我捧在温暖的手心里。她曾经守护的房屋已经坍塌，我在废墟里找到了她，且就地为她拍下了一张照片，并将这张照片命名为“凤凰涅槃”。

我用地理学者的逻辑为她取了一个名字——“乌龙凤”，因为我是在乌龙沟附近发现她的，她由“黑活瓦”做成。乌与黑同义，再加上在“职业生涯”中，她总是屈居第二，站在龙的身后，所以“乌龙凤”对她来说很贴切。

她再度回到人间时，最细的颈部断裂，与贵体一分为二。可以想象，如果一个人从三米多高的屋顶上跌落下来，恐怕也是这个下场。幸运的是，其颈部与身子还可以严丝合缝地对接起来，于是我又从头至尾仔细地观察她：她有着长长的脖子，高傲的头向上昂起，头上的羽毛顺滑，她的喙略有一点弯钩，双眼深深地镶嵌在眼窝里；羽毛的纹理均匀地贴在球状的身体上，双翅下垂，胸脯突起；她的尾部羽毛和两条短粗的腿曾经与一块瓦片相连。令人联想到她当年昂首挺胸，站立在屋脊上的风采。

说明： 凤形脊兽，建筑构件，高 17 厘米

意义： 明长城敌楼铺房废墟上找到的陶质屋脊吉祥物

来源： 制造于 16 世纪末，在河北省涞源县乌龙沟以西两公里的一处敌楼顶部发现

现状： 作者藏品

这是一只古怪的鸟。她不是自然界的存在，而是人类神话中的飞禽。她的成品数量不多，因为不是成批在砖窑里烧制的。她造型独特，有着粗犷的美。她的材料没有什么特殊，与在生产线上批量烧造的城砖相同（参见文物六）。但是她是手工制作，小规模出品，她的身上还带有工匠的印记。

这只凤的塑造者并不是一个雕塑家，或许他只比一般瓦匠多干了几年，还有那么一点点“艺术天分”而已。他的工作就是为 80 米间距的两座敌台制作“乌龙凤”。

可以想象，在山谷中的窑场里，他用手指抠出一大坨黏土，甩在一块平整的大岩石上，然后坐下。双手的指甲和一把刮泥刀，就是他的全部“创作”用具：一捏成形状，二刮出轮廓，三“雕”出细节，一只凤形脊兽就这样诞生了。他的工友们估计会围拢过来，看着他做新奇的东西：那不是一块砖，而是一个装饰物。有的人给予建议和鼓励，有的来点嘲讽。在这个金秋之际，经过两三个月的辛苦劳作之后，一段长城的修筑已经接近尾声，终于可以喘口气了。最后这点制作屋脊兽的活儿比起之前的撬石头、背砖头和运灰砂要轻松，甚至惬意得多。之后，所有要做的就是等待，等着这些小脊兽的烧制、出炉、包装和运送到长城沿线的一座座敌楼上。

据信，这些脊兽可以保佑长城和敌楼上建筑物的稳固，确保守城的官兵将士的安全，为他们带来好运。工匠们在制作脊兽时，不只是用无机矿物表现一个动物形象，而且是为长城守军创作一种精神寄托。但这些“稻草人”永远也不会吓跑进攻的敌人。她们象征着吉祥如意，为长城守军带来好运，使他们获得内心平静，或许还能激励士气。根据大明王朝的建筑规范，脊兽有龙凤等十种形象。这些屋脊小兽的排列也是有序的、有等级的。

早期的有关屋脊装饰小兽的记载，可以从 11 世纪北宋时期李诫的《营造法式》一书中找到。这本书囊括了中国古代建筑的方方面面，从打地基到上房盖瓦，从木工活到石匠工，从编制预算到最后的装饰点缀，这种等级制度源自儒家的经典《周礼》。

脊兽在博物馆里很少见。最古老的、还“在位”的、保护尚好的脊兽大多只存在于明清时期的宫殿建筑，尤其是北京的皇家建筑。参观者或许对这些排成一列，在金色屋脊上挺胸仰头的小脊兽很好奇。人们之所以觉得这些动物很神秘，原因是多种多样的：她们的娇小身子、她们的难以够上的位置和她们所代表的含义。但实际上，她们的排列方式很简单。

帝王建筑脊兽的数目从一到九不等。脊兽的排列通常但并不一定以仙人（蹲兽，骑着凤凰的神仙）打头。一般龙（垂兽）为首，凤居二；脊兽的个数为奇数（1、3、5、7、9）。唯一例外的是故宫的太和殿，在第九位之后多了一个“行什”——带翅膀的神猴。中轴线上的中和殿、保和殿和乾清宫等其他重要宫殿均为九个脊兽，皇后的寝室坤宁宫和皇子的王府为七个，东西六宫为五个，其他配殿及其亭台楼阁有三个和一个不等。北京老照片上显示北京城墙的城门楼上的脊兽为五个，牌楼为三个。

现如今长城的敌楼上没有一座完整的铺房（或者叫望厅）保存下来，人们也无从知晓在这些保卫大明江山的军事工事上，总共有多少脊兽，每个建筑按顺序排列的个数。好在脊兽的 1—9 的顺序是固定的，如象征皇权的龙，象征吉祥如意的凤，象征力量与勇气的狮、天马、海马等，到目前为止，从长城上找到的脊兽只能见到前三位。根据文物专家吴梦麟女士介绍，20 世纪 80 年代，在修复慕田峪长城的三座楼时，就是将在原地找到的脊兽复原到新建的铺房的屋脊上的。无论这三件脊兽的象征意义多么美好，已经发现的实物却大多制作粗糙，形象丑陋，而我很幸运地发现了其中相对迷人的“凤凰”。

如果长城敌楼顶上的建筑物只有三个脊兽，那么长城整体的等级如何界定呢？如果仅用脊兽的数目多寡来直接判定建筑的重要程度，而不是根据建筑的作用来判定，那么这种“星级”评定的制度则相当幼稚。何为“重要性”的尺度？显而易见的评价标准是，皇帝妃子的寝宫等级要高于边境军事防御工事。但妃子的寝宫难道真的比长城边镇更加重要吗？我的想法是，这种等级制度反映的并非“什么”重要，而是“谁”重要，进一步说，谁更接近皇帝。在家天下的社会里，皇权在上，皇后、皇子、妃子等排在其后，之后是内阁大臣、翰林等，然后是守卫京城的亲军，远离皇帝的戍边将士，那自然是排在后边了。在明朝，没有人比兴修、守卫长城的匠户和军户生活更加辛苦的了。而脊兽的安放往往还举行典礼和仪式。

我曾在长城边的村庄居住过，因而有幸见过现代中国北方农民盖房。中国传统建筑的屋顶有一根顶梁，两侧各有一根或几根桁梁，上面垂直方向搭建数十根椽子。椽间空隙用编荆填满，外面涂抹着一层厚厚的灰泥，上面再覆盖一层瓦，瓦的末端是带有兽面等装饰的瓦当，用来为椽头遮风挡雨。

我们可以想象这样的场景：八组脊兽和一些备用件被运往山顶，一个瓦匠把脊兽包打开，将泥浆铺上，把小脊兽一个个排好到位，还要防止弄错龙凤狮的顺序。铺房的其他三个角也照此类推。完工后，两队小脊兽面向长城外，另外两队面向中原。

在当代，如果你想去寻找明长城铺房，那么你需要在“野长城”上长途跋涉。大山里的长城敌楼之铺房所剩无几，在河北省抚宁县还能看到较好的样本。这些铺房是敌楼上重要的组成部分，它曾经是守城将士站岗放哨时遮风避雨的地方。长城守军需要昼夜保持警戒，然而，这些铺房和望厅位于敌楼的顶部，敌楼也往往建在山岭的最高处。当自然力宣泄愤怒时，它们所在的位置就有些不妙。它们常年被暴露在风口浪尖之上，更具威力的毁坏则是遭遇盛夏的雷电。估计这只“乌龙凤”就是在1644年长城被废弃不用之后的一场疾风暴雨中“遇难”的。从我的亲身体验和近十几年来所见所闻长城景点发生的雷电击死游客的事故来看，铺房易受电击，并不只是因为海拔高和完全暴露在外，还有全副武装的金属盔甲和刀剑也能成为导电体，会给人和建筑物带来灭顶之灾。在明朝，戍边将士面对这样的风险和危难时，只有向脊兽祈祷平安。而如今，金山岭长城新修复的脊兽房顶都安装了避雷针，现代科学和监测技术保证了长城铺房的安全。

这件“乌龙凤”脊兽是我自己采集的，因此可以做一个考古概述：她的两个残片发现于一座敌台顶部，半掩于碎砖和瓦砾中，表面的浮土上长有稀疏的苔藓。敌台的第二层顶部，是一个开放的天井，那里上去不易，下来更难。

“乌龙凤”有着迷人的身世，她的横空出世和穷困潦倒，她的生与死伴随着长城的兴与衰。她是一个了不起的发现。我从未手持考古铲子专程去做发掘，只是睁大了双眼，渴望发现任何蕴含了长城故事的东西。我把她拼好并带回了家。我相信，只有这样，对她而言才是公平的。她原本的命运，可能是站在玻璃橱窗里，旁边有一个小小的解说牌子——“明代脊兽”。幸运的是，她一直在等待，等待着被拯救的一天。我想她现在的归宿要好得多。

文物三十五
凝固历史：长城工碑拓片

虽然这张拓片制作于 2002 年，年代并不久远，但是我担心它将要变成文物了。拓片完整无误地“拷贝”了一块长城工碑上面的全部内容，而这块石碑的命运却岌岌可危。我们的初次相遇是在 1996 年，之后的几年又见过几次。然而，每次看见它，我都有一种不祥的感觉：它不会待在原地太久了，它会像其他的同伴一样，消失得无影无踪。

任何考古学家和历史学者都会有这样的认知：最生动、最具有研究价值的是那些依然保留在原地的文物。这块石碑就属于此类。它直白地告诉我们，当时、当地发生的事件，谁在哪里做了什么。这是 25 代之前的人与我们今天的人跨越时空的对话。对于生活在长城沿线的村民来说，不仅如此，它还是一封来自家族祖先的信。

千百年来，拓片一直是中国保存石刻内容的传统方式（参见文物十三）。这块石碑刻于 1578 年，在当时同类石碑十分普遍，通常是在春季或秋季长城修筑结束时，在长城垛口墙上镶砌一块这样的石碑，表示该段长城的竣工。然而，在 2002 年拓印这张拓片时，类似保存在原地的石碑，已经是凤毛麟角了。

制作拓片的工具十分简单，包括宣纸、打刷、扑子和墨汁等等，但拓印过程却需要具备“艺术家”的技巧。来自孔庙和国子监博物馆的侯师傅花了整整两个小时，才完成了这块碑文的拓印，其中包括了等待纸张和层层拓印墨汁干燥的时间，这个过程并不令人惊艳。随着扑子对石碑有节奏地拍打而产生的回声，墨汁渐渐地将阴刻汉字、花纹的轮廓，乃至石碑上的每条纹路，都忠实地拓印在宣纸上。但是，从这块石碑的明暗亮色对比来细察它的边缘、裂缝及其残缺的美，再细读它的品质特性，可见石碑上的书写和雕刻，甚至风化所留下的痕迹、自然与人工的合力均呈现在了这石碑上。在纸与墨之间，

说明： 记载长城修筑时间、地段、长度等信息的石碑拓片。该石碑镌刻于1578年，现在依然在北京市怀柔区境内的长城上，尺寸68厘米×44厘米

意义： 记录了修筑227米长城的人员名字、头衔和修建成果

来源： 该拓片拓印于2002年9月

现状： 作者藏品

在汉字与汉字之间，在百家姓里那些诸如张、王、李、赵等姓氏之间，我们在破解石碑上的“密码”之前，就已经强烈地领受到了它所代表的过去与现在的一种坚固而牢靠的联系：

1578 年，秋季例行防守长城的驻军在瓮儿峪和断头崖等地修筑长城两段共约 227 米。负责官员何天爵、李学诗、赵九思、万国，监工官员王时中、杨洲，工程管理官员李尚质、董光先、张勋。该年十月好日子立碑。（碑刻原文附文末）

中国古代用“丈”来计算长度，明清以来的一丈约为 3.3 米，据此计算，石碑里说的修筑长城的长度约 227 米。这段长城的修筑始于初秋，终于冬季，大约 80 多天。石碑内容的后半部分告诉我们，是谁真正参与了修建这段长城：监工中军正千户王时中和监工千总百户杨洲，及 1100 个军户的大约 4000 人。

这段长城竣工之后，他们选择一个黄道吉日举行仪式，将这块城工碑镶砌在墙体内。碑上自然不会刻满 4000 个普通士兵的姓名，只有那些当官儿的名留百世，当然他们还同时承担了确保长城质量的连带责任。后者才是制作这块石碑的目的。

想感受一下这样的石碑是怎样历经四个多世纪保存下来的，请跟着我沿着北京市怀柔区 61 公里雄伟的长城上行走一公里，你便可以见到上面的六七座空心敌楼，但除了这块石碑，我再也找不到其他任何保留在原地的石碑了。唯一能看到的是，垛口墙内侧一个个石碑被撬走后留下来的“碑框”，惨不忍睹。有的撬走石碑的同时，碑框也被一起撬坏，甚至一些地段的石碑周边的垛口墙都难以幸免。

这些地段的石碑位置偏低（够得着，还可以读到上面的文字）、体量不大（如同一张四开版的报纸，有 20—40 公斤重），容易被人“顺手牵羊”。我把这些碑（匾）被人盗走后留下的残框称为“石碑孔”。

而我们这块石碑之所以难得在几百年后“岿然不动”，一是它嵌在长城的外侧，在长城上行走时难以看到；二是离地面五米之高难以够得着；三是掩映在密密实实的枝叶当中难以发现。如果你想辨识文字、制作拓片，或者像那些“屠夫”们一样去撬动它，你需要翻出城垛，下降两米；要不然就搬来梯子，再向上爬高五米。

1996年我不经意间发现这块碑的时候，异常兴奋。后来在2002年，为了研究这块石碑上的内容，我请到了孔庙和国子监博物馆侯师傅帮助我拓印。为了实现计划，我们在一公里外的村子里借了一个梯子，最后成功地取得了拓片。2010年我在主持拍摄美国国家地理频道纪录片《跟着威廉走长城》时，又回到了那个村子，再次请到了侯师傅讲述当时的故事。在拍摄之前，据当地老乡说，那块石碑遭到了劫难。可事实是，要感谢上帝！他们说错了，石碑仍然毫发无损地留在原地。然而，我心里想，事情总是“无风不起浪”，我发现石碑的砖质边框确实被人撬坏了。

由于石碑濒临消失，石碑拓片越发显出其重要性。根据我的研究，石碑按照碑文内容大约分为五类：门额石匾（在敌楼门楣上的石刻），它们有编号，就像是敌台的“门牌号”；阅视和鼎建石碑（记载长城建筑工程自上而下官吏的名字）；长城界碑（标识军事区划）；诗词石碑（高官名士来此一游的有感而发）和最有意思的城工碑（记载长城修筑时间、地段、长度等信息）。如果我们回到17世纪40年代，我们能在这一公里的长城上看到全部五个类别的石碑。就北京怀柔境内的长城而言，根据发现的“石碑孔”数量估计，每公里长城上曾经大约有18块这样的石碑，那么，10公里就有180块，100公里就有1800块！

根据北京市文物局公布的数据，北京地区长城人工建筑部分为388公里，所以原石碑总数应当接近7000块！把它们平摆在地面上，相当于九个网球场之大！更重要的是这些石碑是长城历史信息的载体，它们记录了长城使用时的鲜活样貌，包括它的建设、组织、守军及其番号，甚至贵客的到访。日复一日，年复一年，战争、工程、管理的事项等都被一一现场记录下来。它是一本由修建者、戍守者和阅视者共同“撰写”的“长城传记”。但如今这本传记已经严重缺页，或者说大部分的页面都已经缺失。根据我常年在长城上的观察，北京地区现存的长城石碑大概只剩100块，可见多少珍贵的信息已经流失了！这些石碑不是太大太重，就是隐藏于丛林之中。另外，我亲眼见到一些石碑已经改在农家“服役”了：在农家正房的阶梯上、猪圈的围墙里，还有的天天承受着水冲和棒槌捶打，充当洗衣用的捶衣石；一些“面相”好的石碑展示在博物馆的展柜里，至于那些缺胳膊少腿的就只好在博物馆的库房里苟延残喘了。然而，现在各方面的统计数字并不一致，恐怕还有很多石碑没有被发现或记录。“长城传记”的残页仍然飘零在山谷里、村落中，等待着我们一页页地找回。

与秦始皇时代“焚书坑儒”使经典史料毁于一旦不同，“明长城传记”——石碑并没有突然消逝，而是缓慢而持续地失落，直至今天，直至最后一块。

2013年，这块石碑仍在那里。它已经在那里经历了435年的腥风血雨、地动山摇的考验，但五米的高度并不能永远保证它不被盗走。它最终能躲过偷盗者的梯子、凿子和锤子吗？据一些长城爱好者报告，此碑的偷撬行动仍在继续。写就它的“墓志铭”的也许正是这个石碑上刻着的那些张、王、李、赵姓氏官吏和监工们的不肖子孙！

附：碑刻原文

万历七年秋防分修边城二段，共长六十九丈。

一段甕儿峪迤西起至断头崖止修完边城五十三丈。

一段断头崖起至西接良涿右军营止修完边城十六丈。

钦差管领保定等卫忠顺营都司何天爵，军门监督原任陕西行都司掌印署都指挥佥事李学诗，抚院监督委官原任参将署都指挥佥事赵九思，昌镇监督委官原任参将署都指挥佥事万国。

监工中军正千户王时中，监工千总百户杨洲，管工把总官三员李尚质、董光先、张勋。

万历岁次丁卯孟冬月吉日立

文物三十六
战神遗物：戚氏军刀

战争是长城史的主题之一。在战争实践中，武器的结构日益复杂，杀伤力越来越大，而我也想尝试着通过武器的发展来讲述长城的战争故事。之前，已经讲过弓箭、弩机、瓷雷、手铳和石雷五件武器。这些武器的排列顺序，体现了从“冷兵器”到火器的发展进程，同时也体现了武器发展中的某种军事优势。随着火器的普遍使用，“冷兵器”似乎风光不再。然而，我们接下来要讲的并非另一件先进的武器，而是一件最基本的武器装备。这便是展示在中国国家博物馆里的一把钢马刀。这可不是一把普通的军刀，它代表着一位武官的儒雅和威严。

在拍卖界，有一类拍品被称作“名流纪念物”。这类拍品起拍价非常高，或者直接成了博物馆的藏品，因为这些拍品中融入了名人志士的生命轨迹。这把戚氏军刀，长89厘米，手柄下方的刀面上刻有铭文：万历十年登州戚氏。铭文字迹规整，一笔一画，棱角分明，与手铳上的铭文风格相似（参见文物三十）。在坚硬的钢材上刻字并不容易。它告诉我们，这把军刀已经430多岁了，它的主人就是大名鼎鼎的戚继光（1528—1588），一位揭开了长城历史新篇章的明代将军。这把军刀铸造的时候，正是万历皇帝在位的第十年，而这把为戚继光所信赖的军刀，陪伴他镇守长城，忠实地跟随了他两年，之后画上了完美的句号。

蓟镇是明代九个边境重镇之一（参见文物三十七和三十八）。戚继光曾担任蓟镇总兵官16年（1568—1584），其间他的管辖范围从京师到渤海之滨，从北京怀柔亓连口到河北秦皇岛的山海关。

戚继光的仕途开始于1550年秋的一个著名的历史事件。嘉靖二十八年（1549），22岁的戚继光考中武举，次年进京会试，正逢土默特蒙古首领俺答汗率兵突破古北口，围攻北京。此前，他的军队已经在北方边境为患近

说明：钢质军刀，刻有铭文

意义：明代将领戚继光的私人佩刀

来源：万历十年（1581）铸

现状：中国国家博物馆古代中国展厅收藏

二十年。

嘉靖皇帝急令京城戒严，戚继光也被临时指派守卫京城九门。内阁首辅严嵩以为蒙古人的侵扰意在财物，遂令各军坚壁勿战。而俺答汗在没有任何抵抗的情况下长驱直入，抢掠八日之后，顺原路返还。此时的京城虽未失守，但敌人来去自如，长城成了摆设，这情景深深地刺痛了戚继光。尽管当时的他还是一个无足轻重的“小人物”，却在京师期间曾两次上书陈奏守御方略。

随后，戚继光奉命到南方，扫清浙江、福建沿海一带的倭寇（日本海盗），并取得了辉煌的战果。十七年后，他的人生又遇到了一个转机。嘉靖四十五年，嘉靖皇帝（1522—1566）驾崩，隆庆皇帝即位。朝廷为对付日益严重的北方威胁，内阁首辅张居正力荐戚继光担当重任，1568年他被传唤进京。

北方的防线与游牧骑兵的侵扰，对于戚继光来说，是一个新事物，可是他并没有坐听汇报，而是亲力亲为，跋涉上千公里的路程，察看防御工事一砖一石的情形，倾听一兵一卒的苦衷，了解这些设施的位置、现状、戍守的人员数目和防守的作用，等等。他试图解决这个曾经困扰他的问题：为什么自1550年以来，这座伟大的军事工程——长城竟然没能发挥它的作用？

答案是，这个防御工程存在着很多缺陷：守军站在稀疏简陋的“战台”上，无遮蔽风雨之地，粮草和火器无储存空间，将士没有足够大的战斗场所，整个卫戍部队士气低落。这时戚继光探查士兵的心理，考验他们的战斗效能以及他们的斗志，倾听他们讲述他们艰难困苦的情况。

于是，在1569年戚继光上奏朝廷，建议修筑3100座新式的、顶层建有铺房、下层可以驻军和储存粮草军火的空心敌楼，并且加高、加宽现有的城墙。根据他的设计，每座敌楼驻扎大约50名士兵，这些敌楼距离相近，相邻敌楼的守军足以有效防守中间的一段城墙。

戚继光的计划得以实施，长城一改旧貌。从建筑的角度说，明长城之宏伟和对环境的完美融合，在戚继光手中登峰造极，四方形的空心敌楼也成了明长城的代表性建筑。

金山岭长城，是戚继光修建的蓟镇长城精品中的精品。它蜿蜒盘桓，犹如巨龙。今天我造访此处，仍能感受到当年的雄姿：一座座敌楼像卫兵一样，占据着各个制高点和拐弯处，日日夜夜站岗放哨。环视长城周围，当年长城使用的情景即在眼前：城墙外侧正在进行着植被的年度烧荒，在沟壑中布设着地雷，四处是抛撒的铁蒺藜，士兵们研习射术、切磋刀剑技艺，长城上一片“狼烟”滚滚……戚继光将长城从间歇性失效、无生命的“盾牌”，变成了由训练有素、士气高昂的士兵戍守的生气蓬勃、宏伟壮观的坚强壁垒。

一些敌楼的中心室采用了穹顶结构，这使我联想到伦敦的圣保罗大教堂。它有着世界第二大的穹顶。穹顶之下，谦卑的拉丁文墓志铭标明了它的建筑师克里斯托弗·雷恩爵士的安息之地。那铭文写道：“游客们，如果想要寻找他的纪念碑，请环视四周。”徒步金山岭长城，你会有同样的感想：“访客们，如果想要寻找戚继光的纪念碑，请一路向东，走到黄海之滨。”

徒步一段段由戚继光改造一新的长城：一块块石碑上刻着他的大名，一座座戚将军的石雕激励着后人。在山海关内的河北抚宁县长城脚下的城子峪村，我认识了村民张鹤珊。据他说，他就是这段长城的修建者的后代。在谈到戚继光时，他不像是在说一个历史人物，而是在说一个十分亲近的人。想当年，4000名浙江义乌子弟跟随戚继光将军来到这里戍守长城，其中就有他的先人。他将我带到他负责巡查的一段长城前。在一座俗名叫“媳妇楼”的敌楼门楣上，镌刻着“忠义报国”四个大字，据他说，这就是戚继光的手书。

尽管戚继光的功劳被后人交口称赞，但不意味着他总是心想事成。在担任总兵官期间，他的辖区始终面临着后勤补给和经济、政治方面的压力，后者也是造成他最终被迫隐退的原因。

只需要站在敌楼前，你就能亲身感受到他的长城工程规模之大，成本之高。无论是新建敌楼还是改建战台，都需要有高素质的工程技术人员，他们要懂得建筑工程的跨度和应力，能够建造屋顶和拱券。除了施工本身，建筑上需要大量的砖并且需要足够的砖窑来生产，而这些都需要持续可观的资金投入。

1556年，有史以来烈度最大的嘉靖大地震造成了80万人伤亡，使得修建长城的劳动力和有“一技之长”的建筑工人的需求无法得到满足，加上地震带来的黄河泛滥，造成这些地区的粮食颗粒不收，又由于国库的赋税收入减少，直接影响了修建长城的财力和物力的供给。整个工程的空心敌楼只建成原规划数量的三分之一，并且主要兴建于 1569—1571 年之间。

然而，这位戚大将军并没有被困难所吓倒。在“硬件”不足的情况下，他通过“软件”，即通过训练提高官兵的斗志、改进军事装备和技术等方式，来保证他的改建计划行之有效。他的军事理论著作《练兵实纪》就是在这一时期写成的。为了检验士兵的训练成果，鼓舞斗志，他还举行了十几万将士参加的大阅兵，并邀请时任内阁首辅大臣张居正亲自检阅。经他训练出来的“戚家军”，战无不胜。1573 年，在这次大阅兵的激励下，戚家军主动出击，打败了朵颜部，又在 1579 年战胜小王子部。此后的十六年间，明朝掌握了军事主动权，蓟镇长城沿线没有发生重大的战事。尽管戚继光守长城有方，但自从内阁首辅张居正病逝之后，朝廷担心戚继光所掌军权过重，将他贬至广东，自此，他再没有看到用心血建筑的长城。两年后，他被罢黜官职，归回故里，于万历十五年（1588）与世长辞。

我在人头攒动的国家博物馆展厅里，展开了对戚继光长城生涯的追溯，我专注地端详着橱窗里的军刀，心里想：这个人的佩刀为什么值得如此隆重地展出？

我在很多地方找到了答案，但疑问的最终解开，却是在河北抚宁县梁家湾一条宁静的小河边。在一块相当于两个乒乓球桌大小的花岗岩巨石上，镌刻着一些字句，其中有一句为：“与山川敌寿”。这是戚继光手下的参将张爵为庆贺戚继光 52 岁生日所刻。

我仰视面前的敌楼，终于明白了，戚继光之所以成为明代功勋最为卓著的军事将领，是他使长城真正发挥了作用，是他磨尖了“龙的牙齿”，让长城与时俱进，获得新生，又是他为我们留下了一座雄伟、壮观的艺术景观。

文物三十七
最高军机：彩绘绢本巨型地图《九边图》

当我与这幅著名的《九边图》面对面时，实际上，我感到一头雾水。它规模宏大，青绿重彩。但作为一个地理学者和长城研究者，我不会优劣不分，一味地给予赞扬。《九边图》乍看上去不像地图，更似一幅山水画。尽管这幅地图巨大无比，但在查看时，不但不能使人一目了然，甚至有些地方令人摸不着头脑。我不得不慢慢地探索它表现的内容——形状、颜色、图标，还有图说。

通常，我们在看到一幅地图的时候，第一反应是，想知道这幅地图所覆盖的是哪一块地域，我也不例外。这幅地图上既没有写上名称，也没有标出比例尺，我无从知晓地图的长和宽所代表的实际地域的大小，只能从最明显的标记——海岸线来寻找此地的大致方位。

作为人类的一分子，对海岸线的依赖是很自然的事情。当人们第一次离开熟悉的陆地去探索大洋时，就会感受到，海岸线仿佛是我们与大地母亲连接的脐带。正如六万多年前（根据 2019 年的一项研究显示，这个时间可能早到二十一万年前），人类的祖先沿着海岸线，从非洲东部走出，探索世界。甚至在六百年前，西方航海家在探险过程中，海岸线永远是他们的参照物。

现在我在图的右下角找到了海与陆地的交接处。那里所呈现的、不大的海域周围大概是陆地，其形状应当是海湾。尽管海岸线不够长，也不是我头脑中固有的形状，但我仍能看出，这是一幅特殊的局域图。

地图的色彩给我提供了一些线索。地球表面的颜色也留给了我视觉的另一种印记。绘制者往往直接将风光景致和地形地势的实际颜色，用他们所掌握的方法复制过来。尽管我已经考虑到了，随着几个世纪时光的推移，绘画褪色，纸张泛黄、翘曲变脆将会对《九边图》体貌所产生的影响，但是，这幅地图的绘制者似乎并没有使用太多的色系，他太偏爱绿色，在他的笔下除

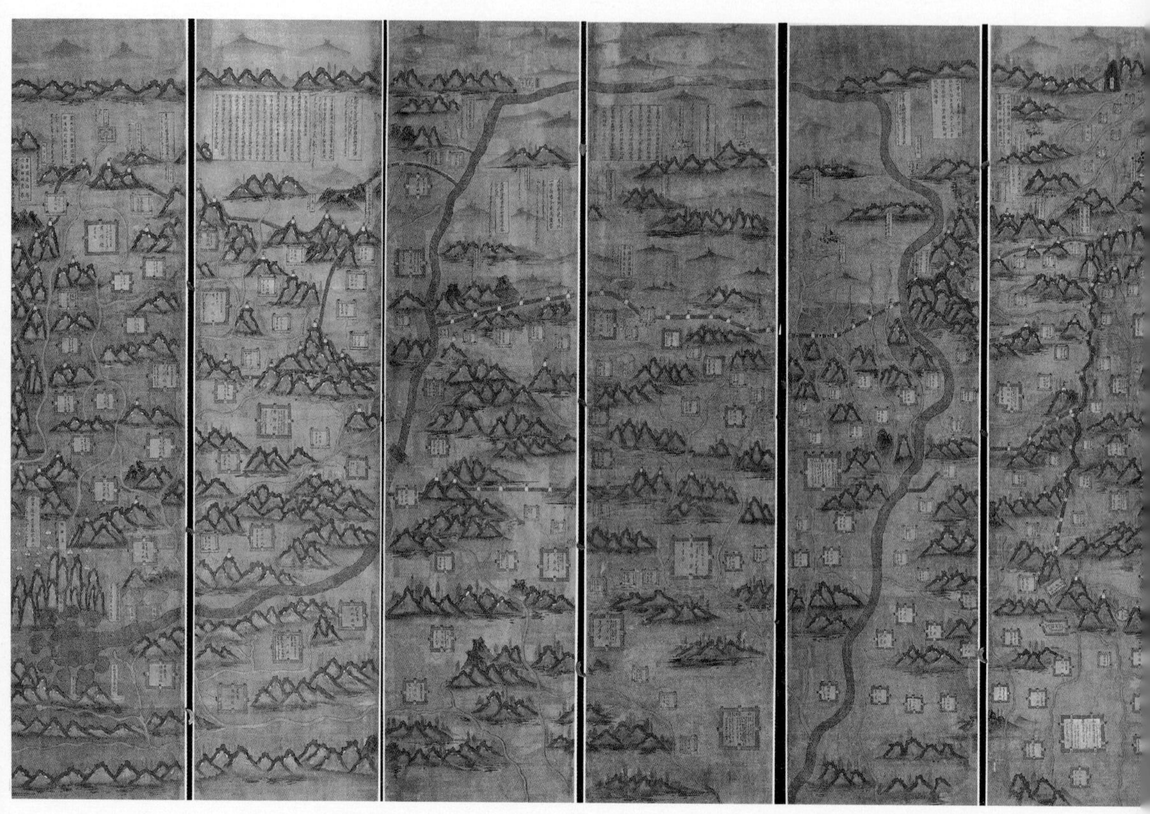

说明：《九边图》是彩绘绢本巨型地图，共 12 幅，每幅纵 2.08 米，横 0.47 米，通横 5.67 米

意义：尚存最古老的绢本中国长城地图

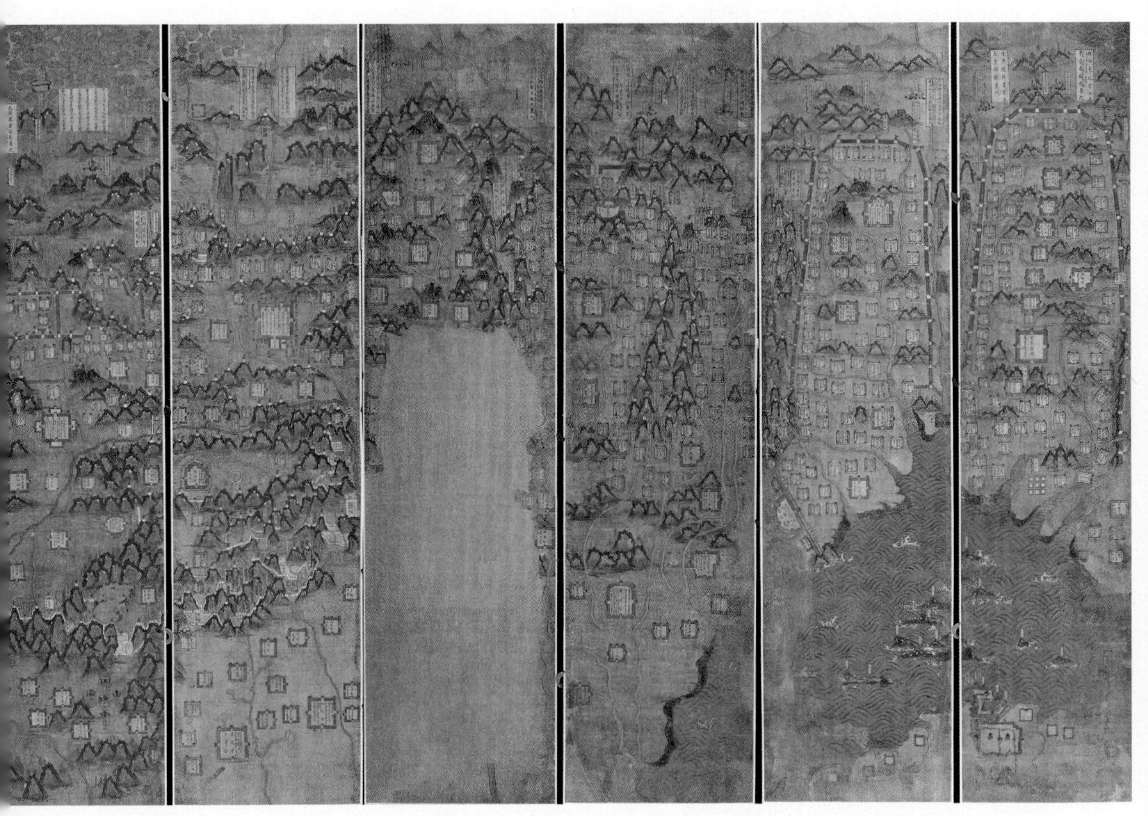

来源：根据明嘉靖十三年（1534）许论的原图绘制，1949年在沈阳故宫被发现时裱于屏风之上，标有满汉两种文字

现状：辽宁省博物馆馆藏

了棕色的土地，就只有“青山”和“绿水”。看着这幅画，我好像置身于丛林中。图中的长城掩映在绿色的森林景观中，就像一条穿行在密草间的蛇。

从海岸线到陆地，我被图中所表现的自然地貌和人工建筑的形状所吸引。地图上最频繁呈现的一种绿色的如同汉字“山”的标记，实际上表现的也是山脉。另外，在墨绿色的山峰之间或毗邻的山脉旁，是 500 多个大小不一的正方形城堡。它们有厚厚的城墙，四面对称，开有城门，其中有 15 个大城堡。人口稠密的城镇和地广人稀的郊野均匀地分布在地图上，给人一种呆板的感觉。这是艺术家式的创造性的扭曲。如果这幅地图按真正的比例尺来画，这些建筑设施只能是一个个小圆点。

下面我们来关注两条线所标识的意义。地图的左手边，有一条上下弯曲、深棕色的“宽带”，明眼人一看就知道这表示的是黄河；另一条线的标识，就不太容易追踪了。它从左到右，横跨整幅地图，时而弯曲，时而笔直，一部分像是人工建筑。在黄河以东，它随山就势，利用天险，而向西越过黄河大转弯之后，它的走向变得更直，而且它还不止一条线路。它时而分叉，时而又合体，还有一些独立的段落；烽火台的图形以一定的间隔点缀其上。大部分城堡位于这条线以南，北边则只有极少数。就长度而言，这条线的量级达到次大陆级的规模，可以与黄河媲美。我们都知道，它就是长城。

作为一个半文盲的“老外”，对《九边图》的研究我分成了两步。第一步，忽略文字，仅看标识。第二步，借助于阅读文字，弄明白所用语言的意思。

对我而言，《九边图》最震撼我的就是整幅图的尺寸。我们知道地图制作的神奇之处，就是将广袤无比的大千世界，浓缩成可以装进脑海里、握在手中的尺度。我们经常使用的地图，也就是一本杂志跨页大小，再夸张一些，它的大小，也不过是办公桌上方，或者教室墙壁上的挂图尺寸。而当我站在《九边图》面前时，深感自卑，我简直就是一个发育不全的小矮人。我把手举过头顶，伸直才能够着它的顶部；我横跨六七步，才可以从这一头，走到另一头。我以前所研究的唐宋时期的《华夷图》（参见文物十三）上的长城，它就是地图上的一个地标，它所示意的是，它在那儿而已。然而，七百年的时光，并没有带来精确绘图水平的提高。到了明代，《九边图》中的长城依然画得不准确，充满了传说与想象的元素。

地图的尺寸如此不寻常，想必也有不寻常的用途。我曾经在不同地方和不同情形下见过几幅巨型地图，如意大利威尼斯共和国总督宫及梵蒂冈地图廊里的地图壁画，它们制作精良，内容丰富。再就是在战争影片中，曾看到过战地指挥部里覆盖整面墙壁的巨型战事地图。又比如伦敦的英国内阁作战室，“二战”期间，丘吉尔就曾在那里运筹帷幄。那是一个拥有一连串房屋的地下室，每一个房间都悬挂着一张铺满整面墙壁的地图，地图上标记了战线、敌我态势、军队部署等等专题。明朝的《九边图》似乎也有同样的功能。绘制者在《九边图》中重点表现了明长城及沿线的城堡。它们就是这幅图存在的目的。绘制者十分熟悉长城，因为他就是长城守军中的一员。他为同胞们绘制了第一幅专门的长城作战地图，一幅实用的、机密的明朝军事地图，它纯属“兵部内刊”。好，到解读文字的时候了！我在左起第二幅地图上找到了绘制者的自序，共14列文字，并被纳于最大的方框里。

这篇自序翻译成白话文后，它的主要意思是：

> 国家的安宁完全依仗于军事力量。尽管我自己愿意以微薄之力报效国家，可总得不到机会。倏忽之间年过四十，拉弓射箭已不如当年，也没有机会施展，更不要说谈论国家大事。恰巧去年调到职方司做主事，又开始经管军务，经常涉及国家军事要务和策略。我不能再浑浑噩噩下去了！于是我把过去积累的见闻整理出来，并根据当下的形势编著了《边论》九篇。虽然不足以为国家民生大计之用，却可以为多变事态提供参考。同时也消除了我壮年不顺的郁闷。由于国家边境区域广袤，山高水险，道路曲折，城堡多寡疏密不一，而且要根据地形考虑时局，根据优势抓住制胜机会，没有地图也是万万不行的，所以我又绘制了《九边图》。
>
> 1534年4月6日河南灵宝人许论

《九边图》上标有边境地区九个重镇的名称，从东到西（从右到左）分别是：辽东、蓟州、宣府、大同、太原、延绥、宁夏、固原和甘肃，虽然它们所覆盖的地域没有用不同颜色加以区别，但是重镇与重镇之间的边界均写在细长的文字栏中，如“蓟州边西界宣府边东界”等；各个军事机构及其驻所标注得也非常清楚，由大到小依次为：镇城、卫城、所城、堡城和关城等；甚至各个驻所之间的距离都能一目了然，如“从密云到石匣营为150里，从石匣营到古北口为50里”等。如果根据这些里程粗略估算，那么《九边图》大约覆盖了东西1500公里，南北600公里的面积，比例尺为1：250000左右。也就是说，地图上一米的距离，相当于250公里，组成《九边图》的12个屏风，每一个都横跨125公里。

但令人沮丧的是，北京（这些军事工程所保卫的大明江山的心脏）却在地图上消失了。或许是正巧这一处损毁了，粘补之后变成了一片空白。

许论所绘的这幅地图，详细地描绘了长城、关堡、军防和里程，这显然是基于他多年的个人经历绘制而成的，同时也参考了其他边镇的实际情况和相关舆图。这使之成为第一幅全面展现整个长城防御体系的地图。

如果再到地图上的长城以北走一走，你会收到一些“谍报”，尤其是在那些游牧部落的驻地，老对手俺答汗的“巢穴”就在大同以北，“巢穴”一词很显然是中原汉人贬抑北部游牧民的措辞。而那些愿意与汉人“合作”的部落里的人，则居住在“羁縻卫所”里，受到汉人的关照。

许论的生平在《明史》中有专门记载。他之所以能绘制出《九边图》，这与他从小喜好兵法，早年经常跟随身为兵部尚书的父亲许进出入长城重镇有关。加之他身居职方司主事，有着负责保管各式地图的“近水楼台”的条件。1487年，许论出生于河南灵宝。1526年中进士，进入兵部时已经39岁。1537年，他将三年前绘制好的《九边图》觐呈朝廷，受到赞赏，紧跟着得到加官晋爵。1554年，他督办宣府、大同和山西三边军务，之后被升为兵部右都御史。1556年，68岁的许论走上了他的仕途巅峰，成为兵部尚书。三年后他去世，但《九边图》的故事并没有结束。

许论的原图献给朝廷之后，嘉靖皇帝不但大加赞赏，还下令摹绘多幅，供各镇研究使用。这一幅标有中文和老满文两种文字的地图，1949 年初在清朝皇帝的老家——沈阳故宫大扫除时被发现。另一幅只有中文，其上标识有北京地区的《九边图》完好无损，它是中国国家博物馆的镇馆之宝。

极具讽刺意味的是，“这幅地图”很有可能就是用在辽东镇的“那幅地图”，它几经辗转，进了大明朝的劲敌满洲人的宫殿里。这幅被“俘获”的地图竟被上下颠倒，做成屏风，并被迫标注老满文，成了住在“巢穴”里的清朝先祖努尔哈赤（1559—1626）查阅明朝边境军备分布的工具，而且如此赏心悦目！

文物三十八
规划长卷：《蓟镇图》

1987年独步明长城时，我采取了“轻装上阵”的策略。我不但尽量减少随身携带的行装，甚至对将要踏勘的长城区域图也做了一番“修剪”。打开一张巨幅中国地图，我剪下长长的一条，宽度大约表示200公里宽的地区，长城的雉堞线就蜿蜒穿越其上。尽管这幅经过剪裁的地图，曲里拐弯如同“狗啃”一般，并且只剩下了原图的二十分之一，但更加符合我的踏勘需要。

那些喜好长途跋涉的“驴友”们，对这幅经过裁剪的、折叠式可伸拉的长条地图所带来的好处感激不尽。这地图只标出一次行程的线路，剪掉了那些毫不相干的地域，而且折叠起来体积小，伸缩自如，轻便实用。这种形式的地图有其历史渊源。比如1265年制作的古罗马地图副本《波伊廷格地图》（*Peutinger Itinerarium*）其长度超过六米，描绘了公元4世纪的古罗马道路；又如1250年前后，圣本笃修会修士马太·帕理仕（Matthew Paris）所绘制并收录于他的著作《大编年史》（*Chronica Majora*）的序言中的中世纪地图，描绘了从伦敦途经罗马到达耶路撒冷的朝圣路线。三百三十年后诞生的这幅中国明朝的《蓟镇图》，也属于这一类地图的早期代表，但其尺寸要比前二者大得多。该图折叠后呈竖版，尺寸为33厘米×19厘米；如果将它全部展开，可以看到蓟镇长城的全景，通长12.5米！

这本《蓟镇图》自万历十一年（1583）绘制之后，历尽磨难。明代武官康应乾为万历甲辰（1604）进士，万历四十三年（1615）就任山东按察司副使、辽东镇金复海盖道兵备副使、辽东苑马寺卿，专管辽东镇南部军需后勤事务。1621年在清朝先祖努尔哈赤进攻辽东镇时，身在镇城辽阳的康应乾，因害怕这本地图落入敌人手中，悄悄地将地图带回家收藏起来，从此成为康家的传家宝。历经三个多世纪之后，1967年，康应乾的后人因怕被破“四旧”的红卫兵抄走，把它藏在柳条筐里，使之躲过了一劫，但从此几乎被人遗忘。直到1982年，康应乾的第十四代孙康俊香让人用“包袱皮”裹着，从河北鸡泽县马昌村几经辗转，送到了中国国家博物馆。

当时地图的品相惨不忍睹：纸张变黄曲翘，装订多处断裂，页码也不能页页相连。有的地方受潮霉变，或粘连在一起，还有一些页面已经朽成了粉末状。原来贴在图上的一些写有说明的标签也脱落了。尽管如此，博物馆研究员杨文和立即开始了对它的研究。2006 年，在中国国家博物馆和澳大利亚悉尼动力博物馆联合策划下，经过整修后的地图在悉尼展出。

我从展品图集里挑选了一部分页码，将它们影印放大，再一张张粘连拼接起来，地图轮廓就立刻变得清晰了。《蓟镇图》实际上是由“长城工程规划图”和“长城守军驻防图”两部分组成的。工程规划图部分包括图像和图说两部分内容。图像部分不是一幅传统意义上的地图，而是一幅“天际线景观图”。图说则是指通过贴文字标签的方式进行说明。

《蓟镇图》中的“长城工程规划图”部分，使用了两种艺术手法。黑灰色的山脉体现了厚重的笔触，是用“泼墨法”画上去的；在起伏的山脊上，我们能看到长城外侧由毛石砌筑、白灰勾缝的虎皮墙身和顶部的垛口墙，敌台分布在墙体上，间距不一。敌楼看上去形态一致，又细又高，顶上有铺房，还插着小旗。这些敌楼不是画上去的，而是用事先刻好的印章，加盖上去的。蓝灰印表示已经建成的敌楼，红印表示该敌楼还未建成。

工程规划图的部分具象表现了长城的外立面。看着它，我们清楚地知道自己在窥视一个“城墙包围的帝国”。图说则主要与长城修筑的事宜有关，如敌楼的数量和编号、敌楼之间间隔的距离，比如一个敌楼距西面另一个敌楼的距离是 44 丈（178 米）等；又如敌楼和墙体建成的时间、修建的人数、长城北侧的坡长、辅助设施的结构等等。

《蓟镇图》的“长城守军驻防图”，部分使用的是“图标法”。在这里，省去了正方向和比例尺，长城成了一条直线，敌楼也按等距离画出。这部分的图说标签很大，主要信息都与驻防有关，如主兵守台人数、帮空人数、客兵人数等等，就像一块块在岗信息的“公告牌”。

《蓟镇图》的“规划图”和“驻防图”有修筑和驻防各自的侧重，但也

说明：折叠、伸拉式长城地图，现存 670 页，每页尺寸 33 厘米 ×19 厘米

意义：详细、完整的蓟州长城规划图与驻防图

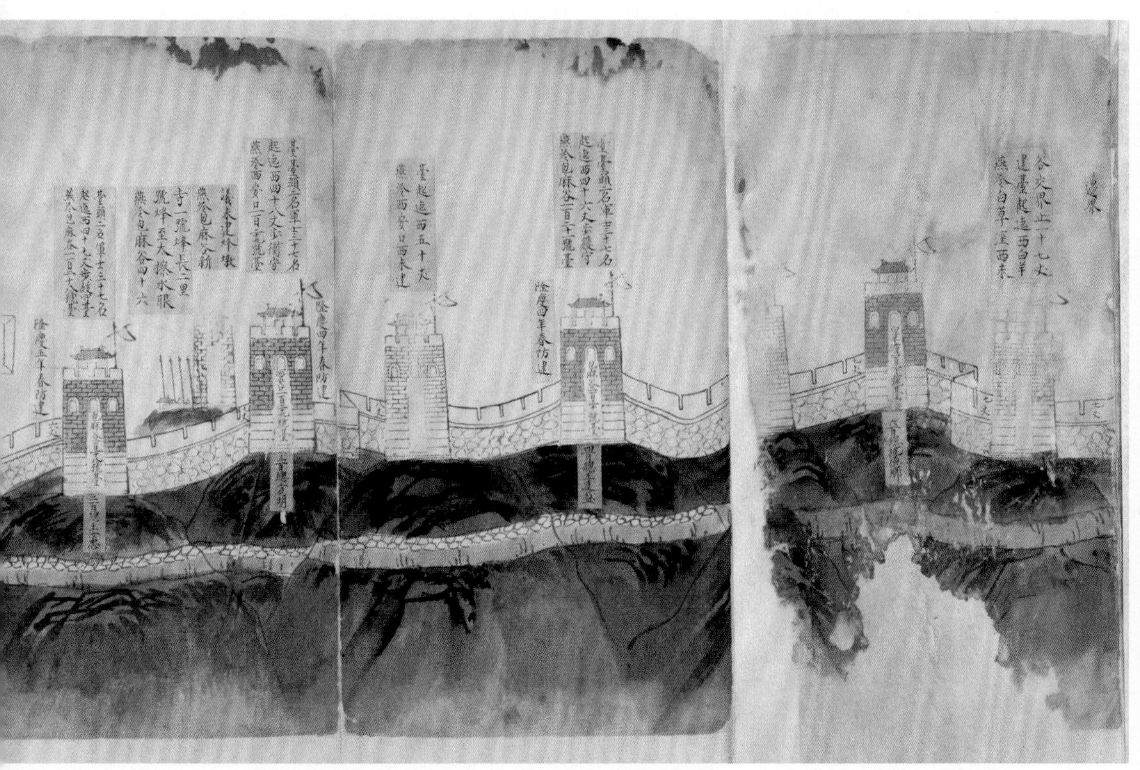

来源：绘制于约 1580 年

现状：现存中国国家博物馆（未展出）

有交叉。如在“地势法”图里也提到布设哨兵和“夜不收”（暗探）的人数等驻防信息；而“图标法”图里也有敌楼的编号、等级、修筑的时间段和敌楼之间的间距等信息。但两种绘图方式都引入了标识体系的概念，类似的思想如今也能在每个城市的地铁地图设计上看到。

1931 年，理查德·贝克设计了配有图解的伦敦地下交通图，此后，全世界的地铁系统都遵循了“伦敦规则”，在交通图中将地铁路线取直，站点均分，并且去除了周围凌乱堆放的白色背景板。而体现了同样思想的《蓟镇图》，比“伦敦规则”早了三百五十年。

此外，《蓟镇图》摒弃了传统的卷轴展示方式，而是采用了折页。这样一来，地图的使用者就可以通过翻页的方式，一段一段地查看。

特别使我好奇的是，这地图没有遵循常规的上北下南的制图法，而是上南下北，也就是站在长城的外侧朝里面窥视。这与地图的使用者、使用地和使用目的有关。长城守将的府邸坐北朝南，大门和府内的陈设相应地也面南而设。将军们坐在案前展开地图，方向正好和自己的视线一致。另外，我想这也许是一种换位思考，指挥官们可以用敌人的视角来审视自己的防御工事。

像《蓟镇图》这种分镇的长城地图，存世的已少之又少。几年前春节期间，我专程前往意大利地理协会，查看了另一本重镇图册《甘肃全镇图册》，它是传统的山水画实景形象画法的绢本色绘图。与其相比，《蓟镇图》是目前为止存世的分镇长城图中最为详细的长城规划图和长城驻防图。它不仅是研究明代蓟镇长城建置和驻防的实用地图，而且是唯一的信息来源。

前文说到的《华夷图》（参见文物十三）是为宫廷所用，《九边图》（参见文物三十七）是战事指挥部的军用地图，而这种可伸缩的折叠式地图，则是为蓟州边防一线人员准备的。

遗憾的是，由于地图的“身体状况”，并未能满足公众一睹为快的愿望。我希望有朝一日这幅地图能通过数字扫描技术，从博物馆的库房里搬到网上，完成它的第四次“拯救”，使得对此有兴趣的来自世界各个角落的人，都可以穿越时空，回到 1583 年，置身于蓟镇长城，感受长城防线最后的辉煌。

《蓟镇图》上的部分文字如下：

1.《长城工程规划图》

此一带上砌下石

此一带石砌偏坡长四千丈

远哨摆拨总路逃军山，北通汤山，东南过青龙河，由李家峪三岔口，通青山口、桃林口，南由臭水坑通佛儿峪、刘家口、徐流口、河流口，北由召毛儿、老长城岭通擦崖子，西由石门至冷口关一百五十里，夜不收二名在此了望。

燕冷琵琶稍一百二十二号台起，迤西三十四丈五尺，步冲，守台台头二名，军士三十七名。

2.《长城守军驻防图》

规字台从西山墩台西空九十六丈五尺五寸东空二十四丈，主兵守台十名、帮空十名、客兵四十名，共六十名。

主兵一十六名欠四名。

本提调下一十名：袁仓、□会、李祥、刘斌、丁廷玺、唐升、徐兴、李仓、潘黑山、李江。

潮河提调下六名：□□中、弓潮、黄金、李仓、羊京、丘儿。

延绥客兵四十名，又代主军四名：于宝儿、段宣、张仲……

备注：

主兵：长期驻守此段长城的军士。

守台：常年戍守长城敌台的守台军士。

帮空：临时顶替的军士。

客兵：临时驻防的军士。如延绥客兵，即临时从陕西延绥调防的延绥镇士兵。

提调：防区主管，一般为把总。如潮河提调，即潮河营把总。

文物三十九
发现时代：《世界新图》

这幅地图文物之所以被我选中，还得追溯到 1980 年。那年，我第一次去美国旅行，在华盛顿特区的美国《国家地理》总部购买了一个精美的地球仪。这个地球仪是非专业人士了解世界的启蒙用具。对我而言，这种启蒙方式不止一种。打开“地心”的灯，地球表面的细节都一一显现出来。我注意到上面标注了中国的万里长城。仔细想想，这是一个十分了不起的事实，因为没有任何一个世界奇迹，没有任何一座建筑像长城一样，被标注在地球仪上。于是，在我脑袋里逐渐产生了这样的问题：中国的万里长城最初标识在世界地图上是何年、何月？

于是我开始了“寻根之旅”。答案的线索遍布全世界，可你猜我最初从哪里启程？自然是中国。首先长城就在中国，而且是中国人发明了制作地图的用具：纸张、指南针和印刷术。然而，二十五年之后，我却调整了我的研究方向。

在我看来，世界地图首先应当是一眼能看出这个“世界大地的图”。这将我的搜寻范围定位在了欧洲。15—16 世纪是欧洲文艺复兴和“探索发现”的时代，人们的地理知识也随之丰富起来。16 世纪初的“世界地图”，都是基于有限的地理知识和大量的猜测与想象绘制的，它们都不够资格作为我寻找的“根”。因为它们无论从何种角度，都看不出是当今世界的模样，并且地图上都没有画长城，但很快情况就不同了。一个世纪之内，大航海带来了丰富详细的地理信息。

为了理解这幅地图的非凡成就，我们需要对它做一个剖析。如果我们把该图周围那些吞云吐雾的“娃娃”装饰、航海探险家的头像、帆船，以及拉丁文标题去掉，在海洋处涂上蓝色，再拿到现代人面前，我敢肯定，无论人们来自何处，是从北京或者巴黎，从比勒陀利亚或者巴拿马，还是从匹兹堡或者圣彼得堡，他们都会用不同的语言，异口同声地说：这不是什么古代的世界舆图，而是真正的世界地图。

我对长城地理的认识，是从历史到当下、从理论到实践、从书斋到长城脚下的一种认识。20 世纪 90 年代，我在骑单车看长城、拍长城的同时，还在故纸堆里寻宝。我找到了 1584 年由亚伯拉罕·奥尔特留斯出版的全球第一部地图集《寰宇全图》（参见文物一）。在这部地图集中，有一页中国地图首次标出了中国的万里长城。上面的拉丁文说明是这样的："这堵墙长 400 里格（大约 1800 公里），在群山中蜿蜒前行，修建的目的在于阻止鞑靼人的入侵。"根据我的推理，绘图者认为宏大的长城有必要出现在地图上，于是基于他能找到的最新的地图资源，对长城的长度做了估算。这本地图集成了我找到长城何时标注在世界地图上的探路石。

2003 年，在非典横行期间，我在公寓里自我"禁闭"，这也给了我一个在案头潜心钻研的机会。我上网花了几百英镑，买到由罗德尼·雪利（Rodney Shirley）编著的《早期世界地图，1472—1700》一书，这是我购买过的最贵的当代书籍。我从前往后，又从后向前来回地翻阅，目光最后落到了荷兰乌特列兹大学图书馆地图珍品馆收藏的一幅不同寻常的地图上。借助台灯的强光和放大镜，我在地图上找到了一条灰色的暗线，那就是长城。我发现，比它古老的地图都没有在其上画出长城，而比它年代晚的地图，则无一例外地出现了长城。标注长城，是因为它是世界奇迹，还是源于它的长度和规模，这并没有过多的解释。但从那时起，长城就成了世界地图上不可或缺的元素。

这幅《世界新图》由科内利斯·德·约德（Cornelis de Jode，1568—1600）制作于 1590 年，也就是中国的万历十八年。当时的世界正处于全球化的前夜，东西方的力量此消彼长。曾经作为"世界中心"的中国停滞不前，而西方世界却在快速崛起。

在《世界新图》的时代，中国或亚洲其他地区制作的地图都相形见绌。相比之下，16—17 世纪的中国、朝鲜和日本印制的"世界地图"，将世界画成圆盘形，其所表现的无非是"盘古风"的东亚次大陆而已。中国当然是"中

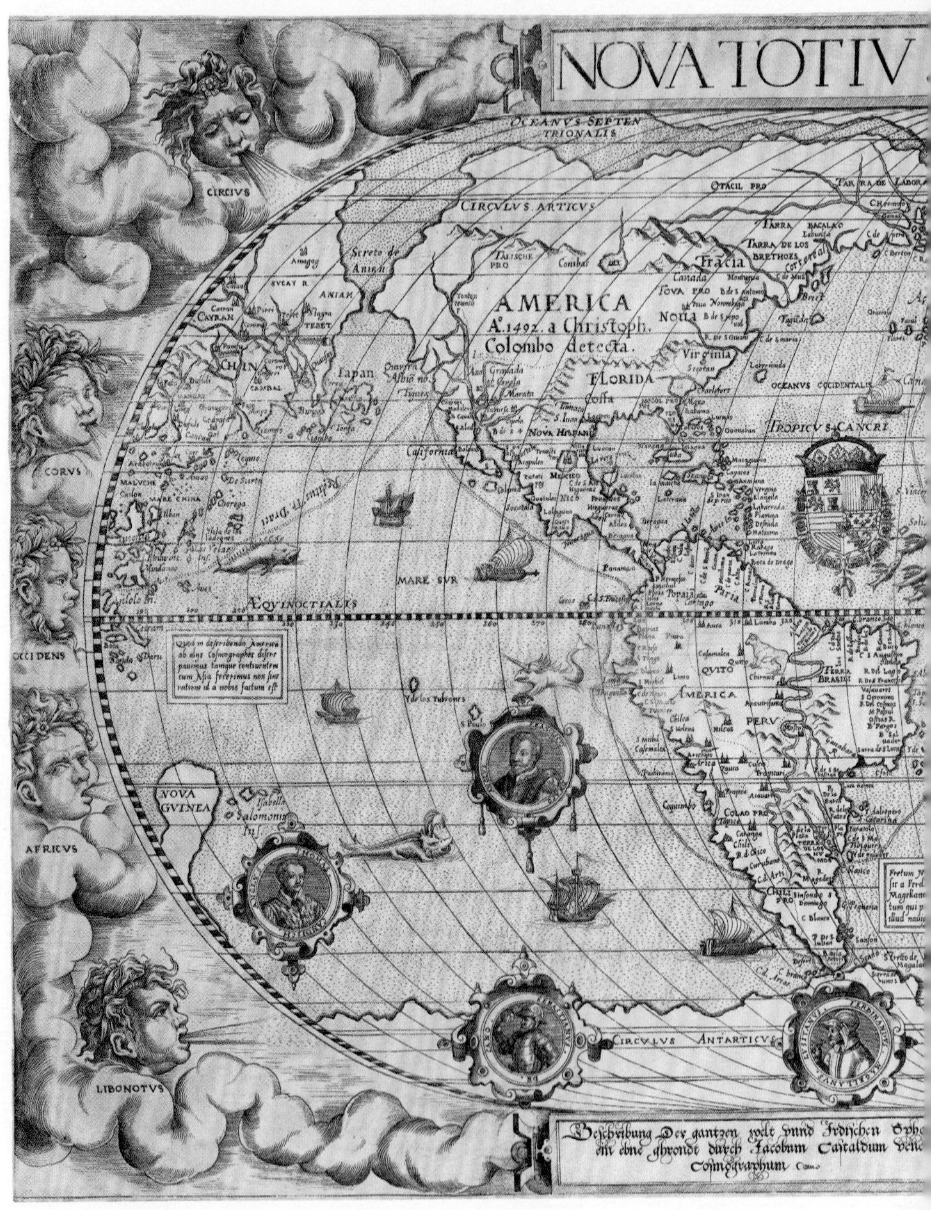

说明：《世界新图》是铜雕版世界地图，尺寸为48厘米 ×81厘米

意义：世界上最早标有中国长城的世界地图

来源：在比利时安特卫普制作。16世纪中叶，威尼斯共和国宇宙学家基亚（转下页）

（接上页）科莫·加斯塔迪（Giacomo Gastaldi）绘制了《世界新图》，1590年科内利斯·德·约德在此基础上增添了最新航海探险的信息

现状：荷兰乌特列兹大学图书馆地图珍品馆收藏

心之国”，其他地域都被边缘化了。与之相反，《世界新图》所描绘的是真实的地球。在今天，没有什么人能够只凭一支铅笔和一张白纸，就把五大洲画得如此精确。它的唯一不足是，缺少了还没有发现的澳大利亚和新西兰。

《世界新图》有三个特点：其一，地图将全球地域拼接在一起，提供了欧洲和中国之间的往返航线；其二，地图上用贯穿大西洋、印度洋和太平洋的虚线标记了弗兰西斯·德雷克（Francis Drake）于1577—1580年的环球航行的航线和信息；其三，如果我们观察地图上的长城，会发现它的大部分段落放在了靠近地图右侧边缘的位置，而还有一小部分段落位于左侧边缘。这幅地图不但有超前的“世界观”，还为欧洲各国的探险家寻求暴利指引了方向。然而，此时中国的地图绘制者依然未能走出“中国中心论”的窠臼。尽管四个多世纪以来并没有人专门宣布这一现象，不可否认的是，全球化进程已然开始了。

《世界新图》只是欧洲绘制地图的技术飞速发展的一个缩影。人们有史以来第一次看到世界的真实样貌，以及位于天涯海角的那些建筑奇迹。“万里长城”不再只是罗马的一小撮耶稣会士才知道的秘辛。

接下来的问题是，如果把长城作为世界奇迹加以考量，而在地图上加以标注，那么，为什么地图上不标注其他“奇迹”呢？如埃及的金字塔、约旦的佩特拉古城、罗马的斗兽场、印度的泰姬陵或者秘鲁的马丘比丘。经过对它们的规模、遗迹、材质、位置、功能、象征意义、景观和所需的人工进行对比，我找到了答案。简言之，长城具有其他世界奇迹所不具有的宏大的地理属性。如果把数字转换成文字描述，即为“长城是世界上最大的建筑物”。无论何种原因，正是《世界新图》把中国长城向全世界广而告知。

具有讽刺意味的是，尽管科内利斯·德·约德在他的世界地图里标注了长城，开创了里程碑式的时代，但是，当时他正在为维持地图制作的营生而焦头烂额。科内利斯出生在地图制作商家庭。父亲杰勒德·德·约德（Gerard de Jode，1501—1591）靠逐渐积累资料，集成一本世界地图册《世界之镜》（参见文物一）。起初，世界地图价格昂贵，买得起的人非富即贵，其他会掏钱购买的只有那些欧洲早期高校里的学者。1593 年，由于地图册的销路不尽如人意，加上父亲去世，单靠制作世界地图册维持生计已经不可能，丧失了信心的科内利斯·德·约德将地图册的版权和铜雕印版，一股脑地卖给了安特卫普的一个生意兴隆的印刷商，期望依靠他的经济实力，使得这部世界地图册能够继续盈利。然而，事与愿违，印刷商把当时市场上最认可的亚伯拉罕·奥尔特留斯的《寰宇全图》作为主打产品，从此，科内利斯·德·约德地图集的铜雕印版再也没有沾过墨迹。

因而，科内利斯·德·约德开始转型，将精力和资金集中在有特点的单页地图上，其中包括了最新的探索和发现。这样的地图制作简单、价格低廉、流通快捷，比大部头的地图册投资少、销路好。这张《世界新图》就是一个最好的例证。地图上的西风、帆船、德雷克、卡文迪许（Cavendish）、德尔·卡诺（Del Cano）、麦哲伦、哥伦布和维斯普奇（Vespucci）的事迹和图名，都生动地表明了它站在地理大发现的前沿。至于为什么这地图只有一张清样存世，还有点让人迷惑。我们只能推测，《世界新图》销路依然不佳，科内利斯·德·约德的事业大厦无法建起，这只是一张付印前的“蓝图”。

迄今为止，长城依然是世界地图和地球仪上唯一的人类建筑。

文物四十
移动目标：捷胜、飞空、灭虏、安边发熕神炮

展示在八达岭中国长城博物馆的这尊大炮，就其厚重的金属材质和长度来看，非常抓人眼球。然而，这尊炮真正震撼我的则是它威风的中文名称：捷胜、飞空、灭虏、安边发熕神炮！

这尊神炮现在摆放的位置，是在一个新修筑有装饰效果的、用纸板制作的长城垛口里面，似乎显得很有战场硝烟的气氛，但是对大部分参观者来说，它的“活力”还是非常有限。它倒像一只被制服关在笼里的老虎，再没有气力发出震天动地的吼声。它渴望挣脱束缚，重获自由。

再仔细观察这门炮，它的炮管上还有几个有趣的文字：“红夷炮”。什么是“红夷”？就是“长着红胡子的西方人”。也就是说，这尊炮是仿照西方人的炮制作的。它的名称、形制令我着迷，使我关注的焦点集中在它的威力和它铸造的历史情境上。

我将它的尺寸和它所被赋予的“捷胜、飞空、灭虏和安边”的使命，记在笔记中，装在脑子里，带到长城实地的垛口墙边。在真实的战事环境中，在敌人攻击的状态下，我希望能搞清楚它是否不负众望。我想弄清这尊大炮是如何工作的，它是否真的是长城上最先进和最有效的武器；另外，“红夷炮”这种舶来品，是如何成为发明火药的中国人制造枪炮的楷模的；作为火药发明的中国人，为何从引领者变成追随者。首先我要在八达岭长城上找到安放大炮的炮台，它们是一系列砖砌的台子，高度与垛口平齐。这尊大炮的纪年是“崇祯戊辰年”，也就是崇祯元年（1628），距离明朝灭亡还有十六年。

据此不久前的天启年间，南山参将徐永胤曾作诗赞颂长城盛景，表达守城将士的心绪。这首诗被镌刻在北京延庆明长城九眼楼敌台附近的一块石碑上：

说明： 前装滑膛红夷型火炮，管壁为铁心铜体。炮长 170 厘米，炮口外径 22.3 厘米，内径 8.5 厘米，炮重 420 公斤，炮身有铭文

意义： 在长城沿线使用过的大型武器

来源： 明崇祯戊辰年，1628 年铸造

现状： 北京延庆八达岭中国长城博物馆收藏

登火焰山次韵六首·其二

队队旌干甲士重，
翩翩振衣上危峰。
徘徊雁塞都如画，
登揽狼胥似可封。
万寿有山悬日月。
四郊何处不芙蓉。
盘龙踞虎皇图壮，
何必金陵访旧踪。

这首热情歌颂长城的诗，让我梦回大明盛世——统治一亿人口的世界第三大帝国。徐永胤将长城比作“盘龙”，他看到整齐列队的长城卫士甲胄齐整，寒光凛凛，烽台偃旗息鼓，弃置不用。然而，他并没有提及大炮。

长城上的炮台遗址显示，大炮分布稀疏，可能只用在防守最薄弱的地点。在长城上使用大炮，并非多多益善。首先，炮的体重，420 公斤笨重的大家伙，挪动起来着实不易，所以得为它量身定做“炮台”，将它固定不动；其次，这种前装滑膛炮，每次填装火药和铅子非常麻烦，耗时费力。炮身上的铭文非常清晰地告知了使用的方法：一位用药二斤，宁少勿多，打五、六木榔头不等；木马一个，二斤重铅子一筒，或再添一斤铅子亦可。但别忘了，敌人是马背上的骑兵，行动迅疾，往来自如；笨重的大炮动弹不得，所以它在使用时只能以霰弹的方式杀伤敌方人马，作用是有限的。

15—16 世纪，葡萄牙在当时与法国、英国、西班牙、威尼斯城邦、荷兰和德意志等海上强权互相争战，并掀起了军备竞赛，武器的革新以“小步快走”的方式持续进行。1519 年中国人第一次在珠江三角洲，从佛郎机国（葡萄牙）的战舰上接触到西方的枪炮。东莞县白沙巡检何儒登上其中一艘船，看到了中国水手杨三、戴明的身影。他们曾和这些洋人一起远航马六甲，并在马来半岛逗留。何儒让这些洋人为明朝服务，并给予其丰厚的报酬。他通过观察葡萄牙炮手的操作，熟悉了佛郎机炮的铸造和使用方法。在《明史》兵志中也提到，中国人看到了西方枪炮的威力，从此开始复制这类武器，甚至还从海外各地购买了一些。

不久后，葡萄牙人在明朝官员的默许下，登陆屯门开展贸易，并迅速建造房屋和工事。然而，葡萄牙人震耳欲聋的炮声和“吃小孩”的流言在乡间蔓延。随着正德皇帝（1505—1521 年在位）的驾崩，葡萄牙人被要求离开，但他们不仅拒绝，而且还向明军发动了进攻。然而，明朝在战斗中获胜，并缴获了更多的佛郎机炮，从此开始仿制。

在造访中国长城博物馆一个月之后，我在相距这尊炮 8500 公里之外的英国，看到了 31 门神炮“同父异母”的兄弟大炮。它们是在 1545 年 6 月与著名战舰“玛丽玫瑰”号一同沉入英吉利海峡的。水下考古学家从“玛丽玫瑰”的残骸中把它们打捞出来。

如果不看炮身上不同的铭文，它们和神炮面目相似得几乎无法区分你我，它们均巨大无比，长度相当于一个大高个子人的身高，重约 400 公斤。英国炮身上有拉丁文缩写“HI”，意思是“不可战胜的亨利”。这门大炮来自国王亨利八世（1491—1547）拥有的众多战舰之一。值得注意的是，在“玛丽玫瑰”沉船八十三年之后，神炮才被大明王朝铸造出来。又仅仅过了十六年，明代最后一位皇帝崇祯皇帝上吊自杀，大明王朝走到了尽头，作为防御工事的长城，也随之废弃。

尽管这两门大炮长得一模一样，但它们来自不同文化的大陆。比较一下大炮的设计，英国的显然胜于中国的，虽然中国人发明了火药，率先设计出第一批枪支和大炮，但是到了 16 世纪，这些“红夷”们学会了制作枪炮的方法，而且进一步改进了技术，走在了前面。

纵观历史，中华帝国与北方民族的关系是复杂的，除了激烈的冲突，还有贸易和交流。由于中原王朝禁止生活必需品流向草原，这才导致了持续两千余年的战争。荷兰与英国的使节先后于 1655 年和 1793 年，来到中国寻求扩大贸易，却遭到拒绝。当时，欧洲对一些中国产品的依赖，比如茶叶之于英国，已经大到了足以发动战争来获取的地步。而欧洲人在商场上得不到的东西，却可以通过“玛丽玫瑰”这样的“移动炮台”从战场上换取。

战火从北方转至南方，从草原转向大海。中华帝国的敌人从马背上的游牧民族，变成了驾驶着战船、用先进武器装备起来的“红夷”。最终，西方列强用坚船利炮打开中国的大门，占据港口，控制海岸和水道，建立“租界”和殖民地，使中国蒙受百年耻辱。具有讽刺意味的是，他们带着改进了的武器装备，重新回到其发明地，打败了它们的发明者。

文物四十一
帝国末日：明末兵部
关于惩处蛊惑民心反叛朝廷者的奏疏

大多数人或许会赞同，如果将历史退回到公元前 3 世纪，秦始皇应当算作主导修筑长城的“开山鼻祖”（参见文物十一），但是很少人会想，在历史的另一端，哪个皇帝是长城命运的“终结者”呢？

在我看来，他就是明朝的最后一位皇帝崇祯（1628—1644 年在位）。尽管他有历史上最坚固的万里长城的保卫，但是明朝到他即位执政时却内忧外患，江河日下，覆灭几乎已成定局。由于人们熟知这段历史，对我而言，就有了新的要求。我要找到一件文物，并且通过它来挖掘时局的“内幕”。

翻开“老黄历”，一直往回查到崇祯十七年（1644），从农历正月到四月，发生了一连串改变中国历史的事件。长城也随之从国防工程变成了一座纪念碑。我按照时间顺序，在 2014 年的挂历上圈点出这些事件的日期和地点，并对这些地点一一重新造访，期待这旧时空能带给我新的启示。

北京箭扣长城

在一个暮冬的黄昏，我登上了箭扣长城。长城上的乌鸦不停地聒噪，仿佛表明我是一个不速之客。在崇祯十七年初，长城上下一如既往，一个又一个的夕阳消失在山的尽头。

是年三月，长城敌楼已经年久失修，疏于戍守，将士们也停止了日常训练。此时的士兵们有的狩猎，有的砍柴；而将官们近来一直在谈论着如何加强防御工事的事情。尽管这些已经不是新闻，但从未付诸实施，看来今年是非做不可了。

四月，谣言满天飞。从西部揭竿而起的“叛乱分子”正向京师迅速逼近。在东边，夜不收（间谍）传回消息，辽东宁远关已被满洲人强大的骑兵攻陷，山海关也是大兵压境。

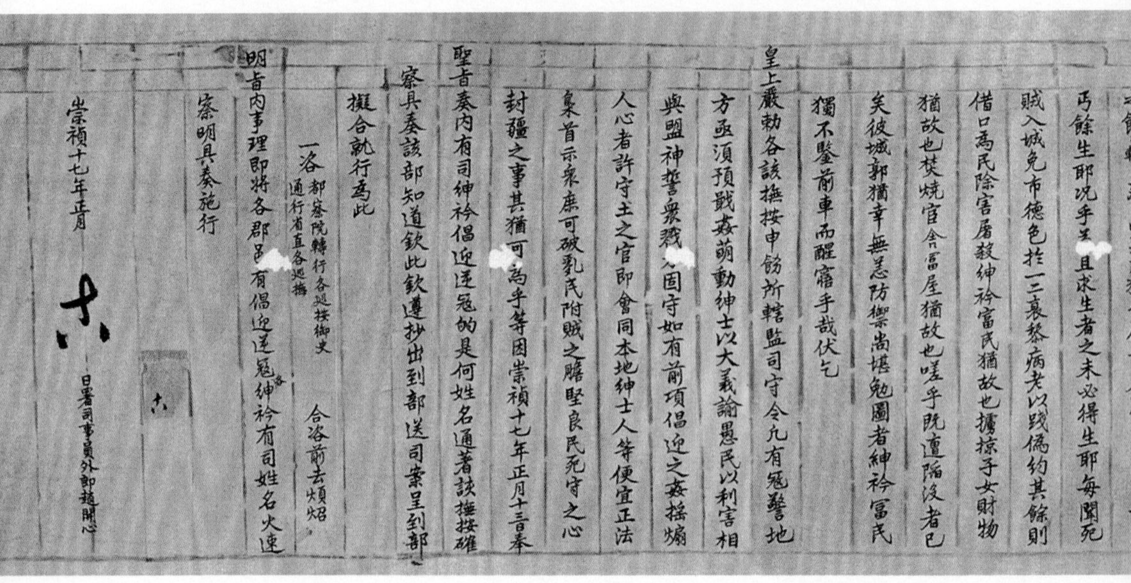

丐餘生耶况手足……且求生者之未必得生耶每聞死
賊入城免布德色於一二衰黎病老以践倘約其餘則
借口為民除害屠殺紳衿富民猶故也擄掠子女財物
猶故也焚燒官舍富屋猶故也嗟乎既遭陷沒者已
矣彼城郭猶幸無恙防禦尚堪免圖者紳衿富民
獨不鑒前車而醒寤手哉伏乞
皇上嚴勅各該撫按申飭所轄監司守令凡有冦警地
方亟須預戢姦萌動紳士以大義諭愚民以利害相
與盟神誓衆戮力固守如有前項倡迎之姦搖煽
人心者許守土之官即會同本地紳士人等便宜正法
梟首示衆庶可破亂民附賊之膽堅良民死守之心
封疆之事其猶可為乎等因崇禎十七年正月十三日奉
聖旨奏內有司紳衿倡迎逆寇的是何姓名通著該撫按確
察具奏該部知道欽此欽遵抄出到部送司案呈到部
擬合就行為此
一咨都察院轉行各巡按御史 通行省直各巡撫 合咨前去煩照
明旨內事理即將各郡邑有倡迎逆寇紳衿有司姓名火速
察明具奏施行
崇禎十七年正月 十八 日署司事員外郎趙開心

说明： 明崇祯十七年（1644）正月十八日，颁自兵部署司事员外郎赵开心手书奏疏，长 157.5 厘米，宽 33 厘米

意义： 明朝末代皇帝崇祯对协助李自成进城的人的最后一道惩戒令

致字三十九　一件死賊假仁假義等事

行稿

行

限　日上

関津[illegible]單成發

兵部為死賊假仁假義衆心如醉如痴仰懇

聖明嚴勅地方官吏[illegible]倡迎之姦以維節義以固封疆事職

方清吏司案呈奉本部送兵科抄出刑部四川司員外

郎王鳳翼奏前事內開臣刑曹末吏山右迂儒不宜

言及軍國大事目擊時変義憤填胸遂不顧倨侮妄

言之誅謹剖肝瀝血上陳竊惟流氛發難數年以前其

勢非不披猖間有殘壞城邑多係墻垣矮薄居民寥落

儲備空虛苦于力不能支以至巨郡大邑高城深池人煙

輳集之地儘可與賊相持從未有隨攻隨破（不攻自破）如近日者

也邇來降賊紳士實繁有徒負

聖朝三百年作養之恩甘心為賊運籌蠱惑無知百姓曰

開城款迎者兵不血刃也嬰城拒守者盡數屠戮也地方

二三姦徒賊尚未薄城下輒先倡說遠迎深可恨者不

肖怯死守令及幾倖苟免紳衿往往相率出城望風

繫委置不守昔則不能守者猶是棄城而逃今則儘

可守者不免開門而揖事勢至此可為痛哭流涕者也

夫迎賊者不過懼一死耳此在愚民無足怪也至于地方

官及紳士讀聖賢之書受

来源：明朝兵部署

现状：中国国家博物馆馆藏

五月，没有运送粮草的车辆，没有兵部的巡视，甚至连一个传令官也见不到，一切似乎都是混乱不堪，唯一正常的事情就是缺钱。朝廷的不作为，引发了大量的猜测。据说，华北闹饥荒，人民揭竿而起，包围了北京，甚至可能已经攻下北京，杀了皇帝。还有消息说，满洲军队兵不血刃地越过了山海关。

紫禁城皇极殿

上述是我所看到的长城前线的状况，那么在京师的皇帝他的心绪又是如何呢？1644年2月8日，那是猴年正月初一的黎明，明朝朱姓皇族在统治中原二百七十六年之后丧失了其显赫的地位。崇祯皇帝即位，他是明朝第十五个承继天意、统管天下的皇族。紫禁城的皇极殿（即太和殿）举行各种大典已有两个半世纪。

72根巨大的楠木柱子支撑着大殿的红墙绿瓦，但支撑崇祯皇帝的帝国大厦的支柱——文武大臣们，不得不与他们所鄙视的、权倾朝野的阉党共事，这是晚明政府的常态。晚明朝廷依然是那座金碧辉煌的金銮宝殿，依旧是这些御前大臣，但从各方传来的消息都证实了，是年的日子依然不好过。在过去的二十五年里，中原的一亿人口中有1500万消失在饥饿、疾病等天灾人祸之中。

灾难一个个铺天盖地地朝崇祯皇帝袭来，大明王朝气数将尽，就连大自然都在与他作对。当时的中国处于异常寒冷的“小冰河期”。干旱不断地蔓延，连续五年滴雨未下，被称作“崇祯大旱”的旱灾持续发威；而黄河下游的“稻米之乡”在经历了1556年那场嘉靖大地震导致的溃堤之后，就再也未能恢复元气，接下来的一个月，又发生了400多次洪水和灾变。这些自然灾害导致土地荒芜，粮食减产，国库空虚，民不聊生。人们相信，这些灾异是上天对无能的朝廷的警示和惩罚。

与此同时，在陕西和四川一带相继爆发了李自成、张献忠领导的农民起义。李自成在西安建立大顺国，继而向北京进军。大顺军逼近京师，势不可当，试图从内部推翻大明王朝。在东北方的长城外，满洲人早已取代蒙古人成为明朝政权最大的外部威胁。在内忧外患的夹击下，大明江山风雨飘摇。

春节刚过，还未到十五，崇祯皇帝就紧急召见兵部尚书商讨国事。五天之后，兵部署司事员外郎赵开心在朝会上奉皇上圣旨向全国官员宣读了措辞严厉的《兵部为死贼假仁假义众心如醉如痴仰恳圣明严敕地方官吏急剪倡迎之奸以维节义以固封疆事疏》。这正是我要找的这件“文物”。

这份获得皇帝首肯的兵部奏疏，是行将就木的大明王朝的真实写照。皇帝深知各省的军队早已不愿为他卖命，于是只好求助于文字，用严重的后果来威吓那些意图归附“死贼”的官员。

这时距离李自成攻陷北京还有九个月的时间。我们读到的这份奏疏也并不是一份紧急文件。它以皇帝敕命的形式颁行全国，慢慢地从中央下发到省府州县。现在让我们来读一读奏疏的内容：

兵部为扼制死贼（李自成）用假仁假义的手段来蛊惑民心所颁布通令如下：

四川官员王凤义冲破重重障碍向上呈报：死贼多年在当地无恶不作，并用假仁假义和小恩小惠的手段来蛊惑民心。最初只是小城邑遭到破坏，目前大城池也情况告急。然而在这危急关头有些人却煽动愚民百姓，试图助死贼一臂之力。

近三百年历史的明朝，恩重如山。众多官吏和书生，却贪生怕死，放弃抵抗，痛哭流涕向死贼求生。如是平头百姓不足为怪，但这些人曾受惠于朝廷，他们的行为不可饶恕。

皇恩浩荡，地方官员应当忠义报国。死贼的一贯做法就是所到之处烧杀抢掠。低三下四地向贼求生，不如轰轰烈烈地为国捐躯。

奉圣旨，各地必须做好抵抗死贼，遏制扰乱民心者的企图。一经发现，立刻上报名单，并当即砍头示众。

崇祯十七年正月十八日兵部署司事员外郎赵开心

愤怒、可笑，还是荒谬？我甚至怀疑它是否真的发布了出去。即使确实发布了出去，又能送出多远？它到底有多少广而告之的效力，起到了什么震慑作用，姑且不论，但无论如何，它是一件非常重要的文件，它帮助我们了解大明王朝日落西山，导致长城终结使命的缘由。

居庸关

居庸关矗立着一座李自成骑马腾飞的雕像。我在雕像前凝视着他咄咄逼人的眼神，感觉当年明末皇帝崇祯大限已经到来的情景。三月十九日（阳历 4 月 25 日），京师北大门居庸关城下，蓟镇西协总兵唐通，迫于大顺军威，开关投降。兵部的奏疏颁布了仅仅两个月之后，大顺起义军就攻占了京城，崇祯皇帝登上景山，在他的贴身近侍王承恩的协助下，自缢身亡。

山海关服远门

这座曾经的中国东大门已经荒草遍地，风光不再。崇祯十七年四月的一天（阳历 5 月 27 日），皇上的宠将吴三桂在这里敞开了大门，让日益强大并蓄谋已久的大清军自由入关，实现了入主中原的多年梦想。而李自成的大顺军攻克北京之后，挺进明朝最后的堡垒山海关，劝明总兵吴三桂投降。此时被夹在大顺和大清之间的吴三桂，直到最后一刻，才决定与大清摄政王多尔衮联军，在山海关一片石之大战中，清军击败了李自成主力。

紫禁城皇极殿、昌平居庸关和山海关服远门，三个不同的地点见证了同一个故事的三个不同阶段。在叛军的进逼下，崇祯皇帝寄希望于他的官员保持忠贞，然而他们却选择了背叛。一道敕命无法挽救腐朽的大明。自杀的皇帝、投降的官员、变节的将军，共同终结了明朝和它的长城。

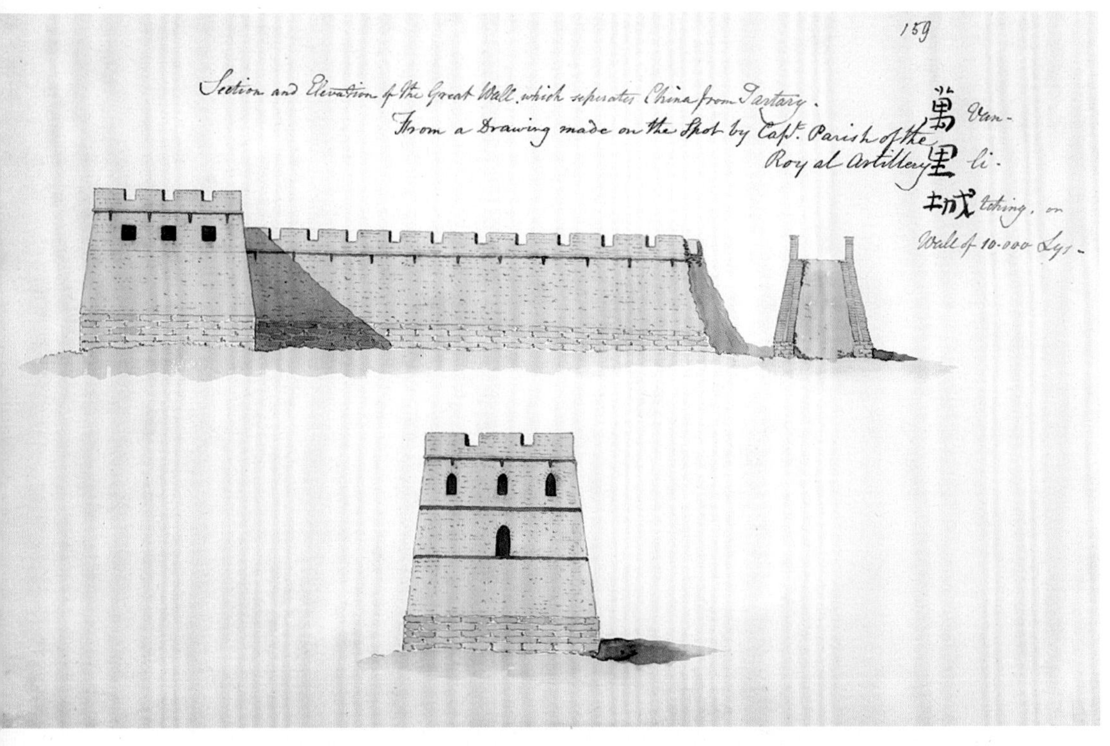

第五章

长城遗迹：

1644—1987 年间的文物

长城，在清王朝时期彻底改变了命运。特别是在康熙和乾隆年间，清朝的版图扩展到了北部草原，甚至比今天的中国版图还要大百分之五十。长城变得无用，因而被废弃。

与此同时，来自西方的压力越来越大。耶稣会等不同机构在中国的影响越来越大，目标越来越激进；清政府拒绝了外国使团的种种要求之后，鸦片战争爆发，香港被割让，各处通商口岸被迫开放给外国势力。

然而，长城的“新时代”到来了。康熙年间的 1708 年，明长城开始逐渐得到测绘。西方人试图用文字、绘画以及图片解释长城，但这些手段显然无法表现它的全貌。1907—1908 年是一个突破口：奥雷尔·斯坦因踏勘了部分汉长城，威廉·盖洛则几乎走遍了整个明长城，两人都为此撰写了具有里程碑意义的实地考察论著。

20 世纪，中国人开始走上觉醒、革命和振兴的道路。长城变成抗日战争的前线，成为中华民族自强不息的图腾。然而，在“大跃进”和“文革”期间，长城遭到了破坏。1984 年随着邓小平发布“爱我中华，修我长城”的号召之后，这种破坏长城的情况得到了遏制。长城再一次成为中国人民伟大力量的象征，随之也成为世界文化遗产和旅游胜地。

2008 年，对明长城这座露天博物馆新一轮的大规模测绘开始了。伴随着中国经济的腾飞，各种车辆特别是私家车数量的迅速增加，长城又面临着新的挑战。长城的未来是好是坏要依仗政府部门的监管，科学和可持续的展示利用，更有赖于公众对文物保护意识的提高和积极参与保护行动。

文物四十二
科学测绘：康熙朝《皇舆全览图》

这部康熙朝《皇舆全览图》，是由35幅单页地图组成的康熙年间中国版图集。其中的一些图幅引起了我极大的兴趣。如果把它们从东到西对接起来，就呈现出万里长城的走向。在图中，明长城从一端到另一端的每个细节，包括它的主线、分支、环线，循着像垛口一样的图标，我们能观察到300多个长城地名——“关”“口”“门”和“水门”。我用地图滚动测量器测出的长城，总长度大约为6700公里。而在三百年前，好奇的绘制者很可能也做过同样的测量。

不同寻常的是，图中的长城是在中国制图史上第一个全国性的版图测绘中绘制的，而且出自法国传教士之手。在长达十几年的田野测绘之后，1718年，整个中国版图展现在康熙皇帝面前。它呈现了中国历史上版图最为广阔时期之一的疆域，也是18世纪全世界最为详尽和精准的中国地图。

滴水石穿，非一日之功。对于绘制者而言，这不只是十年磨一剑的功夫。自从16世纪中叶第一个传教士到来，他们就意识到，无论是对他们自己、对他们所要侍奉的主人，还是对给他们提供资助的教会以及更重要的对于他们传播天主教的终极目标，地图集都扮演着重要的角色，它标记了上帝的福音在18世纪初所能传播的距离。他们赢得了天下之君——康熙皇帝的赏识，获准测绘中国版图，却没能让中国转变为天主教国家。然而，在欧洲，康熙朝《皇舆全览图》被称作为《耶稣会士康熙地图集》，可见它不仅呈现了康熙王朝的辽阔疆域，也足以证明，欧洲传教士的外交技巧、科学态度和坚韧毅力，以及他们所拥有的精准的测绘技术，确保了这一事业的成功，并成为传奇。

如果你想体会一下当年传教士们的成就，你可以亲手测绘并制作一幅地图，哪怕只是你周围方圆五公里的地图。除了一般制图用具之外，你还要准备量角器、指南针以及其他的必要装备。

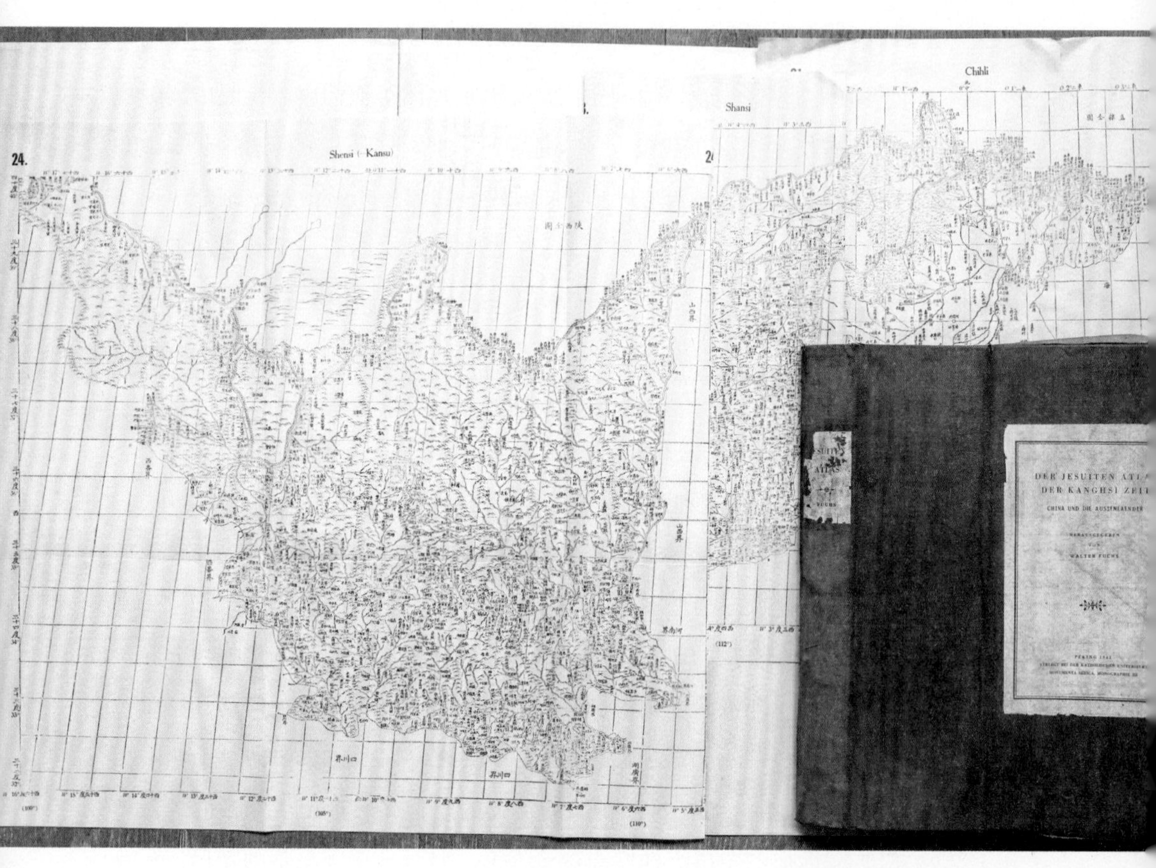

说明：康熙朝《皇舆全览图》，分省、地区图集（单页，35 幅图，盒装）

意义：1707—1708 年，用科学方式绘制、精确度极高的明长城地图

来源：1707—1717 年康熙皇帝下令，由法国耶稣会传教士主持编绘，1718—1941 年印制过多种版本。此件藏品是 1941 年出版于北京的 1721 年的复制版

现状：作者个人藏品

你将如何开始这一工作呢？你要走到户外，对大地做测量。先用指南针搞清方向；你得观察太阳的最高点，从而精确地记录下当地的正午时刻，并将此刻时间与格林威治时间做比较（记得戴上墨镜保护眼睛）；你还必须在晴朗的午夜时分爬起来，在满天星辰的夜间测量地平线与北极星之间的夹角（如果你在北半球的话）；这些实地工作完成之后，你接着要在室内伏案画格子，做好比例尺，计算并绘出地图；最后别忘了给你家的位置加上经纬坐标。如果以上任何一项做不到，你所绘制的就只是一幅示意图。在传教士们所面临要克服的重重困难中，你甚至都过不了第一关——让大清皇帝康熙发现你的价值，认为你的非凡技能可以为他所用。

在 1689 年，清朝与俄罗斯签订《尼布楚条约》的过程中，法国耶稣会传教士张诚（Jean-Francois Gerbillon，1654—1707）曾担任翻译，并赢得了皇帝的赞赏。于是他利用自己的影响力，获得了展示耶稣会制图技能的机会。1705 年，他获得了康熙皇帝的恩准，在制作地图之前，挑选制图员。

长期以来，“求职”是传教士们在中国传播福音的必要条件。他们带进中国的无论是天文学、计时学，还是数学和制图学，目的都很直接，那就是力图让中华帝国接受罗马天主教。传教士们试图揭示，是上帝赋予了他们这些优秀的能力，使得他们能够理解地球和人世间的一切。如果他们能劝说中原皇帝变成天主教徒，那么就不愁其他人不追随。

耶稣会士是中国首批“外国专家”。1601 年，意大利人利玛窦（Matteo Ricci，1552—1610）最早受罗马天主教的委派，经葡萄牙人占据的“飞地”澳门来到大明朝的都城北京。他“混进”了明朝宫廷的社交圈，受赠土地建造教堂和自己的墓地。此后一批优秀的耶稣会科学家跟随他的脚步来华。耶稣会士被认为是教廷学术水平最高、实践能力最强的一批人。当代的教皇方济各（Pope Francis）就是耶稣会士。他们在罗马学习完宗教课程之后，还接受一些其他科学技术的培训，之后才得以分配传教任务。

17 世纪末，法国传教士来到中国，他们有着用科学的方式制作地图的本领。科学制图技术看起来有可能引起新兴的清王朝的兴趣。法国国王路易十四（1643—1715）出于多种目的，对法国耶稣会信徒的中国之行提供资助。这些目的包括打破其他欧洲国家传教士在中国的统治地位，获取更多关于中国的知识，还包括为天文学家乔凡尼·多美尼克·卡西尼（Giovanni Domenico Cassini，1625—1712）提供相关的天文数据，尤其是有关木星的诸卫星日食时间的数据。当时卡西尼正在为简化经度计算而制作一个编译表。

不久之前，卡西尼被委任为新组建的巴黎科学院（又称巴黎天文台）的国王天文学家（the King's astronomer）。被选中的传教士在他的指导下，集中研习数学、天文学和制图技术，同时还得通晓当地语言。在清朝康熙年间，他们不但要懂汉语，还得会满文。一般来说，这些传教士都会在传教地度过一生，客死于他乡。

这些法国的传教士死后都葬于北京“栅栏墓地”，这里如今是中国共产党北京市委党校的校园。然而，他们的墓碑却在离这里几公里之外的五塔寺里。1900 年，这些墓碑被集中保存起来，以免被义和团破坏。我从镌刻着龙纹和十字架装饰及中文、拉丁文双语的石碑上找到了四位“勘测之父”的名字：张诚、雷孝思（Jean-Baptiste Régis，1663—1738）、白晋（Joaquim Bouvet，1656—1730）和杜德美（Pierre Jartoux，1669—1720）。

1705 年，这几位耶稣会传教士对北京和天津之间一片易受洪水侵袭的开阔地进行了测绘。经过 70 天的专业测绘，他们向康熙皇帝展示了一幅北京周边地区的样图，还向皇帝演示如何使用地图，包括拿地图的方向、测距和看地图的方法等。这幅地图没有装饰，是一件实用工具。现在我们所知道的是，它成功地取悦了康熙皇帝。

康熙皇帝之所以对精准的地图感兴趣，一是因为康熙年间清朝版图之大，超过历朝历代，他亟须绘制权威地图以表功，同时“摸清家底”，了解国家的边界。二是由于西方的经纬度测量技术和带有经纬网格的地图绘制方法，比中国传统绘画式的制图方式更加精准，可以在军事上，特别是在边疆地区派上用场。当时，长城内外已经成为一个国家。很多北方游牧部落驻留在天高皇帝远的“华夏边缘”，与中央政权若即若离。其中的一些，尤其是准噶尔部，仍然对中原构成威胁。康熙皇帝深知这一点。

根据《孙子兵法》的思想，地理知识是在战争风险较高的新的疆域中运用兵法的基础。康熙十分清楚，如果战前的后勤准备不充分，战时的情形会有多么危险。以往他对一些汉官忽视边疆地区地理的认知态度，很不以为然。1697年，在进攻准噶尔的前一年，他的“绿营”汉军因为对当地地理不熟悉而败亡于饥饿，令他记取了这一惨痛的教训。

此外，1707年，康熙帝命患病的张诚做好带领杜德美、雷孝思和白晋去测绘长城沿线区域的准备。这项工作于1708年启动。可为什么要测绘长城呢？无人知晓，或许这个具有传奇色彩的军事建筑，曾经阻挡过康熙的祖辈向中原挺进的步伐，从而“迷住”了这位满洲皇帝。

巴黎书院的历史学家，法国耶稣会士杜赫德（Jean-Baptiste Du Halde，1674—1743）根据28个活跃在中国的传教士提供的资料和信息，编纂了《中华帝国全志》（*Description de la Chine*）。书中提到，1709年1月，这些传教士从巴黎回到北京，向康熙皇帝敬献了长4.5米，绘制有从山海关到嘉峪关的万里长城的地图。遗憾的是，这幅地图的原版遗失了。我很好奇，这些传教士中是否有人真正走遍了长城的全部地段，成为历史第一人？据我所知，白晋神父在测绘工作两个月之后，就一病不起。但我不能确定，测绘队是否采用了后续开展的测绘工作所采用的那种工作方法，即为了提高工作效率，而分成若干小组分头行动。

尽管这已经是传教士们接受的第二项任务，但他们似乎仍然在清廷的“试用期”。据杜赫德书中介绍，在1709年年底，他们接受了最关键的考验——绘制康熙皇帝熟悉的北京周边的北直隶省地图。从这之后，他们最终才得到了康熙皇帝的信任。令人惊讶的是，当耶稣会士初到中国之时，他们被禁止学习中文，甚至不被准许出行。现在他们却即将踏上最远的征程，测绘整个帝国。

长时间、长距离的测绘工作开始了。超负荷的工作在极差的条件下进行，导致几个神父因劳累过度致死。为了提高工作效率，整个测绘团队分组测绘。

他们利用先前通过天文观测计算得出的数据，在全国各地设立测量基准点，在已有的信息网格基础上，在夜间用倾角罗盘测量北极星与地平线的夹角，获得纬度；最初，法国传教士使用的“巴黎子午线”，是一条通过法国科学院“卡西尼屋”的经线。先贤早已计算出了北京时间与“巴黎子午线”时间的差异。后来传教士们建立了一条穿过紫禁城康熙皇帝宝座下的“北京子午线”。而在这次测绘中，传教士使用了木卫日食计时和北京子午线计时两种方法来计算经度。

传教士们一点一点地最终记录下641个精确地点，从而绘制出了网格。另外一些地点的位置和距离，通过比照已知地点，采取三角罗盘和简单几何学测出，其中包括很多重要的地理或历史地标的形状和坐标。

终于，在“样图”展示了十三年之后，传教士才回到北京，将康熙朝《皇舆全览图》展示给康熙皇帝。随后，耶稣会士秘密地将他们的测绘成果传回法国。他们的资助者，另一个同样有才华和献身精神的团队将其加工后出版。与杜赫德的《中华帝国全志》同时期的地图成果十分丰富。1738年，国王地理学家（the King's geographer）丹维尔（Jean-Baptiste Bourguignon D'Anville, 1697—1782）出版了《最新中华与鞑靼地图集》（*Nouvel Atlas de la Chine*，*de la Tartarie chinoise et du Thibet*）。这些地图共同开启了制图新时代。

虽然法国人快速地出版和发行了这个测量结果，但康熙皇帝和他的继承人却对该地图的出版进行了严格限制。清朝的制图学依旧保持了原有的粗糙和装饰性的风格。大多数中国人也不重视科学地理知识带来的益处。康熙朝《皇舆全览图》的伟大之处，似乎仅仅在于展示了清王朝征服的地盘而已。

清王朝仍然是一个传统的、抗拒变革、内向守旧、躺在前人功劳簿上睡大觉的封建帝国。相比之下，文艺复兴之后的欧洲人则成了新知的先锋，他们放眼世界，振兴教育，开放而生机勃勃。

直到二百多年后，康熙朝《皇舆全览图》才被“解密”。1921年，它的印刷铜板在沈阳故宫里被发现。1929年，用该印刷铜板印制出的地图，根据它神秘的历史更名为《满汉合璧清内府一统舆地秘图》。其中的一些地理信息，直到那时还是最精确、最翔实的。

康熙朝《皇舆全览图》是中国长城测绘史上的一个高峰之作，此后三百年间再无可与之比肩者。直到 2007—2008 年，国家文物局才再次对长城进行全面普查。这次调查的一大亮点是，使用了全球卫星定位系统，并且呈现出了与康熙地图非常不同的长城面貌。1708 年，绘图者踏上发现长城之旅，2008 年，人们却只能捡拾它的残躯。

文物四十三
细致入微：长城敌楼剖视图、水彩画及其实地考察笔记

这张长城敌楼的剖视图，是英国人威廉·帕里什上尉（Captain William Parish）的作品。它与另一张长城敌楼立面图和水彩画《卧虎山长城》一起，都是 1793 年在北京东北 120 公里处的古北口卧虎山脚下绘制的，它们分别载于帕里什实地考察笔记的第 158、159 和 160 页。这张水彩画和两张制图比世界上第一个照相机拍摄的长城老照片都早了七十年。只有来到实地，你才能切身感受到绘图者长途跋涉的艰辛，了解其测量的精准和绘图技巧的高超。

我拿着帕里什上尉这三张图的扫描稿，从英国伦敦市中心的大英图书馆出发，前往中国北京古北口长城。我的行程安排如下：乘坐地铁到希思罗机场，登上直飞北京的国际航班，到达北京后，打车上京承高速，再转 101 国道，在古北口镇径直穿过长城，最后拐进通向卧虎山的一段土路。下车后，我沿着山的西侧，在潮河边走 100 米，脱去鞋子，卷起裤脚，蹚入河水，站到新近重修的“姊妹楼”前，这种两个敌楼肩并肩地排列在一起，是长城沿线鲜见的敌楼布设方式。我离开这里向北，经过西水门村，沿一条小径上山，来到一段沿河修建的长城脚下，路经一座敌楼，再攀爬一段长城墙体，就来到第二座楼前。这就是我要找的——威廉·帕里什上尉画的三层敌楼。我从背包中拿出扫描稿，对照眼前这座三层建筑，阅读帕里什上尉用蘸水笔写下的评论，之后根据他的剖面图，借助梯子探索“2 号敌台”的三层结构。从伦敦大英图书馆到这里，我总共用了 17 个小时，而刚刚我用手机拍摄的长城敌台照片，几秒钟内就已经传送到了全世界的各个角落。

与我快捷旅行、迅速拍照、立马分享不同，18 世纪晚期帕里什绘制剖面图的过程则要慢得多。1792 年 9 月的一天，帕里什上尉乘坐英国海军军舰雄狮号（HMS Lion），从朴茨茅斯（Portsmouth）港出发，第二年夏天，他才

到达中国天津大沽港口。帕里什上尉是由乔治·马戛尔尼伯爵（Earl George Macartney，1737—1806）率领的英国访华使团成员之一。他们沿运河而上，经过北京东郊的通州，最后在北京西北的圆明园附近住下。这个由 84 人组成的英国使团此次大清帝国之行，并没有安排长城文化考察之旅，他们肩负着一项严肃的使命。

当时，英国东印度公司在英国政府的授权之下，占据着中英贸易的垄断地位。然而在中国，广州是当时唯一的对外贸易口岸，当地行会的种种限制，严重影响了中国同世界各国贸易的发展。

尽管当时英国的全球贸易蓬勃兴盛，但中英贸易却停滞不前。马戛尔尼使团的使命就是力图通过协商，让大清帝国放松对贸易的管控。

时值盛夏，乾隆皇帝在离京城 250 公里的避暑山庄承德消暑。代表英国国王乔治三世（1738—1820）的英国使团向中方强调了他们向乾隆皇帝祝寿的目的，于是在 8 月的最后几天被允许北上。经过两天酷暑中的跋涉，他们来到了古北口，获得一个与长城邂逅的机会。

清军 1200 名士兵分组列队，为使团的到来举行了欢迎仪式。五面彩旗飘扬，鼓乐齐鸣，形式隆重，这让英国人认为他们受到了欢迎和尊重。之后，这个“国际旅行团”还被允许参观这段长城。兼任使团秘书的副大使乔治·伦纳德·斯当东爵士（Sir George Leonard Staunton）将为这个经历留下正式的官方记录。在 1796 年出版的《英使谒见乾隆纪实》一书中，他告诉读者：中国万里长城所用的建筑材料，比英国所有的建筑加起来还要多；如果将长城的砖石拆下来建成 3 英尺高 3 英尺宽的墙（3 英尺大约 0.91 米），可以绕着地球赤道两圈半。“整个使团都去参观了长城。”斯当东说道。他还特别提及帕里什上尉对长城的“建造和规模”的关注。

帕里什是英国皇家炮兵上尉、建筑设计师和技艺精湛的绘图员。他耗费大把时间，一丝不苟地用铅笔和尺子、钢笔和水彩笔将卧虎山上的长城勾勒出来。他并没有注意据说体量超过英国所有建筑的长城的雄伟景观，而是重点观察长城的各个细节：他用软皮尺测量，用钢笔绘制出这座三层敌楼建筑

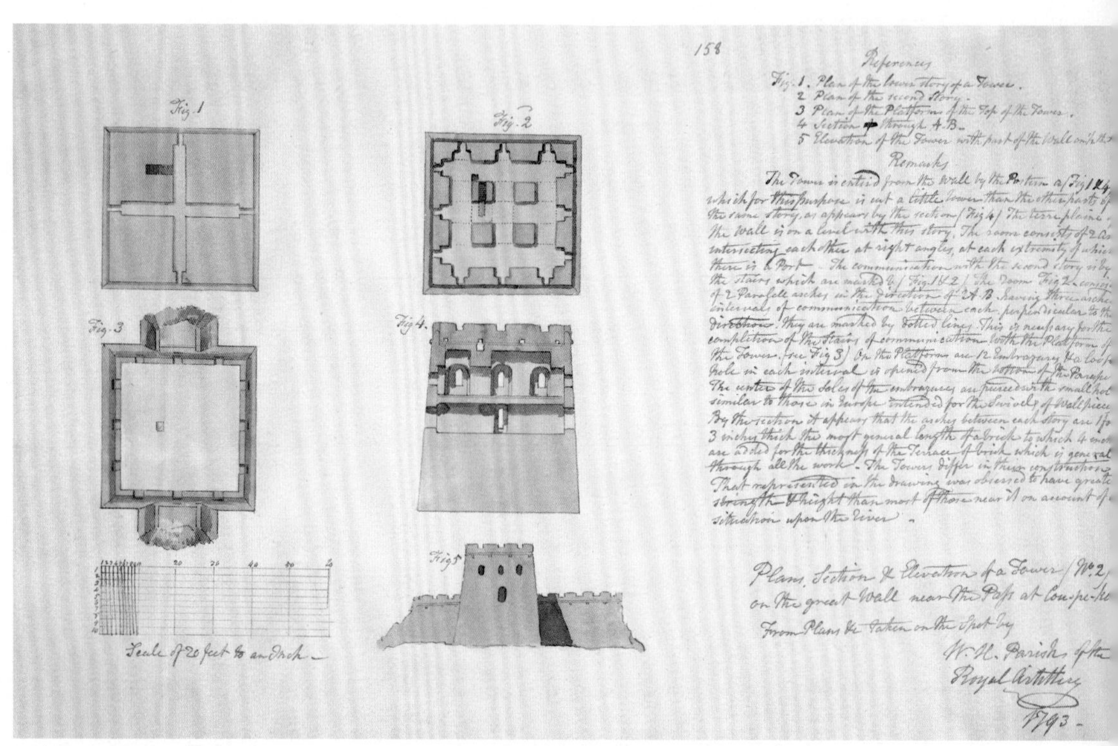

说明： 古北口长城三层敌楼建筑剖视图。1793 年，英国使节前往承德觐见乾隆皇帝时，途经古北口时绘制

意义： 最早的、最精确的长城敌楼剖视图

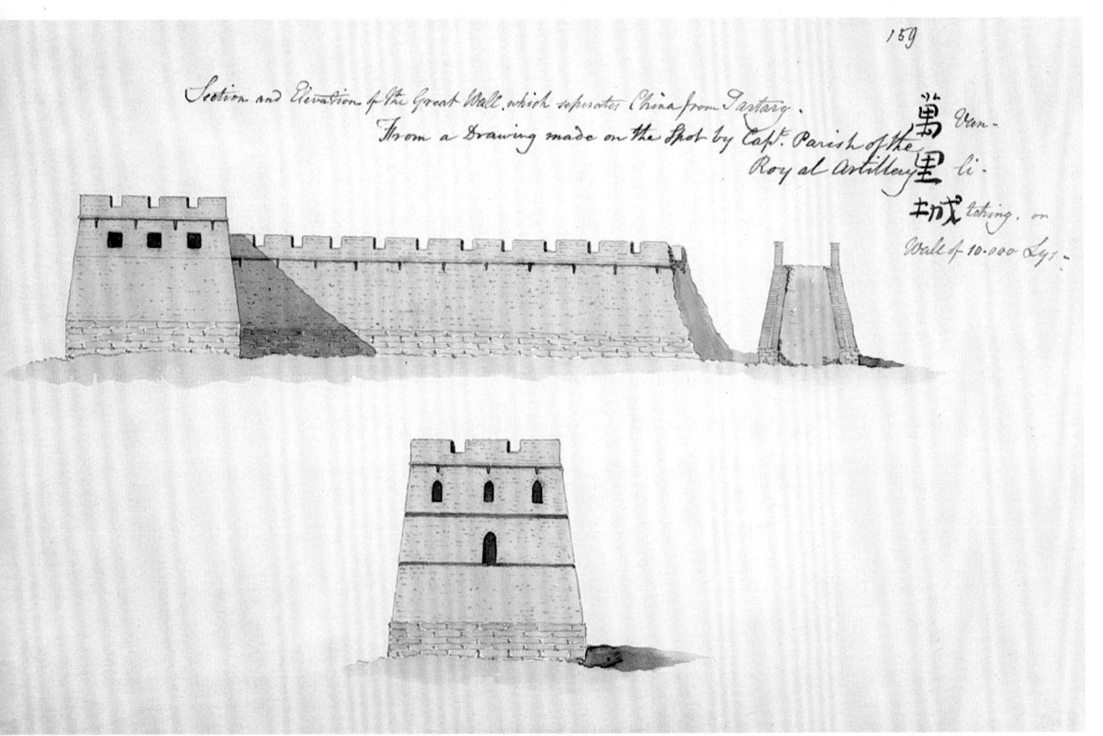

来源： 1793 年 9 月威廉·帕里什上尉绘制于北京古北口卧虎山下

现状： 收藏于英国大英图书馆

的剖视图、平面图和立面图。直到三年后，帕里什的作品才与英国大众见面。在返回伦敦之后，他的那幅水彩画后来被制成大幅铜版画，并理所当然地成为斯当东《英使谒见乾隆纪实》的副卷。在照相技术诞生之前的七十年间，帕里什笔下的古北口长城，成为世界范围内流传最为广泛的长城图像。

使团一行继续北上承德。尽管有包括葡萄牙、荷兰和俄国在内的 15 个国家“开凿”通商之路失利的前车之鉴，英国人仍是信心满满。虽然在乔治三世时期只有 800 万人口的英国小岛国，无法与乾隆治下拥有 3.6 亿人口的大清帝国相比较，但英国是第一个准备撬开中国大门的工业文明之国。在马戛尔尼使团到来之时，除澳大利亚之外，大英帝国已经在世界上几乎所有的大洲建立了殖民地。如今他们还想垄断中英贸易，排挤其他的竞争者。

乾隆皇帝在承德“万寿园”——一个满洲风格的帐篷里——接见了英国使团。马戛尔尼呈上大英帝国的谈判“清单”，其中包括允许英国派遣外交使节常驻北京、取消进出口关税、开放更多的贸易口岸、允许英国传教士在中国自由传教等。然而，与使团预期大相径庭，清廷不仅拒绝了所有的要求，并且还告诉英国人，中国根本不需要英国的商品。总而言之，这次史诗般的接触，在文化、外交、经济和心理上全面碰撞之后，彻底归于失败。最后，连英国使团也被驱逐出境。

在乾隆皇帝晚年，清朝版图急剧扩张，进入了鼎盛时期。到清朝结束统治的 1912 年，大清皇帝统治着 1470 万平方公里的土地。而同一时期，英帝国的殖民地面积已达 3300 万平方公里，成为“日不落帝国”。

与围绕古老文明中心发展的中国大一统封建王朝不同，新兴的英帝国依赖于全球扩张和新航路的开辟。以殖民地为原材料提供地的工业革命，迫切需要开辟本土之外的市场，从而消化其工业制成品。

两千年来，中原王朝对匈奴人等北方游牧民族贸易的封闭，导致对方不得不迎着千难万险，通过武力掠夺中国的财富。英帝国也不肯因遥远的距离和马戛尔尼的失败外交而就此“叩头”。他们的坚船利炮将从东南海上侵入中原，就像两千年前的匈奴骑兵一样灵活机动，不可抵挡。

尽管马戛尔尼使团没能达到他们的目的，但他们成了大英帝国新前沿扩张之战的导火索。尽管他们的民族、时代、家园、交通工具和武器装备与游牧民族相迥异，但核心需求如出一辙：开放贸易。

奇特的是，英国使团旅行半个地球，来和大清皇帝谈生意，与长城的邂逅纯属偶然，但帕里什上尉不失时机地对这座古迹进行精确测量、生动绘画，第一次让全世界看到了真正的长城形象。大清皇帝的态度让英国人意识到，尽管作为军事防御工程的长城已经成为过去，但皇帝脑海中的"长城"却依旧想把洋人挡在外面。

文物四十四
古道新辕：北京－巴黎汽车拉力赛老照片

从古老的故事到最新的报道，流动性是关于长城的一个永恒话题。如果没有敦实的蒙古马（参见文物二十六），北方游牧民就无法穿越广袤的草原、戈壁大漠和崇山峻岭，南下至中原，寻求他们所需的物质必需品。如果没有汽车，现代的北京人也无法暂时逃离北京城的污浊空气，到周边山区“避霾”。

2014年春季，是多年来空气最糟糕的一个季节之一。随着“五一”小长假的到来，有车族们攒足了劲儿，试图逃离雾霾都城，然而，却不幸“参与”了堪称史上最长的拥堵长龙——京藏高速从北四环至八达岭长城拥堵总长55公里！

在这里，“参与”是一个关键词。1907年1月31日，法国《拉马丁报》（*Le Matin*）的编辑在这份巴黎主流大报上征集汽车制造商和汽车探险家，参与这年夏季的北京－巴黎汽车拉力赛，或者说是一次探险。编辑写道：“我们将在今天证明，只要有一辆车，人们可以到达世界的任何角落，做任何事。是否有人愿意在今年夏天，从巴黎驾车到北京？”这项赛事共有25辆车报名，但最后运往北京的参赛车只有5辆，赛车手有11个。

6月10日早上8点30分，诸位勇敢的参赛者聚集在新建成的东交民巷瓦隆兵营（Caserne Voyron）门口，信心满满，准备一路畅通开往巴黎。意大利亲王西庇奥尼·博盖塞（Prince Scipione Borghese）开着都灵出厂的“伊塔拉”（Itala）。他提前数周抵京，骑着马，用与他的车宽度一样长的竹竿，去探查北京经张家口的山路最窄的地段，确保他的“伊塔拉”能顺利通过。如果不能，则需要雇用劳工去拓宽道路。

公使馆的拱形大门和围墙都装饰着法国红、白、蓝三色旗，一条横幅横跨街道，预祝赛车手们“一路顺风”。小型军乐队奏响了法国国歌，拉力赛在鞭炮声中启程。正如法国《画报》（*L'Illustration*）周刊中的这幅凹版相片

L'ILLUSTRATION

DE PÉKING A PARIS EN AUTOMOBILE. — La troisième étape (12 juin) : vue prise un kilomètre après le passage de la Grande Muraille.

Les travaux du chemin de fer Péking-Kalgan ont encore aggravé le mauvais état de la route. Cette photographie a été prise par notre correspondant au moment où, après une heure employée à déblayer quelque peu le passage, la voiture conduite par M. Collignon, remorquée par des coolies, s'engage la première dans la descente qui mène à Tcha-Tao, terme de la troisième étape. Au dernier plan, la Grande Muraille couronne la crête des montagnes.

说明： 1907年北京－巴黎汽车拉力赛第三天途经八达岭长城时拍摄的景象

意义： 在长城边留影的第一批汽车。20世纪末和21世纪初，这种交通工具开始使中国陆地景观发生变化，同时也对长城产生影响

来源： 1907年7月13日在法国巴黎出版的法文杂志 *L'Illustration* 四页报道中的跨页配图

现状： 作者藏品

所表现的那样，五辆赛车一溜烟似的消失在尘雾中。

在 20 世纪初叶，汽车是新事物。它们很脏，机械性能也不可靠，是否能经受住这样的长途跋涉，并没有进行过严格的测试。当时距离汽车诞生的年代不过二十年左右，汽车还不普及，总的来说，它仍是一种奢侈品，是有钱人身份地位的象征。福特汽车公司作为第一家面向美国大众批量生产汽车的公司，是 1903 年才成立的。当时世界上最大的城市正寻求解决交通污染问题，这对于还在清理道路马粪的小城镇居民来说，完全不可想象。

在中国，宽阔的道路至今依然称作“大马路”。马和骆驼一类牲畜一步一步踏出的路，只在踏过的地方相对平整，而没有踏过的地方永远坑洼不平。与此不同的是，汽车车轮每一英寸都与地面接触，对地面的连续平坦度要求得比较高。《画报》周刊里的照片，表现了传统交通工具的优势。汽车不得不在坑洼路面或巨石阻挡处止步，然后更换骆驼或马匹。汽车的另一个累赘，是汽油的运输，它只能靠骆驼提前驮到指定地点。在该杂志的其他老照片里，就可以看到举行拉力赛期间，牲畜提前到达等待汽车的场面。

开赛的第二天，赛车离开南口，告别了华北平原，进入 19 公里长、直通八达岭的关沟小路。这里山高坡陡，道窄石多。从本节所介绍的《画报》中的这张拉页看，这条关沟“马路”简直不可能通车。这不仅仅是第一张汽车造访长城的照片，也表现了长城第一次遭遇拥堵的场面。照片的标题是“赛车在穿越长城后艰难前行。这条道路与其说是路，不如说是一片乱石滩。汽油根本派不上用场——苦力们用绳拉肩扛的方法拖着汽车慢慢挪动”。

值得称道的是，博盖塞亲王在马达的轰鸣声中，第一个到达目的地巴黎，用时 61 天，跨越 14000 多公里，比其他三辆赛车提前两周。然而，这次赛车真的证明了汽车能把你带到你想去的地方吗？

一百一十四年后的今天，道路更加平坦、四通八达，人抬车的历史已经成为过去。汽车已经进入了寻常百姓家，不再只是有钱人的玩具。1907 年的北京只有七辆汽车，到了 2014 年，这个数字猛增到了将近 700 万辆。

自从 2000 年以来，为了满足中国老百姓以火箭升天速度增加的车辆的需求，中国政府修建了十几万公里的顶级公路。在过去的一个世纪，汽车工业发展和道路建设成了一种循环竞赛。成千上万的车辆在“五一”小长假期间从北京市中心到八达岭长城之间像蜗牛一样蠕动，这正是汽车普及带来的恶果。

加拿大一位环保主义者罗纳德·赖特（Ronald Wright）教授称之为“进步的陷阱”。意思是，社会无法提前预测和及时解决随着技术的创新和批量生产带来的问题，或者说没有解决的意愿。具体到车辆普及和拥堵的矛盾上，每个个体“机动性”的诉求，却导致了整个群体的无法移动。

如果修建更宽的路，能让汽车走得更快些吗？答案当然是否定的。对于北京这样拥有 2000 多万人口的超级都市来说，真正的问题在于人们普遍渴望拥有汽车。先不提所造成的空气的污染，仅仅是道路的容量已经呈饱和状况。世界第五大汽车制造商福特汽车公司的第五代领导人比尔·福特承认：在拥有大量城市人口的国家，当人们在同一时间去同一个地方时，这种交通拥堵是不可避免的。

在 2006 年《长城保护条例》公布实施之前，由于无知、无意识和管理不善，机动车的行驶给各地长城留下了无数“伤疤”，开了无数的豁口。这些地段的长城沿线的道路，有的是之前就存在破损，有些则是修建新道路时造成的破坏。遗憾的是，交通部没有加入 2003 年七部委共同发布《关于进一步加强长城保护管理工作的通知》。

六七十年代“破旧立新”，文物破坏被冠以“革命”之名。长城这座没有馆长的“露天博物馆”首当其冲，不能幸免。长城穿过中国北部 15 个省、市、自治区，诸多地段原本已经破损不堪，它们不如北京周边的长城景区有名，因而更加脆弱。它们被看作阻碍现代化进程的无用之物。

苏格兰裔美国环境哲学家约翰·缪尔（John Muir）说：“每个傻瓜都会砍树，因为树木不会逃走。”这句话也适用于那些破坏长城的人。他们在“要想富，多修路”的思想指导下，认为当下和未来比过去更重要。而我则认为，这些损毁长城的人，其愚蠢要比那些砍树者更甚。长城作为文物的真实性是不可再生的，也不能被置换和重建。

无论在通往长城的路上，在长城边，还是穿越长城，汽车都是一种威胁。八达岭长城景区为了满足节假日的停车需求，在长城跟前修建了巨大的停车场，这是长城的另一道深深的伤痕。

在博盖塞亲王夺冠的一年之后，福特汽车公司就开始成批生产它的 T 型车，20 世纪的汽车热由此拉开了帷幕。1997 年北京 – 巴黎汽车拉力赛再次恢复举办，每三年举办一次。下一次赛事举办年为 2022 年。

文物四十五
开山之作：《中国长城》

“中国有座万里长城。地理学家们告诉大家的就只有这句话。但是他们不会告诉你，长城是不是用陶瓷建造的［英文 China 的另一个意思是‘瓷器’，the Great Wall of China（中国长城）也可以理解为‘陶瓷长城’］。如果是的话，那么为什么要用陶瓷建造？长城现在有多长，或者曾经有多长？”这就是这部《中国长城》的开场白。

作者用诙谐和一语双关的提问去概述万里长城的神秘。他不远万里探险长城，试图从中找到答案，这一半是源于其好奇心，另一半却是因带有传奇色彩的地图知识。在盖洛启程的 1908 年，长城被认为是人类建造的规模最大的建筑。与之形成反差的是，当时人们对长城的一知半解和夸张的想象。在一年前，英国考古学家奥雷尔·斯坦因已经踏勘过中国西北地区的汉长城遗址（参见文物十四）。然而标注在现代地图上的明代长城，虽然在当时已经家喻户晓，但人们却对它知之甚少，长城仍然等待着人们去探索和发现。

该书的作者既不是来自长城沿线，如嘉峪关、山海关，也并非来自中国古代的中心城市，如西安、洛阳和杭州，他叫威廉·埃德加·盖洛（William Edgar Geil），他是传教士兼探险家，来自大洋彼岸的美利坚合众国。他是第一个旅行整个明长城的人。在他到达探险起点——山海关老龙头之前，他从家乡宾夕法尼亚州多埃斯顿城出发，乘火车横跨美国，前往旧金山乘坐蒸汽轮船，再经夏威夷横穿太平洋，到日本神户后转乘其他轮船，最终到达天津附近的大沽港口，历时 39 天。

中国人一代又一代地兴建、修缮、利用和破坏长城，最后是一弃了之。对家住长城边的普通中国老百姓来讲，长城从前在那里，现在在那里，今后也许永远会在那里。他们对长城太熟悉了，觉得长城就是他们的，没什么新奇的，以至于可以忽略不见。

说明：《中国长城》，威廉·埃德加·盖洛博士著

意义：第一本由外国人写的关于中国万里长城的专著。记录了作者 1908 年从山海关到嘉峪关的探险历程，其中包括实地考察记录、长城历史和传说，以及拍摄于长城沿线的精美图片

来源：1909 年由美国纽约斯特吉斯及沃尔顿（Sturgis & Walton）出版公司和英国伦敦约翰·默里（John Murray）出版公司同时出版

现状：本文作者藏品

仅仅是读到“中国长城”这个名称，看到地图上遥远的彼岸那条漫长而连续的雉堞线，已经足以唤起远在大洋彼岸的威廉·盖洛的好奇心，让他觉得值得从头到尾考察它。这是多么伟大的工程，多么神奇的名字！西方人对古希腊、古罗马非常熟悉，如数家珍，现在该轮到了解东方大国的时候了。他的第一站行程是1904年的长江探险，到1908年才开始体验长城。

这年5月下旬的一天，威廉·盖洛从渤海湾长城老龙头出发。在此之前，路德·牛顿－海耶斯（Luther Newton-Hayes）已经在上海为他招募了探险队员，找好了驮运的牲畜，事事为他安排妥当。海耶斯出生在中国苏州，其父母都是美国传教士，他本人也是个“中国通”。盖洛曾在自己用打字机打出的一批早期稿件中，记录了这个冗长的故事。这些稿件被冠以“长城信件”的名字。这些稿件连同他后来的那些仓促写就、字迹潦草却十分有趣的日记，还有无数的照片，将第一次为世人展示长城复杂多样的建筑和景观。

盖洛的手稿一般十分简短，都是在田野考察过程中记录的，有点像现在的“推特推文”。比如，“骑在马上，我可以数出32座敌楼（河北省抚宁县）。”“别忘了给撞道口村的周崇文（音译）先生寄照片。他是一个十分友善的绅士（北京怀柔县）。”周姓人家如今依旧生活在这里。还有一个住在吉利沟（如今改叫西栅子村一队）的林姓人家，在盖洛的日记中也被提及，如今林家人也依然生活在那里。在向西行进的路途中，盖洛严格遵守星期日不工作的规矩。7月里烈日当头，他躲进陕北一个被废弃了的敌楼里“避暑”，就这样度过了他的“休息日”。

盖洛的个性与他的身份形成了鲜明的对比，他是浸礼会传教士，同时也是勇敢的探险家和爱钻研的学者。他身高1.93米，脚蹬48码的登山鞋。他在老家美国宾夕法尼亚州多伊尔斯敦城，身着白色立领的黑色神职人员长袍，但在长城探险中，他头戴牛仔帽，身着披风，腰间插一把左轮手枪；他在美国老家和费城开福特T型车，而在中国则骑马探险。

只要时间允许，盖洛的写作就会用上“高科技”。在箭扣长城西大墙时，他打印他的“博客”，他的布利肯斯德佛6型（Blickensderfer No. 6）打字机和复印纸，总能吸引大批好奇的观众。他一有机会就会把原稿寄给朋友，自己则留下副本。他用汉字和英文记录下途中的每个地名，而且勾勒出考察路线的距离，以华里为单位记录下来。

盖洛从山海关老龙头的“天开海岳”石碑启程，到达长城的另一端嘉峪关，那里的一块石碑上刻有“天下雄关”。他的长城探险历时 81 天。1908 年 8 月 21 日，盖洛到达嘉峪关时，当地的“衙门”还专门为他举办了庆功宴。盖洛在他的日记中兴奋地记录了宴会上的 19 道菜，包括食用海参的记录，尽管这里距离大海有千里之遥。看起来，当地官员所要表彰的，是他不远万里从美国来到这里的“壮举”，而不是他此行的目的和过程。

第二天早上，盖洛一行沿着夯土城墙骑行七公里路，经过了几个墩台，一直走到讨赖河边崖壁上的最后一个墩台。在路上盖洛捡拾了一块城砖。从“开天海岳”石碑到这里的直线距离为 1145 英里（1832 公里），盖洛实际行走的路程为 2550 英里（4080 公里）。

盖洛站立在这个最后的墩台（如今被称作“第一墩”）旁，打开美国国旗，手拿这块长城砖，拍了一张纪念照之后，充满仪式感地将那块砖扔进了河里。为了做纪念，盖洛捡拾了几个褐红色和白色的石头，回去做镇纸用，而没有把那块砖带回美国。

嘉峪关讨赖河并非盖洛行程的终点，只能算作转折点。他回到嘉峪关城之后，又向河西走廊挺进。他的一篇日记的开头令我印象深刻：“长城没有起点和终点，‘万里’并不准确，长城无尽头。”

整个夏季他都在华北地狱般的酷暑中沿着长城探险，之后他又考察了青海和甘肃东南部称作“兰州环线”的一段长城，再次进入河北涞源。此时已经进入寒冷的冬季，盖洛因此得了肺炎。在最后到达山海关前几个星期，又赶上了光绪皇帝驾崩和慈禧太后离世，大清帝国沉浸在哀悼中，一片混乱。

1909 年 4 月，在离开多伊尔斯敦一年后，盖洛收获满满。他带着照片、稿件和他的镇纸石一起回到美国，并很快应邀进入白宫，与时任美国总统威廉·霍华德·塔夫脱（William Howard Taft, 1857—1930）分享他在东亚的探索与发现。同年11月，这部《中国长城》就出版发行了。

在长城50件文物中，有一部分是我的私人藏品，威廉·盖洛的这部著作是我最珍贵的一件。我在书的扉页上用钢笔写下了盖洛的遗产对我的意义：

1991年，玛乔里·赫塞尔－蒂尔特曼女士（Mrs. Marjorie Hessel-Tiltman）将这本书送给我，激励我踏上我与盖洛的第二次长城之旅。我把它描述为"两个威廉的长城"。我用盖洛的老照片，去观察同一地点的长城在百年之后的状况。这项工作，最终做成了一个"合作项目"——"万里长城　百年回望"。这是我献给第一位长城探险家威廉·盖洛最好的礼物。这本书中的照片也于——2007年和2008年北京首都博物馆、孔庙和国子监博物馆的"万里长城　百年回望"活动的——新老长城图片展览中展出。2008年，正值威廉·盖洛探险长城一百周年之际，我专程造访了盖洛的家乡，宾夕法尼亚州的多伊尔斯敦城。我随身携带着这本书，并将它摆放在盖洛的墓前。

我们的合作，让威廉·盖洛从默默无闻的洋人变成了中国人口中亲切的"老威廉"。现在，这个"长城考察第一人"和"长城第一书"的作者在中国成了家喻户晓的人物。与他的长城老照片对比，长城变了，更多的是变坏了。这些长城老照片证实了"万里长城永不倒"的说法是错误的。我希望这项工作能够在中国激发更多的人关注长城，让它在下一个百年中得到更好的保护。

然而在美国，威廉·盖洛的人生正好相反，从家喻户晓到销声匿迹。1925年，威廉·盖洛在意大利威尼斯死于肺炎。他的妻子康斯坦丝将他的研究成果、考察记录和相关遗物全部锁了起来。几十年之后，威廉被彻底遗忘了。他的遗体后来被移入多伊尔斯敦城市公墓的盖洛家族墓地。一块巨大的花岗岩墓碑傲然矗立在墓前。

2008年6月，我在国际长城之友协会的摄影师王宝山和朴铁军的陪同下，来到盖洛的家乡，瞻仰他的墓地。墓碑上只有他的姓名和生卒年月日：威廉·埃德加·盖洛（1865年10月1日—1925年4月11日）。临行前，我代表国际长城之友协会专门制作了一块铜牌。在6月16日这天，我在一个纪念仪式上，将这块刻有中国地图和万里长城的铜牌安放在了盖洛的墓碑旁。铜牌上刻有一句话：探索中国万里长城全线，从此来表明他生卒年月日之间的那个连接号的真正含义。我将盖洛的著作放在他的墓碑上。这本书已经被翻译成了中文，它激励了我的再次出征，也激励了无数的后来人。

我向威廉·盖洛脱帽致敬，并在致辞中说："您是全程考察长城的第一人。是您，为长城漫长的历史写下了新的一章。长城研究和欣赏始于您。从您的长城探险、您写的书、您拍摄的照片，以及您对长城全景式的描述中，我们获得了巨大的教益。您是国际长城之友第一人……"

文物四十六
东方幻想：《万里长城建造时》

《万里长城建造时》（*Beim Bau der Chinesischen Mauer*）的作者、奥匈帝国作家弗朗茨·卡夫卡（Franz Kafka，1883—1924）从未登过长城，他甚至没有亲自踏上中国的土地。据说他是个“宅”人，仅仅离开过他的出生地布拉格一次。此次到柏林旅行，为的是与当地一位女士同居。然而，他超乎寻常的想象力无人能比。他把古代修建长城的场景变成了现在时。卡夫卡之所以将故事的背景放在中国的长城，是因为所修筑的长城，是历史上最耗时耗财、最摧残人身心的建筑。他“亲临”三百多年前万里长城的那个建筑工地，力图探究长城建造者的内心世界。

《万里长城建造时》是作者的文学创作，并非真实历史；是虚构的故事，并非史实之来源；它的文风朴实，没有华丽的辞藻；它的内容沉闷乏味，令人困惑，毫无振奋人心之处；它是卡夫卡写给自己的笔记，并非写给我们的作品。卡夫卡在世期间，销毁了他自己百分之九十的手稿。1929年他去世时，仅有为数不多的作品出版。在遗嘱中，他请挚友犹太裔捷克人、作家马克斯·布劳德（Max Brod），将他所有剩余的手稿都付之一炬。布劳德不忍心，并没有照办。不然，这段长城的“小插曲”将和其他作品一起灰飞烟灭，不为人知。相反，他大胆的举动使得《万里长城建造时》等许多手稿得以问世。这样我们才有了机会跳出框框，不仅领略长城奇观的一面，还看到了它的荒谬。

万里长城被西方人戏称为世界上最长的公墓，它榨干了数以百万计劳工的血。根据传说，修长城的男人背井离乡，辛劳致死，他们的尸骸也被填埋在长城里。那些想象力贫乏的作者往往把暴虐行为、恶劣环境与修长城画上等号，但在卡夫卡看来，这种描写太过直白和肤浅。

英国作家威廉·萨默塞特·毛姆（William Somerset Maugham，1874—1965）则是最早碰触长城正反两面特性的人之一。1923年，他在一个有关长

说明：《万里长城建造时》，（奥匈帝国）弗朗茨·卡夫卡著

意义：虚构短篇小说，深刻描写长城建设者的内心

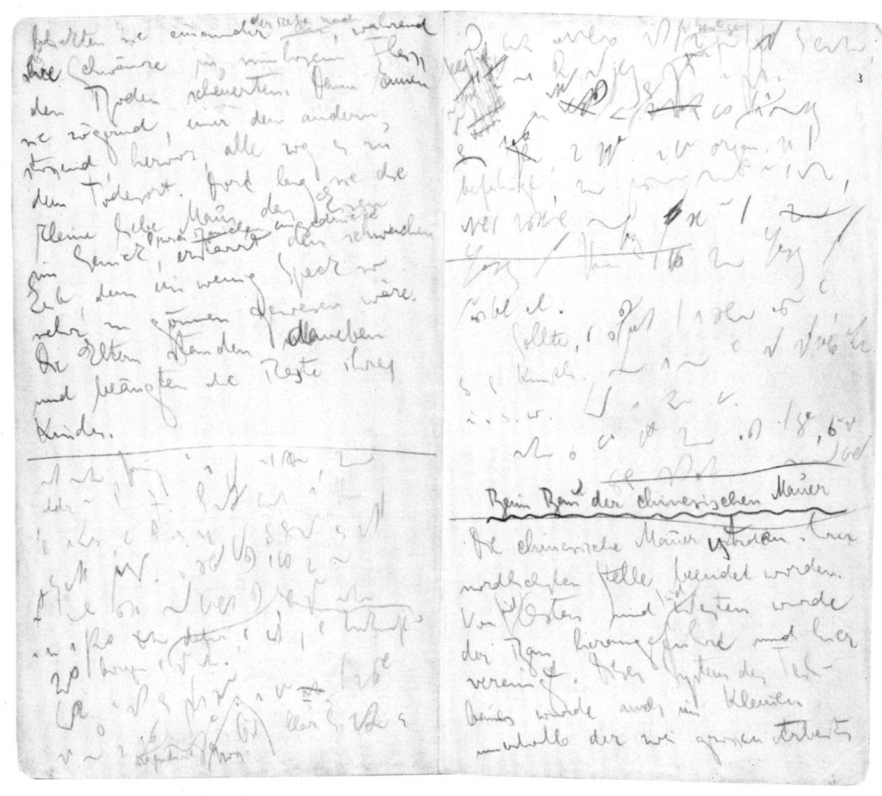

来源： 写作于 1917 年，出版于作者去世之后的 1931 年

现状： 本文作者藏书。原稿收藏于英国牛津伯德利图书馆（the Bodleian Library, Oxford）

城的短篇小说中，用同样一句话做开头和结尾："在薄雾之中，一座巨大雄伟、令人敬畏的庞然大物静静地屹立在那里，它就是中国的万里长城。"其实，卡夫卡更早、更细地关注到了统治者与被统治者之间、普通民工与工头之间微妙的矛盾及其化解矛盾的办法。万里长城得以竣工，一方面，依靠的是统治者娴熟、巧妙的政治手段和政治宣传；另一方面，尽管普通的民工既有怀疑的态度，也有困惑、沮丧和精神上痛苦的时候，但他们顺从的本性也起了一定的作用。

卡夫卡作品是通过一个旁观者——也许是一个中层监督者——的眼睛看待修建长城的荒诞性来表现它的中心思想的。这个人的家乡在远离长城的南方，长城似乎与他关系不大。他质疑这种"零敲碎打"的建筑方法，甚至疑惑为啥要修长城，深深地陷入了挣扎。他既思虑如何按时保质保量完成任务，又怜悯手下劳工的艰辛：他们借着修筑长城谋生，劳作不已，却总是完成不了工期，得不到工钱。他常说，长城如此之长，一辈子也修不完，即使能活500岁！

阅读《万里长城建造时》(书名根据德文版直译，人们通常简称此书为《中国长城》)，我对书中的内容产生了一种奇异的共鸣。在北京，我的第二故乡，每年、每月、每周甚至每天，我都能目睹成百上千个长臂吊车林立的建设工地。在过去的二十年里，整个北京几乎都变成了一个大工地。在庞大的机械设备下面，满是徒手劳作的建筑工人。他们搬运成堆的建材，扬起灰尘，发出噪声，每一个场景，都可以从卡夫卡对长城建设工地的描述中找到相对应的解说词："经年累月，一块接一块地往墙上砌石头"，还有"他们的家离这里有几百英里"。

成千上万寂寂无名的工人重复着千篇一律的工作，一切看起来都是"卡夫卡式的"风格。他们所建造的东西让他们显得渺小。他们头戴红黄两色的安全帽，看起来就像红蚂蚁和黄色的昆虫。这支劳动大军正从混沌中创造着秩序。他们夜以继日地高效劳作，使一座座高楼大厦拔地而起，一条条公路、铁路及时连通，一个个体育场馆、车站、机场和办公楼区迅速竣工投入使用。

是他们改变了这座城市，使它的面积扩大了三倍，让它的天际线不断升高，让地图上用于标记首都的红色五角星迅速增大。

这种北京的“工地场景”，似乎可以直接挪移至几个世纪之前的大明王朝那个真正的“万里长城建造时”。时空交错，虚实难分。在我看来，卡夫卡的虚构，部分是事实。而我们一直相信的一些长城的“史实”，反而是虚构的。卡夫卡的描述与当代的现实惊人地相似，它们不再仅仅是古今的对比，而更像是循环往复的不断重演着历史。就建设规模看，长城工地和当代北京的工地都需要消耗前所未有的人力和物力；就目的而言，二者都不只是使一座座建筑矗立起来，而是实施一项能够将人心凝聚在一起的国家工程。

在 21 世纪的第一个十年，北京的新建设总量超过了整个欧盟二十余个国家。而在四百五十年前，北京的燕山也曾是历史上最宏大、最持久、耗费人力物力最多的建筑工程的关键所在。

18 世纪初，一位俄国外交使节在来北京的路上，听人说起长城的修建对环境的破坏。“长城建成后，山石被开采殆尽，茂密的树林变成光山秃岭，潺潺的流水成了枯竭的河沟。”他记录道。卡夫卡的作品中也有这样的句子：“森林被砍伐一空”“山峦被炸开取石”。当代的新闻报道也曾提到，北京的建设对水泥和钢材的需求，让全世界的制造商抢破了头，他们的工厂开足马力，全年不休，产品价格不断上涨。

古今建筑工程都导致了空前的环境恶化。明朝对长城的全面改造，让长城两侧数公里内的土地因攫取资源而惨遭蹂躏。工业景观代替了原始的自然风貌。森林被大肆砍伐，以充当木材，作为砖窑和石灰窑的燃料。烧火所产生的刺鼻烟雾夹杂着采石场产生的大量石末灰尘，在整个北方上空蔓延。当代北京的城市更新也造成了同样的问题，对原材料煤炭、木料、水泥、钢铁和玻璃等的需求，扩展到了全国范围。

在卡夫卡的脑子里，“长城”是一点一点、一段一段被修建起来的。五年辛劳之后，工人们才被允许回家与亲人团聚。在回家的路上他们看到自己的建设成果时，他们有了成就感，意识到自己卑微的努力，实际上是这样一个伟大的工程不可分割的一部分。他们回到家乡被当成英雄对待。一两个月过去了，他们恢复了体力之后，又要回到那个终身从事的工作岗位。就这样，他们用一段段自己筑起的墙和敌台为群山“加冕”，封住每一个山谷，改变了天际线的模样，让地图上的那条雉堞线变得越来越长。

现代北京的建设大军也同样翻看日历。卡夫卡写道：“劳动大军如一股股溪流般从各省汇聚而来。”在辛劳了50个星期之后，他们放下手中的工具，扛上行囊，怀揣着一年的辛苦钱和自豪感准备回家过年。路边广告牌上的城市宣传标语，是表彰他们的努力最好的颂歌。他们看到的颂歌不只出现在建设工地周围，而且在回乡的路上、在大巴里、在列车中，到处都可见内容相似的大广告牌，2005年呈现的是“新北京，新奥运”，在2014年则是“我的中国梦”。民工们在家里短暂歇息、放松或“充电”几周之后，返程的时间又到了……

卡夫卡是这样描写民工们在家乡的情景的：

> 这些修长城的民工在家乡住上一段时间，那里平静的生活使他们恢复了体力。他们在当地人心中所享有的威望，从人们聆听他们讲述故事的时候所表现出来的惊讶和羡慕中可以看出，因而这些安分守己的平民百姓对长城终有一天会竣工深信不疑。所有这一切绷紧了这些建设者的心弦。于是，像永远怀揣希冀的孩子那样，他们又要告别故乡，急不可待地重新投身这项全民工程中去。他们甚至假期未满便提前返回，半个村子的乡亲都出门远送。人群兴高采烈，彩旗随风飘扬。在此之前，他们从未感受过他们的祖国是这样的辽阔、富饶、美丽和可爱。人人皆兄弟，修建长城这座防御工事就是为了他们的家人。同样，家乡的父老乡亲为此感激他们，并且尽己所能，倾囊相助，甚至付出全部生命支持他们。团结！团结！肩并着肩，万众偕行！“热血”不再被禁锢于身体的有限循环，而是惬意地流淌着，却仍然循环往复地奔腾在广阔无垠的中国大地上。

正是马克斯·布劳德对挚友临终嘱托的“背信弃义”，才使得卡夫卡成为汇聚人类文明之河的一条不可或缺的溪流，成为20世纪20年代的西方文学巨匠。他的作品自成一派，以至于在欧洲语言中创造了一个专用形容词——“卡夫卡式的”——来描述他独特的文学风格。卡夫卡本人也因此而永生。

当我们阅读《万里长城建造时》讲述的“卡夫卡式的”万里长城故事时，“卡夫卡的万里长城”便浮现在我们的脑海中。

文物四十七
重返战地：长城抗战老照片

1644年初夏，明长城上下开始变得越来越安静。很快，除了偶尔的电闪雷鸣和狂风怒号之外，只剩下一片死寂。长城敌楼曾经是守军守望相助的平台、遮风挡雨的处所和粮草兵器的仓库。如今，人去楼空。那些一度属于长城敌楼一部分的木质门窗，甚至门楣上方的“身份证”式的碑匾，也遭到洗劫。这些敌楼就像被解除了武装的士兵。尽管如此，它们中的绝大部分依然挺立，还在履行着职责，这些敌楼用它们的“眼”——箭窗，无奈地凝视着北方，无法相信撤离远去的是最后一拨入侵者。

明亡清兴，长城荒芜。自然之母与时光之父接管了长城。随之而来的是大自然缓慢而持续的“热情款待”。新的入侵并不是来自陆地，而是来自空中。每年春天，数不清的尘土微粒被大风卷起，又一层一层地被抛撒在长城上，一个世纪之后，已经有几厘米厚。

空中飞舞着夹杂在尘土中的各类种子，它们纷纷落下，填满了长城的角落和缝隙，经过鸟类粪便的“滋养”，在一场场降雨后发芽生长起来。开始是小苗，后来变成灌木，有的甚至长成大树。其他或迅速或突发的自然力同来肆虐，夏季风暴带来洪水，砖石的缝隙变得像海绵一样吸满了水；寒冬的雨雪冻融和偶尔发生的地震，造成了墙基的崩塌；雷电击毁位于高处的建筑，尤其是敌台，长城墙上的砖和勾缝的白灰泥发生变形和酥碱，周边的土壤盐碱化……到20世纪初时，长城已经变成了荒野中的废墟，好似一个带围墙的“花园”。1994年秋，我创造了“野长城”这个词来形容它的百年荒废。

长城成了当地村民行走山脊的道路，也成了农舍建材的出产地、采集中草药的场所、翻找蝎子的“战场”。整个18、19世纪和20世纪初期，野长城是那么的超现实、神圣、崇高，人迹罕至。没人能想到，这座“纪念园”将会在硝烟中猛然惊醒。1933年，历史再次重演。中国军队重新回到这个古

说明： 黑白老照片。显示 1933 年元月到 5 月中国士兵在河北省遵化县罗文峪的“长城保卫战”中，准备迎战胆敢来犯的日军

意义： 古代长城，重获新生

来源： 拍摄于 1933 年春，3 月初

现状： 原版老照片是作者的藏品

老的“国家防线”。

一场熟悉的战事即将拉开大幕。古时候，契丹人、金人和蒙古人都将万里长城当作踏入中原腹地的垫脚石，而新的入侵者竟然也采用了相似的方案。1931 年，他们在几乎没有遇到抵抗的情形下强占了东三省。毫无疑问，他们也是中国的邻居。但他们不是匈奴人、蒙古人或满洲人的后代，而是日本人。他们并非第一次对中国领土的安全构成威胁。

这张黑白老照片，是诸多反映抗日战争的老照片中的一张，展示了现代中国士兵在古老的长城上严阵以待的场景。这里有两个问题很重要：其一，四百多年前明代建造的防御工事，适用于防御骑兵和弓箭手，而在新时期，如何用来阻挡一支拥有机关枪、火炮和摩托化军用车辆的军队？其二，为何要拍摄这张照片？除了记录时间、地点和事件之外，是否还有其他用途？

我仔细观察这张照片，发现它既没有记录拍摄的时间，也没有图片说明，想要搞清楚它背后的故事，我们需要确定它的拍摄地点和年份。这张图片是我在 ebay 网上从一个美国人手中通过竞拍得到的，这意味着照片可能是出自一位外国战地记者之手。幸运的是，我曾经走过这一地区的长城，大概知晓这个拍摄地点。2010 年，我把照片扫描之后，冲洗出来一张副本，并随身携带到河北省遵化县罗文峪加以核实。我的猜测是正确的——和我所认定的是同一个拍摄地点。之所以我有点拿不准，是因为这段长城的大部分墙体已经坍塌了。

根据历史文献记载，1933 年 3 月 17—18 日，中日军队在罗文峪长城上打过一场硬仗。当年的上半年，著名的“长城抗战”在西起古北口，东至罗文峪、喜峰口、义院口和山海关在内的漫长战线上爆发。这是日军从东三省入侵华北的第一步。

从画面中长城“高地”第一个掩体后面的士兵所在的位置向东看，可以将蜿蜒的罗文峪深谷尽收眼底。占据此处，将带给守军两个优势：俯控视角和清晰的射击线路。如果日军向南突击，则需要仰攻，夺取这一地点和附近的战略要隘。这种布局绝对符合《孙子兵法》。孙子兵法中的谋略永不过时：“通形者，先居高阳，利粮道，以战则利。”意思是，首先占据高处，而且在朝阳的地方，选择有利于保持粮道通畅的场所作战。长城还为现代战争提供了后勤方面的便利。比如，敌楼本就是营垒，稍加修整就可以改造成现代要塞；另外，长城上的马道，可以用作行军和运送后勤物资的道路。上述种种优点，使长城又获得了新生！

另一个问题并非显而易见，但是非常重要。图片的拍摄和发表，其意义远不止报道一个国际事件。利用媒体传播的力量，能赢得同盟者在政治上的支持和帮助。这种宣传效应是20世纪战争中不可缺少的。这张老照片是在文明世界中对敌人的野蛮行径最有力的控诉。它所展示给我的是“中国人站在长城上，保卫长城，保卫自己的家园，勇于面对肆无忌惮的日本入侵者”。这张照片让我自然地站在中国人民一边，共同反对穷兵黩武的侵略者。如果我们能借用《孙子兵法》的文字稍加改造，那么这张照片的作用就是“居前线，得道多助，以战则利”。在照片拍摄的几年之后，抗日战争成为第二次世界大战在亚太地区的一个重要部分，中国的新老同盟也将对战争的进程发挥重要的作用。

一次突发（也有人说是蓄谋已久）的“事件”，导致了日军侵华战争的爆发，进而东三省沦陷，冀东长城沿线发生了一系列战斗。持久战似乎已经不可避免。

日军在1931年9月18日进攻奉天（今沈阳）。蒋介石统领下的国民党把日本人看作肘腋之患，而把共产党当作心腹之患，对日本人采取了不抵抗政策。日本人趁机占领了整个东北三省，宣告成立伪满洲国。清朝逊帝溥仪被诱逼回到满洲故土，在现代“宫殿”里复辟，抗日战争（1931—1945）拉开大幕。

日军在攻占沈阳之后，1933年1月，又制造了“山海关事变”，进而使抗日升级为“长城抗战”。没几天，日本人又抛出日军站在山海关城楼上挥舞太阳旗的宣传图片，企图向世人展示他们已经征服了中国。虽然“长城抗战”在仅仅持续了五个月后即告失利，许多地区被日本人占领，但是中国政府在国际上发出了紧急呼吁，并且发布了中国军队在长城上抗击日军的照片，赢得了国际舆论的同情。在国内，这些照片激起了中国人的义愤，以至于国民党和共产党决心合作抗日。

在“长城抗战”中，日军占领了先机，随后又占领了察哈尔省（今河北、辽宁和内蒙古的各一部分）。国民党政府在与日本人签署了《塘沽停战协定》之后，蒋介石以长城为界，承认了长城以北由日本人扶植的傀儡政权伪满洲国，之后再次将目标对准国内的共产党。

蒋介石集中军事力量围追堵截由毛泽东和朱德领导的工农红军，围剿以湘赣边为中心建立的中华苏维埃共和国。1934年和1935年红军被迫开始了史称“长征”的大规模战略转移，这给日军的进一步侵略行动创造了备战的机会。1937年9月，国共合作宣言发布，国民党和共产党在“北伐战争”之后再次合作共同抗日。政治上分裂的中国被凝聚起来，在民族危亡面前，没有国共，只有中华。

对战争和抨击重庆国民政府不抵抗政策的新闻报道，使得国内矛盾得到暂时缓和，也促进了国际盟友开展对华的援助，帮助中国人打击日本侵略军。但是盟军在准备充分的日军面前一度节节败退，随着时间的推移，越来越多的中国领土落入装备精良的日本侵略者手里。

根据历史记载，七个世纪之前，蒙古人在入侵南宋时，用闻所未闻的残暴手段杀戮了1500万汉人。而在日本侵华战争中，日本人残酷折磨并屠杀的中国人超过了3500万！最终，原子弹在日本广岛和长崎的爆炸，使得抗日战争得以迅速结束，同时也结束了第二次世界大战亚太地区的战事。

虽然1933年中国人民英勇的长城抗战，没能阻挡日本侵略军的步伐，但是“老当益壮”的长城和中国人在长城抗战中的形象使人们永远记住了他们抵御外侮的决心和信心。从此之后，长城成为中国人精神力量的源泉，长城成为中华民族奋勇抵抗外敌、守护家园的形象化身和民族自豪感的象征。

长城抗战十六年之后，古代长城的现代精神被融入了新中国国歌的歌词里。1949年10月1日，当毛泽东站在天安门城楼上宣布中华人民共和国成立的时候，《义勇军进行曲》响彻天安门广场：起来，不愿做奴隶的人们，把我们的血肉铸成我们新的长城……

文物四十八
金色名片：彩色宣传画《友谊长城万里长》

在《义勇军进行曲》诞生之时，中央红军的长征即将结束。在国民党的围追堵截中，毛泽东用其《清平乐·六盘山》中“不到长城非好汉”的诗句来鼓舞红军的士气。

在长城精神的鼓舞下，红军胜利到达陕北，在长城脚下建立了新的根据地。十四年之后，他们夺取了全国政权，使中国一百余年以来第一次彻底摆脱西方列强的压迫，获得了完全独立。与清代不同，新中国并没有将长城作为民族隔离的工具，并非将其弃之不用，而是将部分长城城段修葺一新；并且不把它作为国防工程，而是把它作为民族精神与和平的象征，随后它成了著名的旅游景区。

新政府决心将这个古老的国家引向新的道路。她的领导人意识到，新政权的合法性能否得到世界的承认是一件头等大事。“破旧立新”是一个重要手段，然而说到万里长城，它虽是封建王朝的遗迹，但也是千百万劳动人民辛勤劳动的成果。它可以用来作为全中国人民团结一致、无往不利的象征。文化宣传机构的专家们赋予万里长城在国际政治中新的角色——塑造新中国和谐与和平的形象。

在本节介绍的这张宣传画中，万里长城是和平的大使。这幅画在 1960 年就印刷了 25 万张。在此之前，我们几乎看不到将长城作为国家和平象征的对外宣传品。绘画顶部的标题是“友谊长城万里长”七个红字。长城的地理长度被借喻为和平的时间长度。人与人、民族与民族、国家与国家之间的友谊像长城一样源远流长。标题文字很小，并不是宣传的焦点——当时中国有大约六亿人口，识字率只有百分之二十五，因此，用这种绘画的手法，外加拼音的题目设计，更容易使广大的人民理解。

画的前部是一群能歌善舞的年轻人，他们来自“中华民族大家庭”中的

说明： 现代彩色宣传画，110厘米 ×80厘米，1960年

意义： 把长城作为民族团结和世界和平象征的开始

来源： 刘旦宅画，当年印刷25万张，并通过全国新华书店销售

现状： 作者藏品

56 个民族；再仔细往他们身后的长城上看，各种肤色的外国友人也受到了热情的接待。这种蒙太奇式的场景，体现了新中国的地缘政治理想。

一位汉族姑娘身着绣有国花牡丹的红色裙装，右手向上举起。她的位置居中，象征了中国文化地理的核心，四周围绕着 11 个少数民族的男男女女，他们主要来自中国的边疆地区。从他们棕褐色的卷发和各异的服饰可以分辨出，他们分别来自朝鲜族、蒙古族、维吾尔族和哈萨克族等。

画面边缘的各民族人民簇拥着中间的汉族姑娘，共同站立在伟大的长城上。这就是新中国的形象化身。各民族人民团结在一起，健康而友善，与各国人民和睦相处。这幅宣传画还展示了一些现代元素，和平鸽在空中飞翔；一位男青年拉起手风琴，唱起欢乐的歌曲，跳起欢快的舞蹈；另一位男士手握相机，准备将这多元文化和谐相处的美好景象定格。画中友爱、祥和的民族团结的氛围与曾经充当军事防御工事的长城形成鲜明的对照。它摒弃将长城作为封闭、孤立象征的错误观念，同时传达出一个新的信息：新中国友好开放，不与世界为敌。

宣传画《友谊长城万里长》由画家刘旦宅（1931—2011）创作于 1960 年。新中国成立之后，刘旦宅专注于为上海市大中国图书局、上海教育出版社、上海人民美术出版社作画。他擅于绘制宣传画。这种画起源于 20 世纪 30 年代中期的革命圣地延安，在 20 世纪 70 年代末改革开放和“四个现代化”建设的大潮中，它逐渐退出历史舞台。

“二战”之后，国际上的强权势力依然耀武扬威，但各国都已不愿意再承受新的战火。代价高昂的冷战接踵而至。在美苏为首的东西方阵营对立的背景下，中国却表现出一种更加温和的姿态，试图以最低的政治代价来争取世界的认可。50 年代初，国家利益与意识形态共同促成了《中苏友好同盟互助条约》的签订。然而，两国的关系最终在 1960 年彻底破裂。之后的中国只剩下为数不多的“合作伙伴”，诸如东欧和亚非拉等地区的第三世界国家。在这张宣传画的远景上就绘有一群受到热情欢迎、来自非洲的朋友。

距离北京 80 公里的八达岭长城雄伟壮观，是长城建筑中的精华，再加上区位的优势，因而理所当然地成为最受欢迎的长城景区。宣传画中长城的原型是修缮后的八达岭长城。它后来成了外国游客来京的“打卡地”。

曾几何时，八达岭长城是最具冒险精神的访客才能到达的幽谷秘境。苏格兰探险家约翰·汤姆森（John Thompson）就是其中的佼佼者。1871年，他从北京出发，用牲口驮着他珍贵的摄影器材和冲印设备，历经四天的艰辛，拍摄到第一批画质优良的八达岭地区长城照片。1909年，京张铁路的修建通车，使得当天往返北京和张家口不再是天方夜谭。1954年10月，印度总理尼赫鲁成为第一位正式访问新中国的外国领导人，他由周恩来总理亲自陪同参观了八达岭长城。

1958年以后，中国摄影师们才开始用图片记录这种重要的外交时刻。最早的照片记录了苏联国防部长克利缅特·伏罗希洛夫的来访，照片中他的表情看上去十分凝重，其心理如同未修复的长城路面一样“高低不平”，这似乎暗示了两国之间的矛盾以及外交关系的紧张。为了满足日益频繁的外交活动需要，这段长城后来被修缮得更加平整和安全。参观长城随之成为接待外国元首的标准外交环节，无论春夏秋冬，不管严寒酷暑。作为东道主的中国体贴入微地为外国领导人准备了当季的帽子：在寒冷的冬天，他们戴上了护耳的棉帽；在炎热的夏季，则戴上宽边的遮阳草帽。

截至2014年6月，共有490位国王、女王、主席、总统等国家首脑和宗教领袖登上八达岭长城，并合影留念。20世纪90年代，中国外交部长钱其琛将其称之为“外交关系中里程碑式的记录”。新中国走过了70多个春秋，万里长城的魅力成为中国“软实力”的重要体现，帮助中国维护国家利益，化解了外交关系中的强硬的政治攻击，也让数以百万计的外国游客，对这个坚不可摧和曾经遥不可及的国度，留下了最美好的记忆。

万里长城的新角色是如此优雅和从容，这让游客们几乎忘记了它曾经的血雨腥风，折服于它的宏大与壮美。1986年，英国女王伊丽莎白二世造访八达岭长城，她说：“这是我去过的最美的地方之一……”

文物四十九
修我长城：水彩画《东方风来满眼春》

在我收藏的关于长城的书籍中，有一本不同寻常，书名是《国家元首相聚长城》。这是一本图片册，收集了从 1958—2004 年外国领导人参观八达岭长城的照片。一页一页翻阅这本册子，我从中了解到不少信息：国事访问也有“旺季”和“淡季”，有的见证了中外关系里程碑式的开端。从 1966 年春到 1972 年春，是中国的外交“寒冬”，直到 1972 年 2 月，美国总统尼克松首次访华和 1973 年夏季马里总统的访问，才得以“破冰”。在 1983 年 5 月—1989 年 5 月间，来访的国家元首为 72 次，达到高峰。

本节要介绍的这幅宣传画有着不同寻常的目的，它倡导人们来保护长城这个中华民族的“保护者”，不仅要保护它的军事设施，还包括它所蕴含的文化。这些国际外交人物来访的时间段和时间点，为我们对这件“文物”开展政治背景调查，从而更好地理解它提供了很大帮助。画面中表现了表情庄严、器宇不凡的邓小平（1904—1997）眺望云海中蜿蜒起伏的长城的情景。1973 年 6 月 22 日，时任国务院副总理的邓小平陪同马里代表团参观长城。那是中国当代长城史上的一个重要时刻：后来的改革开放总设计师重新回到政治舞台，以国家领导人的身份公开亮相。时隔五年，“四人帮”被打倒，邓小平成为中国的最高领导人。1984 年，他再次登临“长城”。

富有远见卓识的邓小平，开始了拨乱反正和大刀阔斧的改革，不但发展了马克思主义理论，也让中国得到彻底改变。从封闭走向开放，从乡村景观走向城镇化，从农业社会走向工业化，从全面贫困到“让一部分人先富裕起来”，从政治挂帅，到以经济建设为中心，政治环境从紧张走向宽松。中国的“春天”终于到来了。

1984 年，北京晚报、八达岭特区办事处、北京日报、经济日报、工人日报等单位发起了进一步修缮八达岭长城的社会赞助活动。7 月，在一位北京

说明： 水彩画《东方风来满眼春》描绘的是邓小平考察万里长城。佚名。78 厘米 ×47 厘米

意义： 邓小平“爱我中华　修我长城”的题词，标志着自 1984 年，开启了用重修长城的方式保护长城的时期

来源： 该画作绘制于 1994 年邓小平题词十周年之际，作者购于香港

现状： 作者藏品

的记者的邀请下，时任中共中央政治局委员、书记处书记的习仲勋为活动题词“爱我中华　修我长城”。同年 9 月，考虑到八达岭长城在国际交往中的重要作用，邓小平拿起毛笔，写下了同样的题词。题词很快便成为口号，并付诸行动，不仅为八达岭的修缮解决了资金问题，也在全国各地掀起了一阵社会捐资修复长城的热潮。

然而，这个题词的作用远不止将几处“野长城”变成旅游景区。在国家领导人的引领下，一时一地的长城保护项目，变成了更加广泛和深层次的行动：长城保护和国家振兴。这幅名为《东方风来满眼春》的宣传画，将宣传口号变成了艺术，展现了伟人让长城及其所象征的中国脱胎换骨的希望和决心。

在这幅春意盎然、栩栩如生的水彩画的背后，画家用铅笔工工整整地写着八个字的题词和“1994.09”的日期。1994 年 9 月正好是邓小平题词十周年之际。出于尊重，伟人题词的誊写一般不署名。题词采用四字一组、动宾结构、前后对仗的形式，一方面显而易见地激发了中国人的爱国热情，同时，其中的两个“我”，也暗示了长城和其他文化遗产曾经遭受的肆意破坏，引领破坏者通过实际行动开展自我救赎。

国策与国家的发展方向息息相关。1980 年，邓小平在接受意大利记者奥琳埃娜·法拉奇（Oriana Fallaci，1929—2006）的采访时，坦率地承认并谴责“大跃进”及“文革”中“破四旧”等运动对文化遗产的破坏。

我之所以有机会在“文化大革命”结束之后的第十个年头来到中国徒步长城，并见证中国翻天覆地的变化，也要感谢邓小平打开了中国的大门。我留在了中国，在研究长城的过程中，我不但看到人们在邓小平的号召下大规模地修复长城，同时也发现毁坏长城的事情比比皆是。早期徒步长城时，我就曾见到过农民用镐从敌楼上刨城砖带回家，后来我经过那个村子时，发现那里大部分的房屋建筑都是用长城砖修建的！长城竟以这样的方式“古为今用”。

2000 年，我在黄花城一个敌楼里，发现了一块明隆庆四年（1570）的石碑。几个月后再去看，这块大概有250公斤重的石碑就被挪到了够不着的地方。我交了两元钱，爬上当地农民搭建的木梯，才能一睹这块石碑的风采。可悲的是，这块石碑在挪移的过程中被摔成了两段！

近几年，我眼看着约在公元1618年修建起来的箭扣长城正北楼，它的砖砌登城阶梯越来越矮，直至被农民拆光，搭上了自制木梯。观光者只有交“买路钱”才能上去，直至最近，当地文物部门才责令拆除木梯。

与后两个案例相比，上述第一个案例似乎情有可原。农民用城砖盖房，是出于生存考虑，经过宣传教育，当地人转变了对待长城的观念。但后一个案例则是村民于脱贫之后，为了创收而做出的违法行为，而这种行为被举报、调查或惩处的风险很小。

通过对这几个案例的思考，我得出如下两个结论。第一，“破四旧”的观念并未彻底消除。第二，“爱我中华　修我长城”的口号并不是“包治百病”的“灵丹妙药”，还需要更好地落实，但它开启了一个崭新的时代，为长城保护迎来了充满希望的“春天”。与此同时，中国成功的经济改革也将对长城的未来产生积极的影响。

现实中的很多因素对口号的进一步落实形成了制约。尽管中国社会和中国人的生活方式已经发生了剧变，但中国文化中“报喜不报忧”的思维方式仍然根深蒂固，对长城破坏的记录充满了“春秋笔法”。“文革”期间个别被拆毁的长城大都位于很容易到达的地点。“野长城”基本上还是保持了完整。而改革开放政策，使人们在物质生活方面得到了改善。私家车和四通八达的道路使得城里人不需要成为“好汉”，就可以轻而易举地游览曾经偏僻的长城。过去长城面临的威胁曾经来自政治运动和贫穷，如今则来自富裕阶层——乱扔垃圾、涂鸦和违法建设。

邓小平是三百五十年来第一位发起“保护长城”运动，并且出于和平而非战争的目的修长城的中国领导人。1985年，邓小平被美国《时代》周刊评为年度人物。

1987年，中国长城被列入了联合国教科文组织《世界文化遗产名录》。

随着时间的推移，人们也逐渐认识到，把修缮长城作为保护长城唯一方式的路子过于狭窄。2002 年和 2004 年，北京周边的长城景观两度被列入世界遗产基金会“100 处濒危世界遗产”名单。“爱我中华　修我长城”被提上了议事日程。

文物五十
百年献礼："两个威廉的长城"相隔八十年的对比图

我与"长城专家"威廉·埃德加·盖洛的邂逅非同寻常。首先他已经去世；其次，他也像我一样，是个外国人；再就是，我们的见面有缘于他的著作《中国长城》，这本书正是别人送给我的礼物。当我打开包裹了这本书八十年的泡泡纸时，仿佛穿越时空握住了作者的手。

我小心翼翼地翻开已经斑驳的纸张，感觉像见到了久违的老朋友。但我很快就意识到：我并不是长城的"征服者威廉"，而是"威廉二世"。因为"威廉一世"的长城全线之旅，比我早了整整七十九年！我们在各自的书中，都用图片展示了所经过的长城多元的景观风貌和建筑结构。他骑马向西，而我则是徒步东行。在平行的时空中，我们常常比邻相望，擦肩而过，有时行程交会，不期而遇。

他的书中有一张图片的说明是"骡马关"，我在自己的书《独步长城》里，找到了同一地点拍摄的图片"罗文峪"。将两本书的照片并排摆放，我感觉到时间在流逝。两个威廉在不同的年代站在了同一段长城上。仔细比较这两张跨越近八十载的照片，我发现，1908 年的黑白照片中，盖洛端坐在巍然耸立的敌楼前，而我在 1987 年自拍的彩色照片中，敌楼已经成了一堆废墟。为什么会是这样？

1989 年，我为推广自己的新书《独步长城》而接受了英国广播公司（BBC）的采访，同为英国人的玛乔里·赫塞尔·蒂尔特曼女士收听了采访之后，将这本《中国长城》邮寄给了我。她在同时寄来的信中说："使用这本书可能已经为时太晚。"我知道，她指的是把盖洛这本书作为我徒步长城的指南。实际上，这本书来得正是时候。

1908 年，盖洛在长城遭到大规模破坏之前开展了全线调查。后来我发现，到 20 世纪 70 年代后期，盖洛走过的很多长城遗迹，已经不存在了。

1999 年 12 月 31 日，是我们的故事中一个关键时刻。此前从未有如此众多的人在期待与不安中迎接下一个千年。午夜时分，我从西栅子村自己家的农家院出发，在零下 23 摄氏度的刺骨严寒中，摸黑爬山，登上长城。一种宁静、深邃、庄重的氛围，笼罩着我和我的同伴们。

我切身感受到一种世界末日般的心理震撼。如果将这颗古老星球的历史浓缩为 24 小时，那么现代人类的出现只是最后几分钟的事，而现代文明的诞生不过是几秒钟。可在这一瞬间，人类对世界造成的改变，就已经足以威胁到自身的生存。如果我们不能以史为鉴，又何以改过自新？

在我们快接近长城的时候，感觉一座座敌楼上的一个个箭窗，就像注视着我的一双双黑眼睛。它们见证了 1600 年、1700 年、1800 年和 1900 年，身上也留下了当年的印记。我想知道，在公元 2000 年之后，他们又将见证些什么，不会是更多的悲剧吧？作为一个个体，面对这些变化时，我深感无能为力，直到想起那些长城老照片。

自从得到威廉·盖洛那本《中国长城》之后，我就开始有意识地通过各种渠道，收集、收录长城老照片的书籍和单片。现在，我的老照片库存已经超过了 400 张，我相信可能已经是全世界所有组织和个人中规模最大的收藏了。我决定开始研究如何通过“复拍”来更好地宣传和保护长城。

一张好照片胜过千言万语。同一地点、不同时间的两张照片，能够表达的信息也许更多。它们穿越时空的对话，也把当代的信息传递给未来。

盖洛和我在各自的时空中完成了自己历史性的长城之旅。现在，“我们”决定重访旧地，目标是用图像书写长城故事。“我们”试图通过古今重叠的二元视角，引起观众对长城有一个整体的认识，思考它的未来。

从 2003 年到 2009 年，我踏寻了包括这段旅程的缘起——罗文峪在内的 100 多个地方跨越了一个世纪的变化。这一次，我们询问当地的“知情者”，尝试对一些图片的拍摄地点、摄影者姓名和长城变化的原因等给出一些我认为必要的答案，当地居民有时会给出一些答案，但大部分情况下都是一无所获。一开始，我推测是罗文峪的村民自己拆毁了那座敌楼，但实地考察给出了否

说明： 威廉·盖洛和威廉·林赛分别于1908年和1987年，在河北省遵化县罗文峪从同一个角度拍摄的长城图片

意义： 启动了长城重摄的一个项目，通过新老长城照片的对比，看出长城的变化

来源：河北罗文峪，分别摄于 1908 年和 1987 年

现状：作者藏品

定的答案。在我们的照片之外，距离村庄更近的地点，另一座敌楼仍然完整地矗立在那里，这让村民自行拆毁的说法看上去不合逻辑。

似乎大部分人秉持着“这就是生活”的理念和事不关己的态度，对这些发生在长城上的变化已经麻木不仁，并且总是将矛头指向大众，埋怨他人。回到罗文峪的这座敌楼，一种解释是在1933年的长城抗战（参见文物四十七）中被毁的；另一个可能的倒塌原因，是1976年7月，75公里外发生的唐山大地震造成的。如果这座敌楼没有倒塌，那么我和老威廉分别拍摄的照片几乎毫无区别。我确信，“两个威廉”的相遇是上帝、命运和历史的慷慨安排。

这两张长城照片的古今对比，是本书的最后一个故事，也是与众不同的一个。两张照片出自两个都叫“威廉”的人各自写的书。它们并不难找，也不值钱，因为每一本书都有数以千计的发行量，但是它们却是对未来产生影响的物件。为什么这么说呢?

“两个威廉”共同完成的长城古今对比照片，能够激励其他热爱长城的人走出户外，去拍摄他们的珍爱之物。他们拥有威廉·盖洛的时代所无法想象的先进设备和技术，能够通过图片、文字、视频和动画等各种方式，更好地记录长城信息；已经有越来越多的人成了长城和中国历史的捍卫者，为了将今天的长城完整地留给子孙后代而不懈努力。

现在距离我第一次和威廉·盖洛共同回访长城已经过去了十年多。我们都曾拍摄了电影胶片。到2008年，“万里长城　百年回望”展开幕之时，我们已经进入了数字时代。如今，智能手机大大提升了我们记录长城的能力。我们每年都产出汗牛充栋的信息化数据，其中也包括分享在社交媒体上的海量照片。对这些迅速膨胀资源的有效利用，必将开启长城保护的又一个新纪元。

无数无名的劳动者和他们的后代修建和维护了超过两千年的长城，如今很多段落已经湮没在历史中，而历经沧桑保留至今的部分，等待着监测与保护大军的行动。要想真正保护好长城，这支大军就必须由动员起来的社会大众组成，他们的武器就是科学技术和法律。先进的监测技术使普通大众都能够匿名监督长城的破坏行为，为有关管理部门留下证据，将破坏者绳之以法。

威廉·盖洛的《中国长城》是送给中国的礼物。如今，是时候准备一份新的礼物了。这份礼物，我希望是 360 度全景展示中国历代长城现存遗迹的分布图。这张新地图通过“众筹”的方式，展示长城的全部细节。人民成为新的“守军”，他们在社交媒体上点燃“狼烟”，随时随地对长城破坏的风险发出预警。

我们这个用 50 件文物，讲述长城的故事，始于对 16 世纪奥尔特留斯出版的世界地图集《寰宇全图》里面的一张中国地图的探索。尽管是基于最有限的认识，但它使得长城成为世界最著名的建筑。现在，带着对 50 件文物更深入的了解，我期待着网络空间中每个人指尖的轻轻一点，能够带来一个石破天惊的新物件，从而让世界更多的人了解万里长城这个举世闻名的伟大奇迹。

后　记

“如果需要更多帮助，请联系我们。”这是我在寻找和研究长城文物的过程中，不少收藏者给予我的友善回复。当然，在时机成熟时，我会接受邀请，开启寻求这些文物的旅程，从更多的细节中，了解它们对长城变化的影响。我最先设定的目标是，书写与长城相关的50件文物，不多也不少。但是正像人们常说的：当你想要一打儿时，总会有十三个光顾。我寻找文物的过程也是如此。总之，我找到的数目总比实际需要的多。这篇后记就是不得已留给一件文物的一个额外“名额”。这是一幅想断而断不开，想离而离不了的地图。这里有地图的寻找过程，有细腻的描述，有背后的故事。最后，事实证明，它的加入，给予了全书结尾以锦上添花的效应。

以地图开启一件事，是我历来的传统。标准的《牛津学生地图册》带领我走起万里长城路。当然，开始是在头脑里，后来实现在徒步中。在寻找文物之旅中，我选择了另一本地图集，这是世界上第一部，也是第一次在多国发行的地图集，它是16世纪最昂贵的“零售”图书——1587年出版的《寰宇全图》。正是它给了欧洲人第一次见识“400里格”长城的机会，我也有幸在自己的书房写字台上触摸到了它。这本地图集价值连城，从图书馆绝对无法借阅，我是从荷兰籍朋友马丁·布特拉先生（Mr. Maarten Buitelaar）那里借来的，他常住北京，是个痴迷于古地图的收藏家。当我翻阅地图集的同时，感觉自己在亚欧大陆的时空隧道里穿越。我想象着，当地图集的第一个所有者看到中国长城时，他的好奇心是否被激起？然而，我也敢肯定，他所了解到的长城其他信息，一定少得可怜。而在我的 50 件文物中，一共包括了 9 幅饱含长城历史信息的地图，这只是其中的一幅。

在这本书里，第二组文物是武器，这是本书中唯一一组数量超过了地图的文物。这一点不奇怪，长城本身就是军事冲突的战场。两千多年以来，在长城这座历史里程碑上所使用的武器在不断地演变和发展。长城两侧生活着不同类型的人群，他们在同样的舞台上，出于相似的目的，用各自最擅长的方式相处：北边骑马袭击，南边筑墙防御；原因相似，战场相同。然而，他们所使用的武器也因科学技术的进步而改变了不少。人们用金属材料把木材和羊角连接起来。弓箭需要弹性，并配以使用者相应的力气和技巧，而安装着扳机的弩则并不要求这些，但操作和保养更复杂。战场杀伤力又因火药的发明和“热兵器”的加入而大大增强。地雷可以事先布设，通过开关自动控制时机。

第三组文物是与马匹相关的六个故事。这也不奇怪，长城的故事，在我看来，就是马与墙的较量。这里有的马是战马，有的马是当作运输工具的牲口，有的则是贡品，还有的是用于交易的商品。游牧民的马匹从不缺少，也从不过剩，那么为什么他们经常不断地向中原人输送良马，而中原人不能建立起自己的驯养基地呢？在我们最后一个关于马的故事里，讲到中原的土壤中“硒”元素的缺乏或者过剩——当然，这需要进一步的研究。

在我当老师的时期，我注重与学生交流怎样“古为今用”。正像英国前首相温斯顿·丘吉尔所说：“回顾历史越久，展望未来也就越远。”我选择的 50 件文物中，有 10 件都涉及文物保护的信息。比如第一组的第二件文物——老戏曲年画——《孟姜女万里寻夫全部》里就讲到，孟姜女发现她的丈夫死去之后被埋在长城里，同时，他的名字也被刻在长城的砖墙上。这个故事传递出一个信息：在长城的砖墙上刻字很不吉利。我想以这种方式告诉人们，不要在长城上涂鸦刻字。

最为令人痛心的保护信息，来自我寻找“狼烟”的过程。不论“狼烟”

这个中文词汇最初的含义如何，如今它给我们发出的严重警告却是狼，这种占据食物链顶端的动物已经濒临灭绝，它们的主要食物——羚羊，在蒙古东部大草原的栖息地——遭到不断的破坏。

这些长城文物的寻觅，带我走出了书斋——我的私人长城博物馆。我从东到西，从山海关长城博物馆到嘉峪关长城博物馆，从南到北，从中国国家博物馆到八达岭长城博物馆，我走遍了中华大地。在蒙古国，我找到了奇妙的文物，而且有幸在蒙古国家博物馆和成吉思汗塑像博物馆的展厅里近距离观察，甚至抚摸它们。我还在大洋彼岸的美国，在华盛顿史密森学会的弗利尔艺术馆及多埃斯顿城历史学会，找到了我需要的文物。在我的老家英国，我得到了皇家地理学会、大英图书馆、维多利亚及阿尔伯特博物馆和牛津大学博德利图书馆的帮助。在梵蒂冈博物馆的搜寻是最奇葩的经历。

好多年前，我就知道梵蒂冈博物馆有一幅相当长的《波吉亚长城古卷》。我第一次看到的是一些模糊不清的图片，上面标有“罗马拉特兰博物馆藏品”的字样。进一步研究之后，我仅找到一位名叫梅耶斯（M.J. Meijers）的学者在1956年撰写的一篇研究文章。据他介绍，1952年，这个地图被意大利地图期刊《世界形象》（*Imago Mundi*）的创始人利奥·巴格若（Leo Bagrow）看到，并“被带到梵蒂冈拍摄，试图留在此地，没能成功”。1970年，拉特兰博物馆关闭，它的藏品都转移到梵蒂冈人类学博物馆东亚展厅。

我向梵蒂冈人类学博物馆询问，试图目睹这幅地图，但未能成功，于是我亲自到罗马去碰运气。我觉得，只有这样才能解开这幅地图的下落之谜。然而，我造访的时机不佳，这幅长城图被美国加利福尼亚一个博物馆借去展览了，那是梵蒂冈的文物第一次漂洋过海。为了不枉此行，我拜见了梵蒂冈人类学博物馆馆长玛贝利（意大利语“Mapelli”，中文意为“地图”，这是个好兆头）神父。他告诫我：“在梵蒂冈做事情非常困难，程序复杂，速度极慢。”

我回到北京之后，那幅地图也回到了罗马。但是，我给梵蒂冈博物馆馆长、博物馆中国文物研究员写的咨询信函，全都石沉大海。最后跟我保持联系的只剩下梵蒂冈博物馆的图片管理员，她为我提供了20张该地图各部位的低清图片。这些图片至少能让我“近距离”研究它。这幅图丰富的色彩和少见的细节，激励我重温梅耶斯的那篇研究文章。

在放大镜的帮助下，我理顺了这些影印件，并做了索引。我逐渐搞清楚了哪些地方有重合可以剪掉，哪些地方可以粘接起来成为“长卷”。我的工作颇有成效，根据原件，我制成了一个近乎完整的缩印件。我把原来7米多的地图，重新制作成了一幅1.62米的地图。就这样，我把《波吉亚长城古卷》“带回”了北京的工作室。

2014年10月，当我准备给出版社编辑交稿时，我不得不对这个造成不少麻烦，但非常重要的遗留物做出最后的裁决。我计划冬季再去罗马，最终结束这个“项目”。我上网查找，确认这幅图是否会在罗马公开展出，然而，梵蒂冈博物馆艺术品赞助商的网站传来最新消息，该机构对梵蒂冈博物馆文物修复将寻找资金资助推广。他们所列出的2015年需要资金支持的文物中，就有这幅《波吉亚长城古卷》，它需要资金25000美元，用于对该地图的清理、修复和拍摄。

这时，我看到了国际长城之友协会的参与机会。国际长城之友协会致力于组织和宣传对长城的保护，而我正是协会的主席。协会率先并持续组织长城捡拾垃圾的活动，推动将长城（北京段）自然景观列入世界文化遗产基金会（World Monuments Fund）的世界濒危遗产名录，并策划组织了颇具影响力的长城保护的研究项目“万里长城　百年回望”展，以图片的形式向公众展示长城的百年沧桑。我认为，资助修复这幅地图，是一种全新的长城保护工作，也为中梵两国的文化交流提供了机会。于是，我向腾讯公益慈善基金会提出了口头申请。几天之后，基金会负责人的回话非常令人振奋，他说他和几个朋友愿意促成这件事。

于是，我立即向梵蒂冈方面告知这个好消息，没过半天，就收到了他们的回复：几个小时之前，一个国际机构已经决定为此捐资。嗨！我们与赞助机会失之交臂，也失去了一个用长城联系中梵两国人民感情的机会！

然而，这次失败也意味着我的旅程没有结束，它提醒我，最好的旅程从来不会到达一个明确的终点，我将竖起耳朵，睁大眼睛，继续寻找万里长城故事的精髓。

作为《长城的故事：影响历史的50件文物》的“加演剧目”，我十分高兴地与读者分享我从这幅《波吉亚长城古卷》中学到的东西。我的研究就像是一次情报搜集——居家制作一幅缩印图，它的母本罕见地展示了长城的全景，行踪是如此神出鬼没，藏身之处又是如此出人意料和触不可及。

文物五十一
教廷之旅：《波吉亚长城古卷》

作为一幅长卷轴式地图，最方便的欣赏方法是从一头开始，一边往前展开卷轴，一边卷起已看过的部分；一部分一部分地看，就难免来回翻看。但是要想欣赏到这幅绢本设色长城全景地图的卓荦之处，最好还是把它从头到尾全部展开，细细观察。于是我拼接了这幅长 1.62 米的缩印版地图。

虽说《古卷》上没有标题、印章、日期、图说和绘画者的真名实姓，但这幅地图的身份和价值是显而易见的：这个连续不断的线性军事防御工事，位于全图的中心部位，周围是山川与河流等鲜明的地标。地图中的各种元素似曾相识，但正方向十分诡异。一个很小的汉字“北”，标注在图的下方边缘，说明该图的方位不是通常地图上的标注法：上北下南，而是相反——上南下北。河西走廊位于地图的右边（西边），黄河大拐弯位于中间区域，山西位于地图的左边（东边），很明显，地图的“脊柱”是明长城。

这幅《古卷》以全景、长卷式的展示方式及其绘画细节，让人身临其境。它窄长的尺寸更突出地强调了它所关注的焦点。与大多数地图一样，这幅《古卷》的绘制者也采用了俯瞰的视角，令观者面对这幅地图，会有一种沿着长城穿越飞行于华北干旱的黄土地的体验。无论何时俯视，你都能看到长城。

这是一幅独特的条状长城地图。它是一个杂糅了科学与艺术的具有示意性质的特殊地理产品。为了展示的需要，绘制者打破了一些绘制地图的老规矩，简化了“飞行线路”。长城被压缩、抻长、拽直。地图的比例，特别是图中所绘的黄河以东一带，非常不准确。

与以往传统的地图一样，这幅地图留出了足够的空间，用以标记和说明绘制者所要表达的一切。在长城的内侧，你能看到一长串的矩形城堡和敌楼等军事设施；在长城的外侧，你能看到游牧民的生活状态，如营地中的帐篷、

说明：《波吉亚长城古卷》（文中简称《古卷》），绢本设色，775 厘米 ×38 厘米，绘出了西从甘肃嘉峪关东至山西大同的长城

意义：唯一知晓的卷轴式长城地图

来源：清康熙年间（约 1695 年）绘制，1700 年前后由耶稣会传教士获得并带到罗马，最终卡迪诺·斯蒂凡诺·波吉亚（Cardinal Stefano Borgia）收藏在意大利维莱特里（Villetri）自己的家庭博物馆里

现状：梵蒂冈人类学博物馆东亚展厅

放牧中的马匹和骆驼等牲畜、正在风干的牛羊肉、水井的“黑窟窿”；在一个地方，你会看到男人们坐在地毯上，而在另一个地方，则看到女人舞蹈的场景，这一切都用鲜亮的色彩和精细的笔触表现出来。这些场景与我们原先所见的边疆作品中以中原为中心，“贵中华、贱夷狄”的刻板印象，相去甚远。《古卷》还使用了双面透视的手法，展现了长城两侧的人们和谐相处、相互尊重，而非文化冲突的景象。这似乎传达了一个信息：局势发生了变化。

在早期的长城地图，给人以游牧民族遭受歧视的印象。比如宋代的《华夷图》（参见文物十三），游牧民族被冠之以“蛮夷”（野蛮人）的标签；再比如明代的《九边图》（参见文物三十七），将长城以北的游牧民描绘为住在“巢穴”里的野兽。而这幅地图的语言和图像就客观得多，其所描述北方民族的信息也更多，定格了一时的和平。长城内的城堡里，仍然驻扎着一定数量的守备部队，由各级官员统领，这无疑是为了行动的需要，已经做好了立即出兵的准备。

在《古卷》中牧区的一侧，可以看到几种新式的营地，有并排而立的毡帐，还有的在帐篷外筑围墙。这些牧民不仅在边境贸易中获得生活必需品，他们的生活方式似乎也在悄悄地发生变化，变成了半游牧、半定居的形态。这使我想起了近来前往蒙古国首都乌兰巴托时见到的情景：游牧民聚集在高楼林立的城市周边，建起数以万计的白色蒙古包，形成世界上最大的帐篷营地。这种现象是好是坏，我们先不去论断。再回到长城地图的话题，游牧民族生活方式的变化，为长城这本历史大书续写了新的篇章，农业文明与游牧文明的“双边关系”，翻开了新的一页。

《古卷》中还有一个细节值得注意，那就是在这幅绢质地图上布满了“标签”。这些由地图使用者贴上的纸片不是固定的说明，而更像是“便签”，上面的信息是可以随时更改的，比如驻军数量的变化，或者最新的游牧宿营地的变化情况等等。其上的一张标签告诉我们，在肃州（今甘肃酒泉）驻军3000人，由一名总镇、几个游击将军、守备使和其他各级军官统辖。根据河西走廊地区的标签统计，这里是整幅地图中军事力量最强的地区，驻兵加在一起高达 25000 人。

但在游牧民一侧的一个“标签”上写着这样的内容：在哱啰口外驻扎有添巴各部落，由噶尔丹汗控制。噶尔丹名字的出现，让我们确定了《古卷》的年代。噶尔丹出生于 1644 年，在 1670 年成为准噶尔（西蒙古）的大汗。他控制着包括今新疆一带在内的广大西部地区，直至 1697 年。

这大概是一张绘制于 17 世纪晚期噶尔丹汗在位时期的军用地图。它展示了长城与其内侧各城堡的关系。它似乎是在噶尔丹汗统治时期绘制的，那是在 17 世纪末，即明朝灭亡半个世纪之后。康熙皇帝在这个时期已经放弃了维护明朝遗留下来的长城。这幅地图绘制的大致时间是 1670—1697 年间，但是绘制该图的用意何在？谁在使用这幅地图？

1691 年，有一份给清朝工部申请资金修缮古北口长城的奏折，康熙皇帝未予批准，他认为这座建筑没有什么用处。康熙曾经在经过古北口前往承德避暑山庄的路上，阐述了他“以蒙古为藩屏”的边境政策，他说：“我朝施恩于喀尔喀，使之防备朔方，较长城更为坚固。”①

地图上多处提及噶尔丹大汗。我们得承认，这幅地图并不是为了表现长城本身而绘制的，它的主要用途在于监视噶尔丹汗及其各部落的活动。长城只是准噶尔部活动范围内的一个地标而已。长城敌台早已人去楼空，曾经坚固一时的壁垒不断崩解，尽管还能见到实体，但已经变成了“鬼墙”。但它至少还可以当作西行的“高速公路”使用。

至于为什么这幅地图上只显示明长城的四分之三的问题，我是这样认为的：中国的新统治者对辽东一带的森林、高山、深谷和平原了如指掌，但山西以西的黄土高原是他们的陌生之地。这幅地图越往西越准确，就是要把注意力集中在清朝满人所不熟悉的地域，用于指导西部的军事防御计划与后勤补给工作。

令人惊讶的是，全图没有出现清朝的官方文字——满文。一种解释是，

① 参见《清圣祖实录·卷七·康熙三十年八月乙未条》。其大意为：我大清朝给予喀尔喀蒙古人以恩惠，使得他们驻守边陲，这比修筑的长城更为坚固。

于 1673—1681 年间，清朝当时正在集中精力平定南方的“三藩之乱”，而西北边防的重任仍然主要落在当地的绿营汉军身上。我们猜测，这张地图的使用者主要还是兵部和绿营的汉族官员。

噶尔丹治下，跨越内亚草原、高山和大漠，占据长城以西到今天哈萨克斯坦之间的广大地区的所谓“准噶尔汗国”，是草原帝国的绝唱。噶尔丹野心勃勃，妄图向东扩展，将整个蒙古大草原变成他的附庸，这对归附清廷的蒙古各部造成了威胁。1696 年，康熙皇帝御驾亲征噶尔丹，并在乌兰巴托以东的宗莫德取得了决定性胜利，成为康熙皇帝最重要的功绩。次年，噶尔丹兵败自杀。这次胜利终结了准格尔部的扩张，并将包括今天蒙古国和哈密以东的准噶尔旧地纳入清朝的版图。

曾经作为边疆防线的明长城(如今矗立在疆域更为广大的清王朝的内陆)变得多余。与此同时，这幅无名的《古卷》也无法展现清朝通过文化融合的手段所进行的娴熟的政治博弈。机缘巧合之下，《古卷》拥有了一个洋名——《波吉亚长城古卷》。

从视觉效果上看，这幅地图是我的文物地图系列里最有魅力的一幅。不论尺寸还是信息量都属于上品。然而，这幅具有很大误导性，并且极为罕见的地图，研究它的人却凤毛麟角。我能找到的只有荷兰地图学家梅耶斯在 1956 年撰写的唯一一篇研究文章。

《波吉亚长城古卷》的名称来源很简单，只是因为它由一位耶稣会传教士获得并带回罗马，之后被卡迪诺·斯蒂凡诺·波吉亚（Cardinal Stefano Borgia，1731—1804）收藏。卡迪诺收藏古董的兴趣，来自对罗马皇帝屋大维（Octavian，公元前 63—公元 14）的敬仰。这位皇帝“用最珍贵的东西装饰他的贡献，因为它们既古老又珍贵”；卡迪诺的收藏热情，让他把老家山区小城维莱特里的祖宅“波吉亚宫”变成了“欧洲珍宝馆”。据说他的收藏言简意赅地见证了一种普世的、百科全书式的文化，并且热情地敞开大门，欢迎全世界不同信仰和国籍的学者前来研究。“波吉亚宫”的收藏，在当时的欧洲无人能比。德国诗人歌德就是波吉亚收藏馆的常客，在他的日记汇编《意大利游记》中，就曾经提到过这批藏品。

《古卷》也展开了著名的意大利之旅。1804 年，卡迪诺·斯蒂凡诺·波吉亚去世之后，他的大部分藏品作为遗赠，由梵蒂冈接收。波吉亚是一位有名望的收藏家，同时他还是圣宣会（西班牙语 Sacra Congregatio de Propaganda Fide，教廷的一个办公室，负责收集传教士带回罗马的文物和艺术品）的秘书。这幅地图可能在 1697 年噶尔丹去世之后被解密，最终落入了与清朝皇室关系密切的耶稣会士手中。随着大清国西部威胁的消除，这幅地图的使命也就终结了。1708 年，康熙皇帝就开始指派一些传教士测绘长城和整个清版图的地图（参见文物四十二）。这应该是在他们获得《古卷》之后的事。综上所述，《古卷》最有可能进入意大利的年代是它诞生十年之后的 1705 年前后。

1962 年，《古卷》最终在地球另一边的梵蒂冈落户，与米开朗基罗、拉斐尔和雷奥纳多·达·芬奇等名声享誉世界的艺术巨匠的作品在同一屋檐下展出。大师和他们的作品与这幅《古卷》及其作者形成了鲜明对比。后者所表现的是，一座由无数无名艺术家创作的全世界规模最大的“建筑艺术作品”。

2019 年 5 月 28 日，北京故宫博物院与梵蒂冈博物馆合作举办的“传心之美：梵蒂冈博物馆藏中国文物展”在故宫神武门展厅开幕。本次展览首次将梵蒂冈博物馆收藏的中国文物带回中国展出，策展团队从梵蒂冈博物馆的藏品中精选出 78 件展品，这幅地图就包括其中。在阔别家乡三百年后，《古卷》回到了故土。展柜中长卷的右端悬挂着朴素的展览说明：“《长城图》，清康熙，绢本设色。”

致谢

我要感谢许多人。他们为这本书给予了我信任和帮助，也为我的造访提供便利和许可，同时为我答疑解惑、提供图片。可是，在我下笔写这篇致谢函时，该从何开始，却成了我经常遇到但令人愉快的问题。

在我面前摆放着一摞长方形、大小如同扑克牌的纸片，上面用黑色记号笔写着各个文物的名称，时间定格在 2012 年。

那时，我 12 岁的小儿子汤米看到我趴在电脑屏幕前忙活，而且显得格外痛苦。因为我正在整理文物清单，试图为这些文物排序，我一会儿剪贴，一会儿拖拽……于是汤米找来剪刀、纸和笔。他剪出一个个纸片，写上一个个文物的名称，不一会儿就把我选中的文物做成了一堆文物卡片。接下来，我俩就玩起了卡片排序游戏。

这个"游戏"的目的就是要找到各个文物之间的关联。一些文物属于材料，如金属、木头、纸张和石头可以排列在一起；另一个排序方法基于各种文物的作用，如武器、地图、日志、书籍和绘画。用地域划分也是一种，比如是属于中原农耕民族的、草原游牧民族的，还是世界其他地域的，有的文物比较相似，有的截然相反，用对比的排序方法同样可以引人入胜。最终，我把 50 件文物旅程的起点，放在了欧洲人和中国人最初是怎样了解万里长城的这一点上。

汤米的文物排序游戏简单有效，况且这些卡片还另有用途。它们如同一张张名片，温馨地提示我：谁在哪件文物上曾经帮助过我，哪个人、哪个机构对我帮助最大。

如果让我就“坦诚相待和给予便利”方面，给某人或某机构颁发一枚金质奖章的话，那真的是非南布克巴娅女士（Mrs Nemekh bayar Nadpurev）莫属。这位女士是蒙古国成吉思汗塑像博物馆创始人、馆藏文物收藏家额德内楚伦先生的遗孀。一年之前，我曾与额德内楚伦先生见过面，当我再次来到博物馆时，先生已经去世几个月了。而这位女士却一如既往地给予了我尽可能多的协助。她不但允许我近距离观察文物，而且可以触摸那些展品，其中包括：青铜器件、武器、盔甲和各种仪式用具。我最终选出的 50 件文物中，有 6 件是来自这家博物馆。

在蒙古国这片土地上，帮助过我的人还有不少。蒙古国家历史博物馆研究员布玛女士协助我挑选馆藏文物，时任馆长萨鲁布彦教授给我指点迷津。柯克·奥尔森先生和夫人奥蕴托娅女士帮助我寻找蒙古国境内的有关人士，在巴特满克传统弓箭作坊为我做翻译，并安排前往东部草原的探险。对《成吉思汗与今日世界之形成》一书的作者杰克·威泽弗德教授，我也是充满了感激之情。他的作品使我对游牧民族的文化和成吉思汗时期的历史，有了更清晰的理解。

虽然这本书的内容脱离开了长城遗迹，但是你会注意到，我在书中所编织的，这些年在不同长城地段实地的体验和耳闻目睹的长城故事，有些甚至可以追溯到我踏上长城第一步的 1986 年。在各段长城的旅途中，我得到了诸多人士的帮助，并且与他们建立了深厚的友谊。从早期长城沿线为我做饭菜、留我住宿的农民到 20 世纪 90 年代与我一起在北京地区做短期探险的朋友中，我记忆最深的有斯科特·厄本先生、查林·霍波斯玛先生、杨肖先生、王宝山先生和朴铁军先生。那个时期是我探索长城的黄金时光。

在中国境内，我要感谢山海关长城博物馆时任馆长潘岳先生、嘉峪关长城博物馆时任馆长侯晋刚先生和俞春荣先生、嘉峪关城市博物馆时任馆长李晓峰先生、陕西西安边陕北长城博物馆馆长李生程先生、八达岭中国长城博物馆时任馆长黄丽敬女士和业务部主任任晏涛女士、传统弓箭非物质文化遗产传承人杨福喜先生。特别感谢北京市文物局外事办王昕女士和李一雪女士为我提供介绍信，使我敲开陌生人的大门变得容易。我还要感谢中国国家博物馆、辽宁省博物馆、中国国家图书馆、北京大学图书馆古籍图书部所给予我的协助。

在国外的不少机构和个人也为我写作这本书提供了帮助，他们是：大英图书馆、史密森博物馆、维多利亚及阿尔伯特博物馆、牛津大学伯德利图书馆（特别感谢科林·哈雷斯先生）、剑桥大学李约瑟研究所（特别感谢时任所长古克礼博士）、美国宾夕法尼亚多伊尔斯敦历史学会（特别感谢蒂姆·阿达姆斯基先生、联邦法官埃德·路德维格先生、玛里琳·古斯塔夫森女士）、乌得勒支大学图书馆、韩国国立博物馆，以及一些个人：马赛尔·凡登·布鲁克、马丁·布特拉、伊维德·艾德玛、弗里达·默克、雷诺尔·肖、罗德尼·雪利、理查德·史密斯、希尔德·德韦尔特、石丹华先生和王宁先生。

在本书中，我使用了亚瑟·威利先生（1889—1966）所翻译的李白有关长城的诗句，以及使用了温哥华岛大学伊恩·乔斯顿先生所翻译的，卡夫卡的《万里长城建造时》的文字。在此，一并向他们致以诚挚的感谢。

本书的写作经历了两个阶段。首先是在《华夏地理》杂志里以每个月刊出两个文物故事的速度推出，之后结集起来，编辑成书。这两个阶段是相辅相成的，没有杂志的文物故事，也就不会有后来的图书。图书的流通形式又给予了这50件文物以更长的生命力和不同的阅读对象。

当时担任《华夏地理》杂志主编的叶南先生，给了我这个绝佳的机会，使我得以心想事成。在我为该杂志撰稿《成吉思汗边墙》之后，他问我：下一个目标是什么？那时，我不只期待着写另一个旅途中的故事，而且要写50个！叶南居然答应了。我的50件长城文物故事，占据了这本杂志的一块阵地长达25个月之久！我真的有点得寸进尺。

叶南先生如此痛快地答应我的请求，因为他知道在我的身边有一位精明能干的夫人辅助。在我为《华夏地理》写成吉思汗边墙文章时，我妻子吴琪已经显露出改写重编、核实史实的能力。无论从哪个角度讲，她实际上是我的著作合伙人。

在每个故事写成之后，吴琪会与老朋友、原山海关长城博物馆馆长王雪农先生讨论。我十分敬仰他在长城历史方面的渊博学识，感激他对这本书的构思和内容所做的修正和批评。

组织好了文字也只是成功的一半，图片也是重头戏。我有幸与杂志社的图片编辑杨昶先生和摄影师陈新宇先生愉快地合作，以及得到我长子杰米·林赛的帮助，同时我还要感谢王金先生和托马斯·米勒先生的无私奉献。

我要感谢的还有大英博物馆、BBC 广播公司和企鹅出版社。时任馆长尼尔·麦克格瑞格用大英博物馆馆藏的 100 件文物来讲世界简史，由企鹅出版社出版成书，又在 BBC 广播电台的广播节目里成功播出，给了我 50 件长城文物写作的启示。

当我的 50 件长城文物的旅程进入到五分之一时，企鹅出版社就对在杂志刊登之后结集成书出版表示看好。我要对企鹅出版社所有为这本书付出心血的文字、图片编辑，表示由衷的感谢。

当你读完这本书时，我希望你喜欢它。这里有我的策划和写作，有吴琪的翻译、推敲和改写，有王雪农先生和张依萌先生的史实订正和文字修饰……总之，这个 50 件文物的旅程，是由众多人的合力而完成的。尽管我与这些人之间有亲有疏、有近有远。

2021 年 5 月于北京

参考资料

长城历史:

吉纳维夫·威姆萨特和杰弗里·陈(Genevieve Wimsatt & Geoffrey Chen),《长城之女》(*The Lady of the Long Wall*),哥伦比亚大学出版社,纽约,1934年

罗哲文,《万里长城》,马歇尔·约瑟夫出版社,伦敦,1981年

成大林,《中国长城》,南华早报暨新华新闻有限公司,北京,1984年

林蔚(Arthur Waldron),《长城:从历史到神话》(*The Great Wall of China: From History to Myth*),剑桥大学出版社,英国剑桥,1990年

威廉·林赛(William Lindesay),《亚洲印象:万里长城》,牛津大学出版社,香港,2003年

多位作者,《长城聚首》,民主与建设出版社,北京,2005年

克莱尔·罗伯斯和热雷米耶·巴梅(Claire Roberts & Geremie Barmé),《中国万里长城》(展览目录)(*The Great Wall of China*)(exhibition catalogue),动力屋出版社,澳大利亚悉尼,2006年

伊维德(Wilt L. Idema)《中国民间传说孟姜女哭长城的10个版本》(*Meng Jiangnu Brings Down the Great Wall, Ten Versions of a Chinese Legend*),华盛顿大学出版社,美国西雅图,2008年

威廉·林赛(William Lindesay),《万里长城 百年回望》(英文版)哈佛大学出版社,美国哈佛,2009年

张鹤珊,《长城传说——来自长城的悄悄话》,五洲传播出版社,北京,2009年

威廉·林赛(William Lindesay),《万里长城 百题问答》(英文版),五洲传播出版社,北京,2012年

草原文化:

托马斯·芭菲尔德(Thomas Barfield),《危险前线:公元前221年到1757年的游牧民族和中国》(*The Perilous Frontier: Nomadic Empires and China, 221 BC to 1757*),布莱克维尔出版社,英国剑桥,1989年

巴拉（Baarar），《蒙古历史》（*History of Mongolia*），剑桥大学出版社，英国剑桥，1999 年

莱奥·德·哈尔图格（Leo de Hartog），《成吉思汗：世界的征服者》（*Genghis Khan, Conqueror of the World*），托里斯出版社（Tauris），伦敦，1999 年

奥南·乌伦根格（Onan Urengenge），《蒙古秘史》（*The Secret History of the Mongols*），劳特利奇出版社（Routledge），伦敦，2001 年

马克·埃利奥特（Mark Elliot），《满洲风尚，中原封建社会晚期的八旗制度和民族身份》（*The Manchu Way, The Eight Banners and Ethnic Identity in Late Imperial China*），斯坦福大学出版社，美国斯坦福，2001 年

尼古拉斯·迪·考丝茅（Nicola Di Cosmo），《古代中原及其敌人：东亚游牧民族崛起的历史》（*Ancient China and Its Enemies: The Rise of Nomadic Power in East Asian History*），剑桥大学出版社，英国剑桥，2002 年

杰克·威泽弗德（Jack Weatherford），《成吉思汗和今日世界之形成》（*Genghis Khan and the Making of the Modern World*），王冠出版社（Crown），纽约，2004 年

图德文·拔桑（Tudevin Baasan），《什么是成吉思汗边墙？》（What is the Chinghis Wall?），乌兰巴托，2006 年

姜戎，《狼图腾》，小说，企鹅出版社，纽约，2008 年

J. 萨鲁布彦（J.Saruulbuyan），《蒙古国家博物馆介绍》（National Museum of Mongolia），乌兰巴托，2009 年

杰克·威泽弗德（Jack Weatherford），《最后的蒙古女王》（*The Secret History of the Mongol Queens: How the Daughters of Genghis Khan Rescued His Empire*），王冠出版社（Crown），纽约，2010 年

卡尔·罗宾森（Carl Robinson），《蒙古国：长生天下的游牧民族》（*Mongolia, Nomad Empire of Eternal Blue Sky*），奥德赛出版社，香港，2010 年

普列布扎布·额德内楚伦（Purevjav Erdenechuluun），《天剑：匈奴时期的青铜器文化》（*The Sword of Heaven: Culture of Bronze Artifacts of the Bronze Age and Hunnu Empire*），乌兰巴托，2011 年

G. 额日格森（G. Eregzen），《匈奴珍宝》（Treasures of the Xiongnu），蒙古国家博物馆，乌兰巴托，2011 年

地图绘制：

亚伯拉罕·奥尔特留斯（Abraham Ortelius），《寰宇全图》（*Theatrum Orbis Terrarum & Theatre of the Whole World*），比利时安特卫普，1587 年

卫匡国（Martino Martini），《中国新图志》（*Imperii Sinarum Nova Descriptio & New Description of the Chinese Empire*），约翰尼斯·布雷欧出版社（Johannes Bleau），阿姆斯特丹，1655 年

丹维尔，让·巴普蒂斯特·布尔吉尼翁

和杜赫德（D' Anville, Jean Baptiste Bourguignon & Du Halde），《中国与西藏新地图册》（*Nouvel atlas de la Chine, de la Tartarie chinoise, et du Thibet*），巴黎，1737 年

让-巴普蒂斯特·杜赫德（Jean-Baptiste Du Halde），《中华帝国全志》（*The General History of China*）（etc），约翰·瓦特出版社（John Watts），伦敦，1739 年

福华德（Walter Fuchs），《康熙皇舆全览图》（*Der Jesuiten Atlas Der Kanghsi Zeit & The Jesuit Atlas of Kangxi's Realm*），《华裔学志》（Katholischen Universitaet / Monumenta Serica），北京，1941 年

查尔斯·罗南和邦妮·欧（Charles Ronan & Bonnie Oh），《东西方相遇：耶稣会士在中国，1582–1773》（*East Meets West: The Jesuits in China, 1582–1773*），圣·罗耀拉大学出版社（Loyola University Press），美国芝加哥，1988 年

J.B. 哈利（J. B.Harley），《地图绘制的历史，第二卷，第二册：东南亚传统社会》（*The History of Cartography, Volume 2, Book 2: Cartography in the Traditional East and Southeast Asian Societies*），芝加哥大学出版社（University of Chicago Press），芝加哥，1995 年

丹班·巴扎格和丹班·恩克巴亚（Damnbyn Bazargur & Damnbyn Enkhbayar），《成吉思汗地图集》（*Chinngis Khan Atlas*），国家测绘局（State Administration of Geodesy and Cartography），乌兰巴托，1997 年

马修·P. R. 凡登·布鲁克（Marcel P. R. Van den Broecke），《奥尔特留斯地图集：插图指南》（*Ortelius Atlas Maps: An Illustrated Guide*），海斯出版社（Hes Publishers），荷兰，1998 年

罗德尼·W. 雪利（Rodney W. Shirley），《世界全图：早期世界地图 1472–1700》（*The Mapping of the Whole World: Early Printed World Maps 1472–1700*），早期世界出版社（Early World Press），河畔出版社（Riverside），2001 年

肯尼斯·尼本扎合（Kenneth Nebenzahl），《丝绸之路及其周边地图》（*Mapping the Silk Road and Beyond*），菲登出版社（Phaidon），伦敦，2004 年

杰里·布罗顿（Jerry Brotton），《用 12 张地图讲世界史》（*A History of the World in Twelve Maps*），阿伦道出版社（Allen Lane），伦敦，2012 年

杰里·布罗顿（Jerry Brotton），《伟大的地图》（*Great Maps*），多林·金德斯利出版社（Dorling Kindersley），伦敦，2014 年

罗贝托·里贝罗和约翰·奥马利（Roberto Ribeiro & John O' Malley）《耶稣会士在中国绘制的地图》[*Jesuit Mapmaking in China: D'Anville's Nouvelle Atlas De La Chine（1737）*]，圣约瑟夫大学出版社（Saint Joseph' s University Press），费城，2014 年

军事与武器：

E. T. C. 沃纳（E.T.C.Werner），《中国武器》（*Chinese Weapons*），皇家亚洲学会华

北分会（The Royal Asiatic Society, North China Branch），上海，1932 年
弗兰克·凯曼和约翰·金·费尔班克（Frank Kierman & John King Fairbank）（eds），《中国兵法》（*Chinese Ways in Warfare*），哈佛大学出版社（Harvard University Press），美国马萨诸塞州剑桥市（Cambridge, MA），1974 年
杨宏,《中国古代兵器》(*Weapons in Ancient China*)，中国科学出版社(Science Press)，北京，1992 年
李约瑟（Joseph et al.Needham），《中国的科学与文明第 5 卷第 6 部分：军事技术》（*Science & Civilisation in China, Volume 5, Part 6: Military Technology: Missiles and Sieges*），剑桥大学出版社（Cambridge University Press），英国剑桥，1996 年
孙武,《孙子兵法》（*The Complete Art of War*），（由拉夫·索耶翻译成英文）韦斯特维尔出版社（Westview Press），博尔德，1996 年
肯尼斯·柴斯（Kenneth Chase），《枪支：截止 1700 年的世界史》（*Firearms: A Global History to 1700*），剑桥大学出版社（Cambridge University Press），美国纽约，2003 年
麦克·洛德斯（Mike Loades），《剑与剑客》（*Swords and Swordsmen*），笔与剑军事出版社（Pen & Sword Military），巴恩斯利（Barnsley），2010 年
拉夫·索耶（Ralph Sawyer），《中国古代战争》（*Ancient Chinese Warfare*），基础书籍出版社（Basic Books），美国纽约，2011 年

探险和见证：

约翰·尼霍夫（Johan Nieuhoff），《中国史》（*History of China*），约翰·麦考克出版社（John Macock），伦敦，1669 年
乔治·斯当东（George Staunton），《英使谒见乾隆纪实》（*An Authentic Account of an Embassy from the King of Great Britain to the Emperor of China*），尼科尔出版社（Nicol），伦敦，1797 年
约翰·汤姆森（John Thomson），《中国和中国人的插图》（*Illustrations of China and Its People*），萨姆森罗出版社（Samson Low），伦敦，1873 年
威廉·埃德加·盖洛（William Edgar Geil），《中国长城》（*The Great Wall of China*），约翰·默里出版社（John Murray），伦敦，1909 年
马克·奥雷尔·斯坦因（Marc Aurel Stein）《沙埋契丹废墟记，两卷》（*Ruins of Desert Cathay, Volumes I & II*），麦克米伦出版社（Macmillan），伦敦，1912 年
马克·奥雷尔·斯坦因（Marc Aurel Stein），《西域考古图记》（*Serindia*），克拉伦登出版社（Clarendon Press），牛津，1921 年
喜仁龙（Osvald Siren），《北京的城墙和城门》（*The Walls and Gates of Peking*），博德雷海德出版社（The Bodley Head），伦敦，1924 年
马克·奥雷尔·斯坦因（Marc Aurel Stein），《亚洲腹地考古记》（*Innermost Asia*），克拉伦登出版社（Clarendon Press），牛津，

1928 年
欧文·拉蒂摩尔（Owen Lattimore），《土耳其斯坦的大漠之路》（*The Desert Road in Turkestan*），小布朗出版公司（Little, Brown & Co. Ltd.），波士顿，1929 年
路德·牛顿·海耶斯（Luther Newton Hayes），《中国万里长城》（*The Great Wall of China*），凯利和沃尔什印书局（Kelly & Walsh），上海，1929 年
米尔德里德·凯布尔和弗朗西斯卡·法兰西（Mildred Cable & Francesca French），《戈壁沙漠》（*The Gobi Desert*），霍德和斯托顿出版社（Hodder & Stoughton），伦敦，1942 年
利玛窦（Matteo Ricci），《16 世纪的中国：利玛窦的中国之旅》（*China in the 16th Century: The Journals of Matteo Ricci*），兰登书屋（Random House），纽约，1942 年
洛谷·巴茨尼（Luigu Barzini），《从北京到巴黎：意大利亲王博盖塞在 1907 年横跨两个大陆之旅》（*Peking to Paris: Prince Borghese's Journey Across Two Continents in 1907*），图书馆出版社（Library Press），纽约，1973 年
彼得·克莱顿和马丁·普赖斯（Peter Clayton & Martin Price），《古代世界七大奇迹》（*The Seven Wonders of the Ancient World*），劳特利奇出版社（Routledge），伦敦，1988 年
威廉·林赛（William Lindesay），《独步长城》（*Alone on the Great Wall*），霍德和斯托顿出版社（Hodder & Stoughton），伦敦，1989 年
安娜贝尔·沃克（Annabel Walker），《奥雷尔·斯坦因：丝绸之路的先驱》（*Aurel Stein, Pioneer of the Silk Road*），约翰·默里出版社（John Murray），伦敦，1995 年
海伦·王（Helen Wang），《泰晤士报的报道集锦：奥雷尔·斯坦因》（*Sir Aurel Stein in the "Times"*），萨弗兰出版社（Saffron），伦敦，2002 年

其他参考作品：

宋应星（Sung, Ying-Hsing），《天工开物》（*Chinese Technology in the Seventeenth Century*），多佛出版社（Dover），纽约，1966 年
沃尔夫冈·弗兰卡（Wolfgang Franke），《明代史籍汇考》（*An Introduction to Sources in Ming History*），马来西亚大学出版社（University of Malaya Press），吉隆坡，1968 年
鲁道夫·霍姆尔（Rudolf Hommel），《繁忙的中国》（*China at Work: An Illustrated Record*）（etc），MIT 出版社，马萨诸塞州剑桥市（Cambridge, MA），1970 年
史景迁（Jonathan Spence），《康熙：中国皇帝的内心世界》（*Emperor of China, Self-Portrait of Kang-Hsi*），克诺普夫出版社（Knopf），纽约，1974 年
黄仁宇（Ray Huang），《万历十五年》（*1587: A Year of No Significance*），耶鲁大学出版社（Yale University Press），纽黑文，1981 年
查尔斯·胡克（Charles Hucker），《中国官

衔词典》（A Dictionary of Official Titles in Imperial China），斯坦福大学出版社（Stanford University Press），斯坦福，1985年

崔瑞德和费正清（Denis Twitchett and John K. Fairbank）等，《剑桥中国史，第一卷：秦汉王朝》（*The Cambridge History of China, Volume I: The Ch'in and Han Empires*），剑桥大学出版社（Cambridge University Press），剑桥，1986年

诸多作者（Unspecified authors），《中国古代技术与科学》（*China's Ancient Technology and Science*），外文出版的，北京，1987年

牟复礼和崔瑞德（Frederick Mote & Denis Twitchett），《剑桥中国史：第7卷，明史，1368–1644，第一部分》（*The Cambridge History of China, Volume 7, The Ming Dynasty, 1368–1644, Part 1*），剑桥大学出版社（Cambridge University Press），剑桥，1988年

罗茂锐（Morris Rossabi）（ed.），《平等互利：10—14世纪中国和它的邻国》（*China Among Equals: The Middle Kingdom and Its Neighbors, 10–14th. Centuries*），加利福尼亚大学出版社（University of California Press），奥克兰，1988年

克里斯·斯卡里（Chris Scarre），《过去的世界：泰晤士考古地图册》（*Past Worlds: The Times Atlas of Archaeology*），泰晤士参考文献出版社（Times Bibliography Books），伦敦，1988年

史景迁（Jonathan Spence），《追寻现代中国》（*The Search for Modern China*），世纪哈钦森出版社，伦敦，1990年

弗朗茨·卡夫卡（Franz Kafka），《万里长城建造时》（*The Great Wall of China and Other Short Stories*），企鹅出版社（Penguin），伦敦，1991年

赫伯特·弗兰克和丹尼斯·特威切特（Herbert Franke & Denis Twitchett），《剑桥中国史，第六卷：外国政权和边界国家》（*The Cambridge History of China, Volume 6: Alien Regimes and Border States*），剑桥大学出版社（Cambridge University Press），剑桥，1994年

司马迁（Sima Qian），《史记：秦始皇本纪》（*The First Emperor: Selections from the Historical Records*），牛津大学出版社（Oxford University Press），牛津，1994年

安·帕鲁丁（Ann Paludin），《中国历代皇帝顺序表》（*Chronicle of the Chinese Emperors*），托马斯暨赫德森出版社（Thames & Hudson），伦敦，1998年

文森特·克洛宁（Vincent Cronin），《西方的聪明人》（*The Wise Man from the West*），哈威尔出版社（Harvill），伦敦，1999年

安迪米昂·珀特·威尔金森（Endymion Porter Wilkinson），《中国体力劳动者的历史》（*Chinese History: A Manual*），哈佛大学出版社（Harvard University Press），马萨诸塞州剑桥市（Cambridge, MA），2000年

亨利·奇亚（Henry Tsia），《永远快乐：明代永乐皇帝》（*Perpetual Happiness: The*

Ming Emperor Yongle），华盛顿大学出版社（University of Washington Press），西雅图，2001 年

苏珊·怀特菲尔德（Susan Whitfield），《丝绸路上的奥雷尔·斯坦因》（*Aurel Stein on the Silk Road*），大英博物馆（British Museum Press），伦敦，2004 年

梁思成（Liang Ssu-Ch'eng），《中国建筑图集》（*Chinese Architecture: A Pictorial History*），多佛出版社（Dover Publications），纽约，2005 年

孟德卫（D. E. Mungelo），《中西文化交流，1500—1800 年》（*The Great Encounter of China and the West, 1500–1800*），罗曼和利特菲尔德出版社（Rowman & Littlefield），拉纳姆，2005 年

梅谦立（Thierry Meynard），《在北京步履耶稣会之足迹》（*Following the Footsteps of the Jesuits in Beijing*），耶稣会及传教出版社（Institute of Jesuit Sources），圣路易斯，2006 年

罗伯特·谭波尔（Robert Temple），《中国天才》（*The Genius of China*），德文出版社（Deutsch），伦敦，2007 年

图片版权

除了以下图片之外，其余所有图片均由威廉·林赛提供。

文物二、四十三：大英图书馆

文物三、七、二十、二十三：蒙古国乌兰巴托成吉思汗塑像博物馆匈奴展厅

文物四：英国维多利亚及阿尔伯特博物馆

文物九、十一、十五、十七、十九、二十二、二十八、二十九、三十、三十三、三十六、四十、四十二、四十四：杰米·林赛

文物十：陈新宇

文物十四：英国牛津大学伯德利图书馆

文物十二、三十二：王金

文物二十四、二十五：蒙古国国家历史博物馆

文物二十七、三十八：中国国家博物馆

文物三十一：美国华盛顿特区史密森学会弗利尔美术馆

文物三十七：辽宁省博物馆

文物三十九：荷兰乌特列兹大学图书馆地图珍品馆